市之瀬 敦

中級
ポルトガル語のしくみ

português

白水社

ブックデザイン　森デザイン室

まえがき

　ここ数年間，日本におけるポルトガル語の"存在感"には大きな変化が感じられます。それはたとえば書店の語学書コーナーに行ってみれば一目瞭然です。30年程前，参考書や辞書の数は限られていました。けれども，最近は様子が異なります。質の高い辞書も作られていますし，参考書は選ぶのに苦労するくらいです。

　こうした状況変化の背景には，30万人近い日系ブラジル人労働者の存在，ブラジルの経済発展，ヨーロッパ（EU）に仲間入りしたポルトガルの躍進，内戦が終わりいよいよ重要性を増してきたアンゴラやモザンビークなどのポルトガル語公用語圏アフリカ諸国，2002年5月に独立を果たすと同時にポルトガル語を公用語とした東ティモールの存在などがあるでしょう。ただ長い年月が経ったというだけではないのです。

　私自身もこれまで白水社から『ポルトガル語のしくみ』，『日本語から考える！ ポルトガル語の表現』を出版してきました。幸い読者の方々の間では好評を得ることができましたが，まだ伝えきれていないものがあるというもどかしい思いも残りました。そんな気持ちを抱き続けていたところ，本書『中級ポルトガル語のしくみ』を執筆する機会にめぐり合えました。完成するまでに思った以上に時間がかかってしまったのは私の実力不足と怠惰ゆえなのですが，こうして出版までこぎつけられて本当にうれしく思っています。

　本書を執筆するにあたり，私が今までポルトガル語を学び，そして教えるときに出くわした疑問，興味深い現象を解説しようと心がけました。私自身も随分と新たに学びましたが，かゆいところに手が届くような説明も少しはできたのではないかとちょっとだけ自負しています。読者の皆さんの語学力向上に資するところがありますように願っています。なお，例文のチェックや解説には，職場の同僚ブラジル人マウロ・ネーヴェス氏，ポルトガル語教員協会のパウロ・ピント氏の協力を仰ぎました。ここに記して感謝します。

2012年夏　　　　　　　　　　　　　　　　　　　　　　　　市之瀬　敦

「中級ポルトガル語のしくみ」目次

まえがき　3

第1部　ポルトガル語のからくり　9

1　ポルトガル語の音の基本　　　10
発音と書記法／新正書法，何が変わるのか？／10通りの/s/／音声と音素の違い／ポルトガル語の子音／rの発音で注意すべき点／複雑な母音体系／鼻母音の解釈について／ポルトガルとブラジルを隔てるもの／音節について／アクセントについて／イントネーションについて
コラム　言葉遊び　34

2　ポルトガル語の文の基本　　　36
主語について／目的語について／述語について／誤解しやすい述語を分析する／主語と動詞の一致について 1／主語と動詞の一致について 2／繰り返される主語／基本語順と逸脱／否定について／疑問詞の再検討／dequeísmoという現象について
コラム　文脈という強い味方　58

3　ポルトガル語らしい表現　　　60
曖昧な2人称／社会が変わり呼称が変わる／主語の省略／目的語や動詞の省略／理由や原因の訊き方／2つの話法／譲歩の表現について／文を書く時に注意すべき点／「は」と「が」について
コラム　言語と思考の関係について　78

第2部　ポルトガル語の発想　81

1　ポルトガル語の動詞　　　82
動詞とは何か？／動詞の文法範疇／自動詞と他動詞について／serとestarについて／進行形について／人称不定詞の分析 1／人称不定詞の分析 2／不定詞と人称不定詞の使い分け／2つの過去分詞をもつ動詞
コラム　saberとconhecer　100

2　ポルトガル語の時制 ……………………………………………… 102

現在時制を考える／完了過去について／未完了過去（過去の現在形）／完了過去と未完了過去の違い1／完了過去と未完了過去の違い2／現在完了（複合完了過去）／過去完了は過去よりさらに過去／未来について1／未来について2／時制の一致について／複合時制の分析／未来完了の用法
コラム　なぜ目的格代名詞は形を変えるのか？　126

3　ポルトガル語の助動詞 ………………………………………… 128

助動詞とは何か？／terについて／deverについて／poderとconseguirについて／助動詞としてのirとvir／その他の助動詞／quererについて
コラム　代名詞が代用するもの　142

4　ポルトガル語の法 ……………………………………………… 144

法とは何か？／直説法と接続法／報告か使役か／形容詞節の接続法／副詞節の接続法／仮定について／接続法未来を使いこなす／接続法の時制の一致／さまざまな命令の仕方
コラム　モザンビークのポルトガル語　162

5　ポルトガル語の名詞 …………………………………………… 164

性について／数という概念／ゼロの発見／固有名詞の翻訳／冠詞とは何か？／定冠詞について／不定冠詞の使い方あれこれ／定冠詞の具体的な使い方／定冠詞の特別な用法／不定冠詞か数詞か／語彙／語と形態素／造語法について／接中辞について／外来語の位置づけ／外来語の受け入れ方
コラム　アンゴラのポルトガル語　196

6　ポルトガル語の形容詞と副詞 ………………………………… 198

限定形容詞の位置／名詞に後置されたがる形容詞／形容詞の位置を変えた場合／所有形容詞の使い方／最上級について／副詞の位置1／副詞の位置2／意味を変える副詞／aquiとcáの違いについて
コラム　カボ・ベルデのポルトガル語　216

7　ポルトガル語の代名詞 218

代名詞とは何か？／Deixa-me dizer. か Deixa que eu diga. か？／este と isto／「所有」する際の注意／厄介な目的格人称代名詞 1／厄介な目的格人称代名詞 2／目的語としての彼，彼女／it に相当する ele／不可分の se／非人称表現／tudo と todo／qualquer の意味
コラム　ギニア・ビサウとサントメ・プリンシペのポルトガル語　242

8　ポルトガル語の態 244

態とは何か？／受動態にならない動詞／受け身も表せる代名詞 se／Vende-se casas. について／不定詞の受け身／estar を使う過去分詞／使役態
コラム　マカオのポルトガル語　258

9　ポルトガル語の前置詞 260

前置詞の必要性／a について／de について／desde と há について／場所を表す em／para と por の使い分け／前置詞が異なり，意味が変わる
コラム　東ティモールのポルトガル語　274

10　文と文をつなぐ言葉 276

重文とさまざまな接続詞／従属文／制限用法と非制限用法／o qual の用法／cujo は死語となるのか？／まとめる関係詞，分解する関係詞／関係代名詞と前置詞／分裂構文について
コラム　クレオール語の時間表現　292
　　　　ポルトガル人の口ぐせの移り変わり　294

変化表一覧　296
参考文献　303

第1部 ポルトガル語のからくり

第1章　ポルトガル語の音の基本

発音と書記法

　文字がなくとも言語は言語たりえますが，音声を失えば言語ではなくなります（手話のことは脇に置いています）。それは言語の長い歴史の中で文字の登場がずっと遅れていることからもはっきりと認識できます。しかし，文法書という書物を文字を使わずに書くことは言葉の矛盾であって，もちろん不可能なことですし，またいくら人も物も自由に移動しうるグローバル化された時代とはいえ，外国語を学ぶにはまだ本の助けが必要です。となれば，目の前に置かれた文字をどう発音するのか，どう読むのか，そのルールを身につけないと何も始まりません。ポルトガル語の発音から見てみましょう。

　さて，言語は文字を持つと，正しく書こう，できるだけ統一して書こうという欲求が使う人々の心の中に出てくるようです。それぞれの語をどう書くのが正しいのか，大文字を使うのか小文字を使うのか，アクセント記号はどう記すのか，そうしたルールを集めたものを正書法と呼びますが，ポルトガル語にも正書法があります。ご存知の方もいるかと思いますが，ポルトガル語は現在この正書法の移行期にあり，その是非についてはまだ議論が続いています。ポルトガル語のアルファベットをどう読むか，さらに2009年1月からまずブラジルで施行された「新正書法合意」（Novo Acordo Ortográfico）の中身に関しては別項で論じますが，本書の冒頭でポルトガル語の正書法の歩みを紹介しておきたいと思います。

　ポルトガルとブラジルの間で正書法に関する議論が始まるのは20世紀になってからでした。それ以前は音声を尊重する書記法，語源に忠実な書記法，さらには審美的基準などというものが有名作家によってバラバラに用いられていました。完璧な書記体系などというものはこの世に存在しないのですが，アクセント記号1つを取る，取らないだけでも国を挙げての議論となってしまうのですから，文字の力とは恐ろしいものです。どう書くかは，どう生きるかに直結しているかのようでもあります。

　先手を打ったのはポルトガルです。1911年，当時ポルトガルを代表する文化人が集まって委員会を作り，学校や公的文書で使用される正書法を統一

する土台を確立させようとしたのです。しかしすでに独立していたブラジルを無視したため、両国間での統一はならず、ポルトガルだけで実施されたのでむしろ状況は悪くなりました。そこで20年後に両国のアカデミーが正書法合意を試みたのですが、芳しい結果は得られませんでした。

1940年代前半ポルトガルとブラジルは正書法の議論を重ね、1945年8月10日に有名な「ポルトガル・ブラジル正書法合意」に署名しました。しかし、やはりブラジル人が納得せず、これも受け入れられませんでした。ポルトガル側では承認されたのですが...。

しかし、「文化言語」（língua de cultura）であるにもかかわらず、2つの正書法を持つという異常な事態を解消したいという文化人たちの願いが消えることはなく、1960年代後半から両国の言語学者や文献学者が一堂に会し、議論を続けました。1970年代初頭には両国で、-menteで終わる副詞の第2アクセントの記号が省略されるように決められました。

1986年と言うと私はリスボン大学に留学していたので、よく覚えているのですが、この年ポルトガルとブラジルは正書法の統一を改めて目指したものの、国民から強い反発を受け実現できませんでした。「ポルトガル語史」の授業で担当教員が内容を説明したのですが、50人くらいのクラス全員が反対を表明していました。ポルトガルがブラジルに譲歩し過ぎるというのが大きな理由でした。また、ポルトガル語を公用語とするアフリカ5か国の意見も聞いていなかったのは落ち度だったでしょう。1990年、ポルトガル、ブラジル、そしてアフリカ5か国の代表がついに合意に達し、94年から新正書法合意を実施することが求められました。それぞれの国の事情でさらに15年もかかってしまうのは何とも言えませんが、ついに2009年1月、ブラジルが他国に先陣を切って「新正書法合意」を実行に移しました。今回はポルトガルもためらいながらも徐々に前向きです。100パーセント一致するわけではないですが、「統一」へ近づいています。これでポルトガル語が学びやすくなり、さらに普及すれば、万々歳なのですが、さてどうなることでしょうか。

新正書法，何が変わるのか？

　それでは，具体的に何がどう変わるのかを見てみましょう。最近は，ブラジルでもポルトガルでも新正書法を説明する解説書が出版されており，その内容を全部紹介することは紙幅の関係上できませんが，大まかなところだけでも理解しておきましょう。

　最初に指摘しておくべきは，アルファベットにk, w, yが正式に認められたことでしょう。と言っても，以前から固有名詞などで使われていたわけで，その使い方も踏襲されますから，大きな変化ではありません。既成事実を事後承諾したようなものです。これでポルトガル語のアルファベットは23文字から26文字になりました。また，それぞれの国の発音を変えるための合意ではないですから，ポルトガルとブラジルで発音が異なるため別の正書法が残る語もあります。たとえば，AntónioとAntônio（人名），fenómenoとfenômeno「現象」などです（前者がポルトガル，後者がブラジル）。両国にとって公平ですね。両方に公平に記号を取ってしまうという手もありそうですが，それは極端すぎる考えなのでしょう。

　また，両国に共通ですが，動詞のeemという活用語尾に付けられるˆ（acento circunflexo）がなくなります。すなわち，dar「与える」の接続法現在3人称複数形dêemはdeemとなるのです。シンプルでいいように思えます。

　発音されない文字が消える例としてはcとpがあります。これはポルトガルがブラジルに合わせるという解釈をされるかもしれませんが，元々読まないわけですから，取ってしまうことに合理性はあります（語源から離れることにはなりますね）。例はたくさんありますが，director → diretor「部長」，baptismo → batismo「洗礼」などです。

　ブラジルだけの変化と言えば，qüe, qüi, güe, güiの［w］の音を表す〔¨〕（trema）がなくなります。ポルトガルでは元々なかったのですが，ブラジルでもtranqüiloがtranquilo「落ちついた」と書かれるようになります。ブラジルがポルトガルに合わせたということにもなります。確かにあった方が便利かもしれませんが，なくても覚えてしまえば不要の記号でもありました。

同一の音節に属する2つの連続する母音を二重母音と言いますが，語末から2番目の音節にある下降二重母音はアクセント記号を省略することになります。つまり，idéia→ideia「アイデア」，heróico→heroico「英雄的な」と変わります。ただし，語末にアクセントがある場合は今までどおり，アクセント記号を記します。céu「空」，papéis「紙」。

異なる音節に属する2つの母音の連続をhiato（母音連続）と呼びますが，最初の母音に付けられていたアクセント記号が省略されるようになりました。たとえば，enjôo→enjoo「乗り物酔い」，vôo→voo「飛行」です。また，異なる意味を持つけれど同じ音を持つ語を区別するためのアクセント記号というのがあるのですが，これもなくなります。たとえば，前置詞paraと区別するために，動詞「止まる」を意味するpararの3人称現在単数形páraにはアクセント記号が付されていましたが，これがなくなります。ハイフンもわりと変化をこうむります。haverとdeの組合せのhei-de, hás-de, há-de, hão-deがハイフンなしで，hei deなどと表記されるようになります。複合語に使われていたハイフンも複合の概念が失われている場合は使われなくなります。para-quedasがparaquedas「パラシュート」となるように。なお，ポルトガルでは月や季節の名前が大文字で書かれますが，新正書法では小文字で書かれるようになります。これもブラジルへの妥協と映るのでしょうね。

新正書法を擁護する人たちは，実際に読まれる文字を消去することはない，語順のルールを定めることもない，地域差に干渉もしない，単に書き方の問題だと強調します。確かに今までとは書き方が変わります。でも発音を変えるべきだと命じているわけではないのです。正書法と発音が無関係だとは言いませんが，あまり目くじらを立てなくてもいいようにも思えるのですが，実際はそうもいかないのでしょう。正書法は単に言語学的な問題ではないですからね。統計によると，新正書法合意で影響を受ける語彙はポルトガル側で1.6パーセント，ブラジル側で0.45パーセントだそうです。ポルトガル人はこの1.15の差を気にするでしょうが，その違いだけで騒いでいるわけではないでしょう。変化させられるという被害者意識のようなものも妨げになっているように思われます。

10通りの /s/

　語学の先生というと，細かいミスを取り上げ，とにかく直したがる人というイメージがあるかもしれません。私は日ごろ大学で「ポルトガル語の先生」をしていますが，そうしたイメージを変えたいので，いつも気をつけていることは，ささいなことでも学生が成し遂げたことをできる限り評価し，誤りは過度に強調しないようにしています。とはいえ，誤りは直してあげないといけないというのもまた事実。直し方にはさじ加減が重要です。

　ブラジルでもポルトガル語の先生の態度には問題があるらしく，すぐに学生が書いたテキストの誤りばかりに目が行ってしまうようです。特に矯正の対象になるのがスペリングの問題。ブラジルの社会言語学者マルコス・バギノは「正書法上のパラノイア」という言葉で，語学教師の態度を批判しています。私も語学教師のはしくれ，ちょっと耳が痛くなります。

　たった23文字（現在は26文字に増えました）のアルファベットしか使われないのに，なんでこんなにも正書法上のミスがあるのか許せない！と声を荒らげる人もいますが，ポルトガル語の正書法に合理的でない部分があることも確か。時間をかけて習わないといけないことも否定できないのです。話せるからと言って，誤りなく書けるというわけではありません。文法の知識と正書法の知識は質が異なります。

　私はポルトガル語の語彙に基づいて形成されたクレオール語の研究も続けていますが，クレオール語の正書法を作ろうとするときに議論になるのは，単語の起源を重視するのか，それとも音素と文字の一対一の対応を目指すのか，という点です。覚えやすいことを合理的というのなら，一対一の対応を持つ正書法の方が合理的ですが，その意味ではポルトガル語の正書法はけっこう非合理的な面が見られます。ポルトガル語の正書法は語源も重視しており，完全な一対一の対応ではありませんから。

　たとえば，/s/ の音の表記です。いくつ思いつきますか？

　sapo「蛙」の先頭のsは /s/ ですね。ポルトガル語では /s/ の音はsという文字によって表記される。いいでしょう。でも，話はこれで終わらないこと

は大丈夫ですよね。cedo「早く」の語頭のcも/s/です。ポルトガル語のcはeとiの前では/s/の音を表します（a, o, uの前では/k/ですね）。これで2つの文字があることがわかり，すでに一対一の対応でないことがわかります。

　矛盾するようですが，/s/の有声化/z/を表すzが/s/として発音されることがあります。そうです，語末の-zです。cruz「十字架」の語末のzは/s/ですね（ポルトガルでは/ʃ/ですが）。xもpróximo「次の」のように，/s/で発音されることがあります。

　意外と気がついていないのが，次のような2文字のつながりが/s/を表していることです。

　xc, xs, sc, sçです。例を挙げれば，excelente「素晴らしい」，exsudar「汗をかく」，crescer「成長する」，cresça「成長しなさい」などがあります。ちなみに，sc, sçはポルトガルでは/ʃ/で発音されます。

　çはa, o, uの前でしか用いられませんが，常に/s/の音しか表さないという意味で合理的です。また，母音間で用いられる-ss-も/s/ですから簡単です。

　でも，全部合わせると10通り。たった1つの音のためにずいぶんと面倒なことをするものです。

　余談ですが，sが表す音は/s/, /z/だけでなく，/ʃ/や/ʒ/も表します。ポルトガル発音では，mas「しかし」の-sは/ʃ/ですし，たとえばリスボンLisboaのsは後続の有声音bに同化し，/ʒ/と発音されます。sが/ʒ/を表すとなると，だいぶ違和感が増してきませんか。

　もちろん，非合理的な部分があるからと言って，ポルトガル語の正書法は欠陥商品，今すぐに変えなさい！などと言うつもりはないですが，これを正確にマスターするのってかなり大変なんだなぁ，とあらためて思うのです。学生が犯すスペリングのミスはきちんと直してあげようとは思いますが，それだけで才能を疑うようなことだけは慎もうと肝に銘じるのです。

音声と音素の違い

　以下，ポルトガルとブラジルの間で見られる違いに留意しながらポルトガル語の発音を紹介します。ですが，その前に言語を学ぶうえでは重要な「音声」と「音素」の違いについて説明しておいた方がよいと思われます。

　工場の騒音は「音」ですが言語には使えません。人間の言語に用いられる音声は耳に聞こえる音なら何でもよいというわけではなく，人間の身体を使いますし，その身体的な制限からも逃れられません。しかし，言語音には数多くの種類があり，日本人の耳にはびっくりするような音声もあります。そうした言語音の物理的側面を個別言語の枠組みにとらわれずに研究するのが音声学です。

　さまざまな音声がある，びっくりするような音声があると言いましたが，たとえば手拍子は言語に使われません。それによって周囲の人の注意を喚起することはできるかもしれませんが，あくまでもノンバーバルなコミュニケーションの話です。言語音の大半は肺から出される空気の流れに対し器官が作用し（妨害すると言ってもよいかもしれません）形成されます。たとえば，喉頭にある声帯を震わせると有声音，震動させないと無声音が作られます。厳密に言うと正確ではないかもしれませんが，日本語の濁音と清音の違いを思い出せばよいでしょう。発話器官の中でも大切なのは舌なのでしょうか。ポルトガル語でもそれ以外の多くの言語でも「舌」を意味する単語が同時に「言語」を意味しますね。興味深いのは，歯にしても舌にしても本来は音声を生み出すための器官ではないことです。

　ところで，それぞれの言語は人間にとって可能な言語音をすべて使いこなすわけではありません。しかも，たとえばポルトガル語を話す時に使われるすべての音声が同じ価値を持つわけでもありません。意味の区別に役立つ音声もあれば，そうでない音声もあるのです。現在ポルトガルの一部では上下両方の唇をくっつけてこすり合わせる音声［β］が用いられますが，両方の唇を閉じて出す［b］を発していれば伝え合いに何ら支障はありません。

　また，ある言語では意味を変えてしまうような2つの音が同じ音として扱

われることもあります。このように，それぞれの個別言語の体系内で言語音がどのような機能を持つのかを研究するのが音韻論（fonologia）という分野であり，語の意味の区別に役立つ音の最初単位を「音素」（fonema）と言います。ポルトガル語で/b/と/v/は異なる音素ですが，日本語では同じ/b/という音素になります（調音点が近いですね）。どの言語を見ても音素の数には制限があります。

　今，音素を表示するのに/ /という記号を使いましたが，音声（fone）の表示には［ ］を用いて区別します。この使い分けはとても重要な意味を持ちますから，しっかりと念頭においてください。もう1つ注意してほしい点は，音素の定義には心理的な側面を重視する立場や物理的な側面を重視する立場があり，その基準によって認める音素の数が異なってきます。そもそも認知言語学は音素の存在そのものを認めていません。

　このように，人間の言語音全体の物理的性質や認知の在り方を研究対象とするのは音声学（fonética）という分野で，音韻論との関係は密ですが，異なる分野であることはすでにおわかりでしょう。

　では，どうやって音素を同定しましょうか？　ある言語の中で意味を変えるのに機能するのですから，ある音声を別の音声と入れ替えてみて，意味が変わったらそれらの2つの音声は異なる音素だと判断することができるでしょう。たとえば，ポルトガル語でvaca［vakɐ］とfaca［fakɐ］は語頭に出てくる［v］と［f］によって「牝牛」と「ナイフ」というまったく別の意味を持つ異なる2つの名詞になっています。ということは，［v］と［f］という音声はポルトガル語では異なる音素/v/と/f/と見なすべきですね。なお，たった1つの音声だけで別の語になってしまう2語のことをミニマルペアと呼びます。

　逆に，ある1音素が環境次第で異なる音声として現われることもよくあります。その個々に異なる音声を異音（alofonia）と言います。たとえばブラジルの発音では，音素/t/は/i/の前では［tʃ］となります。tiaは［tʃia］と発音されることはもうご存知でしょう。

ポルトガル語の子音

　言語音には母音と子音があります。母から子へが当然の順番かもしれませんが，子音から見ます。ポルトガル語では，母音はvogal，子音はconsoanteです。子音とは何かと一緒に音を出すもので，子音を支えるのが母音です。これでは漠然としていますから，もう少しきちんと説明します。子音と母音の違いは，母音は肺から流れ出る呼気が途中どこでも妨げられないのに比べ，子音は大なり小なりどこかで妨害されているのです。

　そして，子音の分類には3つの基準があります。

　まず声帯が振動するかしないかで「有声」「無声」に分かれます。[b, d, g] は有声子音，[p, t, k] は無声子音です。

　2番目に調音法です。すなわち，どうやって呼気の流れを妨害するかです。完全に止めれば閉鎖音（[p, b, t, d, k, g] など），こすれば摩擦音（[s, z, f, v,] など），閉鎖音と摩擦音の両方の特徴を持つのが破擦音（[ts, dz, tʃ, dʒ] など），舌の脇から呼気が流れ出れば側面音（[l, ʎ] など），震わせれば顫動音（[r, R] など），舌を反らせれば反り舌音（[ɻ] など），鼻から息を抜けば鼻音（[m, n, ɲ, ŋ] など）という感じです。

　3番目が調音点です。すなわちどこで妨害するかです。上下の唇を使えば両唇音（[p, b, m] など），下唇と上の歯が触れると歯唇音（[f, v] など），舌先が上の歯の下側に来ると歯間音（[θ, ð] など），舌が上の歯の内側，あるいは歯茎に触れると歯茎音（[t, d] など），舌の面を硬口蓋につけると口蓋音（[ʃ, ʒ] など），舌の後ろの面が軟口蓋に触れると軟口蓋音（[k, g] など），口蓋垂を震わせたりこすったりすると口蓋垂音（[χ, ʁ] など），声帯の動きで声門で音を出すと声門音（[h]）という感じです。

　子音について一般的な説明をしましたが，今度はポルトガル語の子音についてです。ポルトガル語の中でもたくさんの言語音を耳にすることができますが，子音音素となるとそれほど数が多いわけではありません。ざっと挙げると，/p b t d k g f v s z ʃ ʒ m n ɲ l ʎ r R/の19子音です。日本語は14個，英語は24個と言われますから，ポルトガル語は数で言うとその中間くらい

でしょうか。その中でいくつか注意しておくべき点を説明しておきましょう。

まず、/ʃ/ /ʒ/ ですが、これは後部歯茎摩擦音と言って、正書法では /ʃ/ は ch と x、/ʒ/ は g と j で書かれます。しかし、この 2 つの音素は他の箇所にも姿を見せます。ポルトガルの発音では（ブラジルではリオデジャネイロでも同様の傾向がある）、語末あるいは音節末（コーダ）で s と z が [ʃ] と発音されることはご存知でしょう。pasta [paʃtɐ]「パスタ」、paz [paʃ]「平和」。

しかし、s は有声化し、[ʒ] で現われることもあります。それは後続する子音がやはり有声の特徴を持ち、それに同化するからなのです。rasca [Raʃkɐ] に対して rasga [Raʒgɐ] と有声化するわけですね。しかも、この現象は単語内だけでなく、単語と単語の間でも生じます。たとえば、maus tempos「悪い時代」と maus dias「悪い日々」です。前者は t が無声音なので [mawʃtẽpuʃ]、後者は d が有声音なので、[mawʒdieʃ] として発音されます。

ɲ(-nh-) と ʎ(-lh-) はともに軟口蓋音です。前者は鼻音、そして後者は側面音です。この 2 つの音素は語頭に現れることはほとんどなく、もし語頭で使われる時、多くの場合は外来語です。/ʎ/ が語頭に使われる"真正の"ポルトガル語の単語と言えば、間接目的格代名詞 3 人称の lhe(s) くらいでしょうか。語末にも姿を見せることはありません。ですが、語中では使われますね。

また、/l/ ですが、語末、あるいは音節末では 2 通りのかたちで現われます。ポルトガルではいわゆるダークエル、すなわち、軟口蓋歯茎側面接近音 [ɫ] で出てくるのに比べ、ブラジルではさらに進んで半母音 [w] となるのです。mal はポルトガルでは [maɫ] ですが、ブラジルでは [maw] ですね。したがって、ブラジルのサッカー選手 Ronaldo は「ロナウド」でよさそうですが（「ロ」については別の問題がありますが）、ポルトガルのクリスティアーノは「ロナルド」の方がより正確でしょうね。

最後に、細かいことですが、ポルトガルの北中部の方言では、/b d g/ が摩擦音化され、[β ð ɣ] となります。注意して聞くとわかります。

r で表記される 2 つの音素については次ページでさらに詳しく見ます。

rの発音で注意すべき点

　rの音がポルトガル語に2種類あることはすぐに習います。1つは柔らかいrで、/r/と記します。舌の先で歯茎の裏のあたりを1回弾きます。弾くrと言ってもよいでしょう。かたく言えば弾音，あるいは単顫動音です。それとは別に，強いr，硬いr，震わせるrというのもあります。かたく言えば顫動音です。こちらは/R/と表記します。通常の説明ですと，語頭および語中でrrと二重で表される場合は/R/の発音となり，それ以外では弾く/r/で発音されると言われます。そして，大切なことは，この2つの音は異なる音素である，つまりそれを入れ替えただけで別の単語になってしまうのです。有名な例ですと，caro「高い」とcarro「車」がありますね。

　これで話が終われば楽なんですが，そうは問屋がおろしません。初めて大学でポルトガル語を習った時の先生はポルトガル人で，/R/の音を舌先を何度も強く震わせていました。ものすごい勢いで「ルルル…」と聞こえました。したがって，長い間ずっと私はポルトガルの/R/は舌先を震わせる音だと信じていました。ブラジルはまた別の音があると習いましたので，/R/という音素にいくつもの具体的な発音方法があることは知っていたのですが，ポルトガルに関しては舌先を歯茎の後ろに何度も弾く音だけだと信じて疑わなかったのです。

　ですが，ポルトガルに行ってみると，「ルルル…」と震わせる人はほとんどおらず，むしろ「ググググ…」と喉の奥を震わせる発音をする人の方が圧倒的に多かったのです。印象的なのは，リスボン大学文学部の言語学の70人くらいのクラスで，「ルルル」を発音する学生は1人だけ，しかも出身は最北東部ブラガンサから来た女子学生でした。そこは古いポルトガル語を残す土地ですから，「ルルル」はポルトガル語の古い/R/の音素の発音を維持しているのでした。もっとも20世紀半ばならブラジルでもこの古い/R/が規範とされていたのですが。

　「グググ」を耳にした時，なんか騙されていたような気もしましたが，それはさておき，問題はこの「グググ」の音です。これは口蓋垂を震わせる音で

（顫動音），喉の奥の方で出す音です。しかし，この口蓋垂の音もさらに分かれます。

　口蓋垂を何度も震わせる顫動音は［R］と表記されます（/R/という音素表記と混同しないでください）。しかし，それ以外にも，口蓋垂摩擦音というこする音もあり，しかも無声音［χ］と有声音［ʁ］に分かれるのです（リスボンでは有声口蓋垂摩擦音［ʁ］が広がりつつあります）。さらに，口蓋垂よりも前の軟口蓋摩擦音［x］で発音されることもあります。あるいは声門摩擦音［h］もあり得ます（「ラリルレロ」というよりは「ハヒフヘホ」と言ってしまった方がよいとされる所以です）。

　語頭のr-，母音間の-rr-ですが，実際に注意して聞いてみると，ずいぶんといろいろな音声で発音されているのです。この強いrにさまざまな発音があることはポルトガルもブラジルも変わらないのです。同一人物が常に同じ音を発しているとも限りません。かなり揺れがあると言ってよいでしょう。

　ポルトガル語には2種類のrがあり，別の音素になると言いましたが，その区別が大切になるのは実は母音間だけです。語頭には強いrしか現れませんから，柔らかいrのことを考える必要はないのです。

　しかし，強いrの出番は語頭と-rr-だけではないのです（話がこんがらがりますか？）。lやsやnのあとでは［ɾ］ではなく［R］で発音されます。palra［patRɐ］「おしゃべり」，Israel［iʒRɐɛɫ］「イスラエル」，enredo［ẽRedu］「迷宮」という感じです。また音節末ではポルトガルでは［ɾ］が維持されますが，ブラジルではしばしば［R］となります。語末では，ポルトガルはやはり弾音を残しますが，ブラジルはさまざまなrが現れることが可能です。また，ブラジルの庶民レベルの発音では語末で落ちてしまうことがよくあります。falarが［falá］になってしまうのです。

複雑な母音体系

　ずいぶん前ですが，ポルトガル人に日本語の母音体系は5母音と単純だけれどポルトガル語はすごく複雑なので身につけるのが大変だと言ったら，ポルトガル語も母音は5つだけだと言われました。その友人はa, e, i, o, uという文字のことを念頭に置いて発言したようで，実際は5つの母音の話をすれば終わりというわけではありません。

　口からだけ息を出す「口母音」だけでも /i/, /e/, /ɛ/, /a/, /ɔ/, /o/, /u/ の7種類も区別されるのですが，さらに鼻からも息が流れる鼻母音がさらに5種類（[ĩ], [ẽ], [ɐ̃], [ũ], [õ]）もあるのです。なお，鼻音性は [˜] によって示されます。さらに二重口母音と二重鼻母音を入れれば本当にたくさんの母音があることになります。フランス語やスペイン語などのロマンス諸語の中でもポルトガル語の母音体系はかなり豊かな部類に入るでしょう。

　口母音で注意しておく点の1つが，/e/ と /ɛ/，/ɔ/ と /o/ の区別でしょう。/e/ には非円唇前舌半狭母音，/ɛ/ には非円唇前舌半広母音，/o/ には円唇後舌半狭母音，/ɔ/ には円唇後舌半広母音というそれぞれ仰々しい名称がついており，口にするのが怖くなりますが，名前に圧倒されてはいけません。唇が閉じ気味で舌先が上がり気味の「エ」と唇が開き気味で舌先が下がり気味の「エ」，唇が小さく丸まり舌の後部が上がり気味の「オ」と唇が大きく丸まり舌の後部が下がり気味の「オ」の違いと考えましょうか。ですが，この違いが重要なことはすでにご存知でしょう。

selo [selu] 切手　　　**selo** [sɛlu] 私は判を押す（動詞）
bola [bolɐ] ケーキの1種　　**bola** [bɔlɐ] ボール

　もっとも，はっきりと区別できなくても，文脈の助けを借りれば誤解されずに充分に意味が通ることもまた事実なのですが。さて，7種類の口母音と言いましたが，そのすべてが現れるのはアクセントがある音節だけなのです。逆に言うと，アクセントがない音節では姿を見せる母音がずいぶんと限定されるのです。そして，ポルトガルとブラジル2変種の母音に大きな差異が出

第 1 章　ポルトガル語の音の基本　23

てくるのはアクセントがない音節の母音の性質でしょう。

アクセント前	ポルトガル（4母音）		ブラジル（5母音）	
	mirar	[miɾaɾ]	[miɾaɾ]	見る
	morar	[muɾaɾ]	[moɾaɾ]	住む
	murar	[muɾaɾ]	[muɾaɾ]	壁を作る
	parar	[pɐɾaɾ]	[paɾaɾ]	止まる
	pegar	[pigaɾ]	[pegaɾ]	つかむ

アクセント後	ポルトガル（4母音）		ブラジル（4母音）	
	dúvida	[duvidɐ]	[duvidɐ]	疑問
	pérola	[pɛɾulɐ]	[pɛɾulɐ]	真珠
	báculo	[bakulu]	[bakulu]	杖
	ágape	[agɐpi]	[agapi]	神の愛
	cérebro	[sɛɾibɾu]	[sɛɾebɾu]	頭脳

アクセントなしの語末	ポルトガル（4母音）		ブラジル（3母音）	
	júri	[ʒuɾi]	[ʒuɾi]	判事
	jure	[ʒuɾi]	[ʒuɾi]	誓いなさい
	juro	[ʒuɾu]	[ʒuɾu]	利率
	jura	[ʒuɾɐ]	[ʒuɾɐ]	誓う

　ポルトガル語では，アクセントの有無を母音の開閉によって示そうという傾向があるように思えます。すなわち，/a/, /ɛ/, /e/, /i/, /ɔ/, /o/ という母音がアクセントのない位置では [ɐ], [e], [i], [i], [o], [u] に閉じて姿を見せるのです。また，ポルトガルのポルトガル語では，アクセントがない場合，母音が上昇かつ後退する傾向が強く観察されます。[ɐ] は「閉じた a」で中舌狭めの広母音。特に 2 つの変種を分ける [i] については，ページをあらためて論じましょう。

鼻母音の解釈について

　ここではポルトガル語の特徴の1つの鼻母音についてお話したいと思います。鼻母音とは母音を発するときに鼻腔からも呼気を流し出すことによって作られる母音です。通常，母音と呼ばれるのは口から息が出されるだけなので口母音と厳密には言われますが，普段は単に母音と呼び，鼻からも息が流れ出る時に「鼻」を加えて鼻母音と言います。ポルトガル語には前ページで紹介した口母音だけでなく，鼻母音もそれとは別に音素として存在すると考えられてきました。

　ポルトガル語の鼻母音は口母音より舌の位置が高くなる傾向があり，/ĩ/，/ẽ/，/ẽ/，/ũ/，/õ/の5つがあります。/ɛ/や/ɔ/という開いた母音の鼻母音，そして/i/の鼻母音はありません。口母音より少ないですね。ですがさらに，二重（口）母音を鼻音化した二重鼻母音というのがあり，/ẽỹ/，/ẽỹ/，/õỹ/，/ũỹ/，/ẽw̃/が挙げられます。この二重鼻母音の存在はポルトガル語の特徴の1つであり，その音声的特質はよく研究されてきました。

　しかし，音素としての鼻母音に関しては見解が分かれてきました。伝統的な解釈では，ポルトガル語には音素としての鼻母音が存在するとされます。/ĩ/，/ẽ/，/ẽ/，/ũ/，/õ/を認めるわけです。一方で，言語音としての鼻母音は認めますが，音素としては認めないと主張をする研究者たちもいます。彼らによれば，ポルトガル語の鼻母音は／母音＋鼻子音／なのです。そして，鼻子音の鼻音性が前の母音に影響し，鼻母音と化し，さらにその鼻子音は落ちると考えるのです。すなわち，/an/→/ãn/→ [ẽ] ということなのです。

　では，なぜ音素としての鼻母音は存在しないと解釈するのでしょうか。その根拠をいくつか紹介します。

　まず，音節末子音の後に出てくるrの音が/ɾ/ではなく/R/だったことを思い出してください。たとえばpalra [paɫRɐ]「おしゃべり」，Israel [iʒRɐɛɫ]「イスラエル」の音です。ところで，鼻母音が使われる単語，tenro「背広」とhonra「名誉」を発音記号で表すと，[tẽRu]，[õRɐ] となります。つまり音節末子音があるのと同様に［R］が出てきます。このことは鼻母音とは

いえ，本来は母音＋鼻子音であることの証とならないでしょうか。

もう1つ証拠をあげます。incapaz「不能な」とinacabado「未完の」。前者は [ĩkɐpaʃ]，後者は [inɐkɐbadu] ですね。さて，この2語のどちらも否定を意味する接頭辞in-が付加されています。元になる語はcapaz「可能な」，acabado「終わった」です。そして，接頭辞in-は子音の前では（ここでは [k] の前）鼻母音 [ĩ] となり，母音の前では（ここでは [ɐ] の前）口母音i＋鼻子音，すなわち [in] として実現されています。

そこで次の例を見てください。

irmã [iɾmɐ̃] 姉妹　　↔　**irmanar** [iɾmɐnaɾ] つなぐ
fim [fĩ] 終わり　　↔　**final** [finaɫ] 最後の

この2つのペアを見て思いつくことはないでしょうか。そうです，各ペアの後者の母音＋鼻子音の連続が前者では鼻母音に相当するのです。ということは，もともと母音＋鼻子音があって，そこで音節が切れると鼻母音化すると考えてよいのではないでしょうか。

鼻母音で終わる語はそこにアクセントが来ますが，それも母音＋子音の終止だと思えば，hospital, papelなどの語がやはり最後の母音にアクセントが来るのと同じだと考えることもできるでしょう。

以上の考察から，ポルトガル語には音素としての鼻母音はないと見なしてよいのではないでしょうか。もちろん，音素としては存在しないからと言って鼻母音をおろそかにしてよいというわけではありません。鼻母音がポルトガル語にとってとても重要な特徴の1つであることは紛れもない事実なのです。comという前置詞を [kõ] ではなく，[kom] と発音してはまずいわけですから。

さらに，思い出していただきたいのですが，ポルトガル語には鼻母音を表すためにn, mそしてティル（˜）が使用されますが，鼻母音専用の文字表記がないことにも，それが音素でないことの傍証と言えるかもしれません。

ポルトガルとブラジルを隔てるもの

　ポルトガル語を知らない人に，ポルトガル人同士の会話とブラジル人同士の会話を聞かせたら，まったく違う言語のように聞こえるのではないかとさえ想像しますが，違いの大きな理由はもちろん「音」にあります（もちろん他の面でも違いはありますが）。

　その中でも，両国のポルトガル語を区別する音声に，ポルトガルで使われる /i/ という中舌の母音があります（いわゆるシュワー［ə］と表記している本もありますが，厳密に言うと違います）。舌の真ん中あたりをぐっと上に持ち上げる感じで，上下の唇は開き気味で，/i/ と /u/ の中間くらいで発音しますが，この母音はポルトガルにあってブラジルにないものの代表的なものだと言ってよいでしょう。

　日本人の耳には「ウ」のように聞こえるかもしれませんが（私も当初はそう思っていました），けっして唇を丸め舌の後ろの方を持ちあげる /u/ の音ではありません。英語の曖昧母音であるシュワ，あるいはフランス語の *e caduc*（脱落性のe）に比せられます。先ほどあげた［ə］という記号で表記される音です。会話の中では落ちてしまうことがよくあるので，いっそのこと無視したくもなりますが，そうもいきません。なおポルトガル語では，e "mudo"（"無音の"e）と呼ばれたりします。

　このポルトガル固有と言ってよい［i］という母音ですが，ポルトガル語の文字で言えばeです。かと言って，ポルトガルでeを全部この［i］で発音するかというと，そんなことはありません。実はこの音はアクセントのある位置にはけっして現れないのです。というよりも，アクセントがない時，eはアクセントの前でも後でも，［i］と発音されるようになるのです。ブラジルにはこの現象はありません。また，アクセントのある位置に現れることができない唯一の口母音という事実も指摘できます。

　もう1つ言えることは，この［i］という母音は必ず子音と子音に挟まれて出てくるか，子音を支えながら語末に現れることです。逆に，語頭に現れることはありません。別の母音と並んでいることがないということは，/i/

を含む二重母音や母音連続は存在しないことになります。また，この母音が鼻音化することもありません。

　アクセントも嫌い，鼻音化も拒絶，というこの [i̥] という母音はずいぶんとわがままな気もします。つまり，きわめて特殊な母音と言ってよいでしょう。

　では具体的に見てみましょう。まず，アクセントの前に出てくるケースです。

pegar　[pigar]　つかむ

　おそらく日本人の耳には「プガール」と聞こえるのではないでしょうか。

　次にアクセント母音のあとに出てくるケースです。やはり，[e] で実現されず [i̥] となっています。

vértebra　[vɛrtibra]　背骨

　そして，語末の場合です。

tarde　[tardi̥]　午後

　おそらく「タルドゥ」という感じに聞こえると思いますが，ブラジルではこの場合eが [i] となり，さらにその音が前の子音dを破擦音 [dʒ] に変えてしまうので，「ドゥ」ではなく，「ジ」と発音されます。ポルトガル人とブラジル人の発音が大きく違うtelefone「電話」はこのことが実感できる語でしょうね。

　この語は，ブラジル人なら，[telefoni] と発音しますが，ポルトガル人は [tlfɔn] と発音します。見た目だけでもずいぶんと違うのがわかりますよね。

　このアクセントのない e は，確かに発音される時は /i/ になるわけですが，/e/ で発音しても意味も変わらずに通じるわけです。ということは，独立した1つの音素というよりは，/e/ そして /ɛ/ の異音と言った方がよいのかもしれません。なお，ポルトガルにあって，ブラジルにないということから推測して，この曖昧な母音が現れたのは16世紀以降と考えてよいと思われますが，実際はポルトガルの近代が始まる18世紀以降です。

音節について

　ポルトガル語を母語とする人に，faladoをゆっくりと発音してもらってみましょう。彼らはfa-la-doと発音し，けっしてf-a-l-a-d-oとは言わないでしょう。もし後者のように個々の文字を読んでもらうとすると，「エフ・アー・エル…」という感じでアルファベット読みをすることでしょう。さて，fa-la-doにあるような短音のまとまりそれぞれを「音節」(sílaba) と呼びます。あるいは，一回の呼気の中で発せられる母音あるいは音の塊をそう呼びます。音節は，その言語でどの音素がどのように組み合わせ可能なのかを知るうえでとても重要です。また，話者はこの音節の存在を本能的に感じています。

　ポルトガル語で，音節は短母音1つでもいいですし（たとえばéは1音節語です），母音に子音を伴ってもいいです（上記のfa）。子音は1つだけとは限りませんし，母音の前でも後でもかまいません（marも1音節語です）。ただしポルトガル語は子音だけで音節を作ることはできません。

　また，母音で終わる音節を「開音節」，子音で終わる音節を「閉音節」と言います。日本語の音節のほとんどは開いていますが，ポルトガル語は違います。確かにポルトガル語の音節構造は日本語より複雑ですが，子音が3つも続くことはないので，そんなに発音は難しくないかもしれません。

　もう少し詳しく見ましょう。音節の核となる母音（単母音でも二重母音でもいいです）の前に来る子音は「頭子音」（ポルトガル語ではataque）と言いますが，それは1つあるいは2つ。そして2つの場合の組み合せ方には制限があります。つまり，頭子音の最初の子音は破裂音/p, b, t, d, k, g/あるいは摩擦音/f, v/のいずれかであり，2番目の子音は流音/l, r/と決まっているのです。

　これは音声学で言う「聞こえ度配列原理」に則っています。その原理によれば，個別の分節音が持つ音の大きさ＝聞こえ度は音節の核で最大となり，その前後で徐々に下がっていくというものです。そして，聞こえ度は大きい順に母音＞半母音＞流音＞鼻音＞摩擦音＞閉鎖音となります。閉鎖音から流音に，そして母音に至る点でポルトガル語は原理に忠実な言語です。ただし，

この中でdlという組み合わせはポルトガル語で許されないため，音節に分ける時は別のグループを形成します。adleriano → ad-le-ria-no

「聞こえ度配列原理」に負けずに大切なのが，「不同性の条件」です。この条件によると，2つの分節音の聞こえ度の間に一定の違いができるだけ大きくなることが求められるのです。そのせいもあって，ポルトガル語では，閉鎖音と摩擦音の連続，閉鎖音と鼻音の連続は好まれません。語頭でbs-とかbn-という連続を見ないですよね。同様に，摩擦音と流音の連続もあまり目にしないですよね。確かにfr-やfl-はありますが，vr-, vl-, sl-, zlなどはありません。

一方で，音節の核となる母音に後続する子音（群）を「尾子音」（coda）と言います。尾子音に子音連続はありません。多くの言語でそうですが，ポルトガル語でも尾子音になる子音の数は限られ，音素としては /l/, /ɾ/, /s/ の3つだけです。もちろん実際の発話時にはもっとさまざまな形を取りますけれど。たとえば，/l/ならばいわゆるダークエルの [ɫ]（ポルトガル）あるいはブラジルなら [w] と半母音化します。/ɾ/はポルトガルではそのままですが，ブラジルでは [R] [χ] [ʁ] あるいは [h] となります。/s/がポルトガルでは [ʃ] で表されますね。

また，ポルトガルでは例の「無音のe」こと [i] が本当に無音化してしまうことが多いため，bate「叩く（3人称）」が [bat] と発音されますが，それは語末に母音がないことを意味するわけではないのです。それが証拠に，mexe bem「よく動く（3人称）」はあくまでも [mɛʃ bẽỹ] であるのです。もし母音がないのなら，同化の法則にしたがって，[ʃ] の代わりに [ʒ] となっているはずですから。

もう1つこの「無音のe」について言っておくと，無音化してしまうことによって，ポルトガル語の音節構造では本来なら許されない子音で語が終わることを許しています。上記の [bat] も [t] で終わっていますが，これはポルトガル語らしくないですね。またhoje「今日」も [oʒ] となりますが，音韻的にはポルトガル語は [ʒ] で終わることはありません。

アクセントについて

　母音の性質を論じた時，アクセントの有無が重要になるという話をしましたが，アクセントそのものについては省略しました。ここではそのアクセントについて取り上げて，話の流れにアクセントをつけてみます。

　アクセントとは，語の音節が強弱あるいは高低の差によって発音される現象を言います。そして強いアクセントを強勢（ストレス）アクセント，高いアクセントをピッチ・アクセントと呼びます。ポルトガル語は強勢アクセントが重要になります。周囲の音節と比べある音節に強勢を与えるためには，筋肉の動きを強め，調音や呼吸の強さに変化を与えなければなりません。日本語のアクセントは音節の強弱より高低に関わりますので（声帯が震える時の周波数に関わります），両言語間の違いには注意が必要でしょう。また，ポルトガル語では，母音の長さも音韻的に意味を持ちません。

　もう1つ注意しておくと，音韻的なアセクントと文字上のアクセント（アクセント記号）は別物だということです。アクセント記号がなくてもアクセントがある語は数えきれないほどありますし，acento grave（`）は強勢の有無を意味するわけではありません。よって，àquele は最初の母音を強く発音する必要はないのです。

　さて，ポルトガル語でアクセントが大切なのは，音声学的にそうなのだというだけでなく，意味の区別に役立つから，つまり音韻的な価値を持つからなのです。たとえば，duvida「彼は疑う」と dúvida「疑問」では動詞か名詞か違ってきますね。Comera.「彼は食べてしまっていた」と Comerá.「彼は食べるだろう」では同じ動詞でも時制が違います。

　2音節以上の語のうち，最後の音節にアクセントが落ちる語はオクシトン（café「コーヒー」），語末から2番目の音節の場合はパロクシトン（escola「学校」），3番目の場合はプロパロクシトン（pêssego「桃」）と言います。音節を1つしか持たない単音節語はアクセントがある語もありますが，ない語もあります。前者の例としては flor「花」，cá「ここ」，mau「悪い」，só「だけ」などがあります。後者の例としては，定冠詞（o, a, os, as）や不定冠詞（um, uma），目的格代名詞（me, te, lhe, o, aなど），関係代名詞que，前置詞（a, com, de, em, porなど），前置詞と冠詞の縮合（à, ao, do, da, no, na, dum, numなど），接続詞（e, mas, nem, ou, que, se）などがあります。

　私が調べたわけではないのですが，母音で終わる名詞，形容詞，副詞の7割以上が後ろから2番目の母音にアクセントが来るそうです。つまりパロクシトンだということですね。一方で，子音で終わる名詞，形容詞の大半はオクシトンです。母音で終わっても3割近くはパロクシトンであり，そうなるとポルトガル語を読むときにとりあえず後ろから2番目を強く発音しろとは言えそうもないかもしれません。

　でも，動詞の場合もやはり75パーセント以上が後ろから2番目の母音にアクセントが来るようですから，やっぱり後ろから2番目と言っていいんですかね？　なお，動詞の場合は目的格人称代名詞がついた場合に稀に後ろから4番目，あるいは5番目の母音にアクセントがおかれるケースがありますが，これは目的格人称代名詞のようなclitics（文法的には自立しているけれど音韻的には他の語に依存する語）はアクセントに関しては影響を及ぼさないと考えるべきなのでしょう。したがって，動詞も，名詞類と同様に，後ろから3つのいずれかの母音にアクセントがあると見なしてよいと思われます。

Dávamo-lo.　　私たちはそれを与えているところだった。
Dávamo-no-lo.　私たちはそれを私たち自身に与えているところだった。

　ところで，感情を込めたり，ある概念を強調して発話するとき，通常の発音とは異なる種類のアクセントが用いられることがあります。それらは感情のアクセントそして知的アクセントと呼ばれます。

É uma pessoa miserável.　哀れな人だ。
É um ato ilegal.　　　　　非合法な行為だ。

　通常ですと，それぞれmiserávelのráそしてilegalのgalにアクセントが来るわけですが，miそしてiが強く長くなります。

イントネーションについて

　アクセントは語に関わるものですが，文のレベルでも強弱や高低は重要です。平板に棒読みがずっと続くというのは異常事態でしょう。文のレベルの強弱や高低はイントネーションと言います。前項で「ピッチ・アクセント」の話をしましたが，それは男女や年齢によって異なり，平均すると男性は80から200ヘルツ，女性は180から400ヘルツの間で，想像どおりかもしれませんが，女性の方が声が高いことがわかります。

　このピッチ・アクセントが文のレベルで大切な役割を果たすことはポルトガル語でも同様です。ストレス（強勢）と一緒になって，その文が平叙文なのか，疑問文なのか，それとも命令文なのか，文の意味を変えてしまう機能を持つのです。イントネーションは語レベルのアクセントに負けず劣らず重要なわけです。さらに，話者の気分つまり自信を持っているのか，ためらっているのか，怒っているのかなども教えてくれますね。ただし，イントネーションを視覚化することは難しいので，母語話者の実際の会話を何度も耳にしながら学ぶのがよい方法なのでしょう。

　ポルトガル語のピッチ・アクセントは3段階,「低 (1)」「中 (2)」「高 (3)」に分けるのが普通です。さらに高くなることもあるかもしれませんが，それはよほど強調したい時のことです。たとえば，

　Ele[2] chega[2] hoje[1].　彼は今日，到着する。

という文は，もし平叙文だとすると，ピッチはアクセントのある音節で「中」のレベルで始まり，最後の強勢音節で「低」に落ちます。平叙文だと最後は下がるというのは英語でもなじみがあるでしょうか。面白いのは，強勢アクセント自体は最後の語が一番強いことです。強さと高さは別の概念なのです。

　上記の文の最後に「？」をつければ，少なくとも字面では疑問文になることは言うまでもないでしょう。ですが，実際の発話においては文末にわざわざ「ハテナ」と言うわけにもいきませんから，他の手段が講じられています。と言うよりも，そのほかの手段を「？」で書き表しているという方が正確で

すよね。それでどうなるかと言うと，

Ele² chega² hoje³? 彼は今日，着くのですか。

最後の上昇ピッチになるのです。
さて，同じ疑問文でも，疑問詞が使われる場合はまた別の話です。

Onde² é que o Paulo² mora¹? パウロはどこに住んでいるのですか。

すでに疑問だとわかっているのなら，わざわざピッチを上げるまでもないということでしょうか。

最後にリズムについて触れておきます。リズムは言語ごとに異なります。英語は強勢が置かれる音節が時間的にほぼ同じ間隔に繰り返される強勢リズムの言語と言われるのですが，ポルトガル語はどうなのでしょうか？ 少なくともポルトガルのポルトガル語は強勢リズムと見なしてよいようですが，ブラジルのポルトガル語に関しては意見が分かれ，強勢リズムを持つ人と音節リズムを持つ人がいると言われます。それぞれの音節が時間的にほぼ同じ間隔で現れるのが音節リズムです（日本語は音節リズムの言語だとされます）。スペイン語やフランス語は音節リズムだそうですから，同じロマンス語でも違うものなのですね。

ポルトガルのポルトガル語が強勢リズムになる理由は，強勢がない音節が強勢のある音節より短く，そして弱まり消えてしまうことが多いからですが，ブラジルのポルトガル語ではこの2種類の音節の長さの違いは強調の度合いによると思われます。ブラジルのポルトガル語の方が歌っているように聞こえる，よりメロディアスに感じられるとよく言いますが，2つの国のポルトガル語のリズムがずいぶんと異なって聞こえる理由がこんなところにありそうです。

コラム　言葉遊び

　人間は遊ぶことが大好きな動物。ボールを使って遊んだり，カードで遊んだり，あるいは指を使って遊んだり。それだけでなく，言葉そのものを使って遊ぶこともありますね。ダジャレなんて，その一例です。

　ポルトガル語でダジャレのことはparanomásiaあるいはtrocadilhoと言います。人の笑いを喚起するとき，あるいは広告などでよく使われます。かつてポルトガルのエルマン・ジョゼというコメディアンがあるフェミニズム作家をネタにして，「フェミニストたちはpátria（祖国）ではなくmátria（母国）と言えと主張するが，ならばperda（喪失）はmer...に代えなければならない」と揶揄したことがありました。mer...の意味は辞書で確認していただきたいと思いますが，下品なところはあるとはいえ，なかなか辛口の機転の利いたダジャレだなと感心してしまいました。

　私はダジャレが嫌いではありませんが，ポルトガル語話者たちはもっと他の言葉遊びも楽しんでいます。かなり高度な語彙力が求められるダジャレを口にするのも大変ですが，その他の遊びも鍛錬が必要に思えます。外国人の私には，とても「遊び」とは思えないのです。次に紹介する遊びなんかはむしろ試練ですね。

　世界中の多くの言語において「音節」を利用したゲームが見られますが，ポルトガル語でも，/p/という子音に各音節の母音をつけて音節数を倍にする遊びがあります。わかりにくいでしょうから具体例を示すと，

　cama　ベッド　→　capamapa
　mesa　テーブル　→　mepesapa

という具合です。慣れれば何とかなるでしょうか。

　ですが，私のお気に入りはpalíndromaすなわち回文です。そう，上から読んでも「山本山」，下から読んでも「山本山」というやつです。

でも漢字でこれを作るのはわりと簡単ですから、ポルトガル語の実例を見てちょっと驚いて見てください。

有名なところでは、

Socorram-me, subi no ônibus em Marrocos

という回文があります。「助けてくれ、モロッコでバスに乗ってしまった」というかなり現実味のあるシチュエーションと文の長さ、そしてみごとに左から読んでも右から読んでも同じというこの回文は傑作としか言えません。

もう1つ。

Anotaram a data da maratona

この回文もなかなかよくできていますね。「マラソンの日付けをメモした」というのは面白みに欠けるかもしれませんが、回文としては高いレベルにあると思います。

あ、そうそう。クロスワード・パズルもありますが、ここでそれを再現することはできそうもないので、現地で新聞や雑誌を買った時に掲載されているパズルにトライしてみてください。語彙を増やすにはもってこいの遊びです。

第2章 ポルトガル語の文の基本

主語について

　主語とは何か。これだけでも論文が書けそうな，いや，本が1冊書けそうな問いかけです。

　大学に入学して間もなく，ポルトガル語学の先生が，ポルトガル語で主語とは何か，それは簡単に答えられる。主語とは動詞の形を決めるものである。と説明してくださり，目から鱗が落ちるくらいの感銘を受けた記憶があります。大学教授はやっぱり言うことが違うなあ，そんなことを考えました。

　でも，ここでは違う視点から主語とは何か定義してみましょう。

Aquele estudante comprou um carro.　あの学生は自動車を買った。

　この文には2つの名詞句が使われています。そう，動詞comprouを挟んでaquele estudanteとum carroです。この2つの名詞句が異なる機能を果たしていることは「置き換え」をすることによって明らかにすることができます。どう置き換えるかというと，名詞（句）を代名詞化してみるのです。まず，最初のaquele estudanteを代名詞化すると「彼」つまりeleになることは大丈夫ですね。

Ele comprou um carro.　彼は自動車を買った。

　文法的に正しい文が作れました。また，冒頭の話に戻りますが，eleが動詞comprouの形を決めていますね（「時制」や「法」といったカテゴリーもあるので，全部ではないですが）。けれども，名詞句だからと言って，文中のどこに現れる要素も置き換え可能というわけにはいきません。um carroも男性単数ですから単純に考えればeleと代名詞化できますが，上記の文では不可能，つまり非文法的な文を生み出してしまいます（少なくともポルトガルでは）。非文法性は最初に＊で記します。また，"非"なのかどうか判断に迷うときは冒頭に「?」を付けます。

＊Aquele estudante comprou ele.

ele（ela, eles, elas もそうですが）という代名詞は主語の位置にある名詞句しか置換できず（目的語はできない），その置き換えの可能，不可能をテストすることによって，主語であるかないかが判定できるのです。

もう少し例文を見てみます。

O carro tem navegação de carro.　その自動車にはカーナビがついている。
Ele tem navegação de carro.　それはカーナビがついている。

ポルトガル語のeleは「人」だけでなく「もの」の置き換えもできることは言うまでもないでしょうけれど，主語であれば，前ページの例文と違って，carroの代わりも果たせます。

名詞句の代名詞化には注意点が1つあります。次の例文を見てください。

A menina de saia vermelha comprou um livro.
赤いスカートの女の子は本を買った。

この文の主語である名詞句を代名詞化すれば，Ela comprou um livro. ですが，*Ela de saia vermelha comprou um livro. とはなりません。名詞句の一部だけを取り出して代名詞化することはできないのです。

もう1つ気をつけて欲しいことがあります。主語の位置に従属文が現れることができます。

Andar na chuva faz mal à saúde.　雨の中を歩くことは健康に悪い。

このとき，主語になっている従属節を代名詞化するときには，eleは使えず，中性の指示代名詞issoを用いるというルールがあります。節＝文は性も数も持ちませんから，中立の代名詞になるのです。

Isso faz mal à saúde.　それは健康に悪い。

issoで置き換えられるというのも主語であることの証の1つですね。もちろんissoになるからと言って主語の証そのものというわけではないですよ。

目的語について

前のページの冒頭の例文 Aquele estudante comprou um carro. で，um carro を ele で代名詞化すると非文法的な文を生み出してしまうという説明をしました。ですが，um carro を代名詞化できないというわけではありません。どうするかというと，こうなります。（ポルトガル式で考えています）

Aquele estudante comprou-o.　あの学生はそれを買った。

この o（a, os, as）という接辞的代名詞によって置き換えられる語は，主語ではなく，直接目的語です。接辞的（clítico）というのは，語としての自立性がなく，動詞に寄り添って現れるという意味です。自立性がないという意味では o（a, os, as）という定冠詞も接辞的ですが，定冠詞は動詞カテゴリーには入らない語（名詞，指示詞など）の必ず前で使われます。接辞的代名詞は動詞の後ろに立つことも，前に立つこともできますから，自由度が異なります。

また，「直接」目的語と呼ばれるのは，動詞が表す行為の影響が「直接」その目的語に及ぼされると見なされるからです。o（a, os, as）という直接目的格代名詞が動詞に寄り添って現れることからもわかるように，文を名詞句と動詞句に分けるとするならば，直接目的語は動詞句の一部を成します。

もう少し例を見ます。

Maria viu João.　マリアはジョアンを見た。

この文で João は o で置き換えることができますから，動詞 viu の直接目的語です。一方で，Maria は ela で置き換えることができるので主語ですね。

Maria viu-o.
Ela viu-o.

直接目的語があるということは，ご想像通り，間接目的語もあります。次の文を見てください。

Pedro ofereceu um livro ao amigo.
ペドロは本を友人にプレゼントした。

　上の文の最後，ao amigoは前置詞aと名詞句o amigoから成る前置詞句です。そして，この前置詞句はlheというやはり接辞的な代名詞によって置き換えることができます。逆に言えば，lheで置き換えできれば，間接目的語だということです。

Pedro ofereceu-lhe um livro.
ペドロは彼に本をプレゼントした。

　直接目的格代名詞も同じですが，接辞的代名詞は動詞に寄り添うので，次の文は成り立ちません。lheは身寄りのない孤児のようになってしまいます。

*Pedro ofereceu um livro lhe.

　さて，主語，直接目的語，間接目的語と3つの重要な文法項目を見てきましたが，この中で最後の間接目的語は前置詞句として表されるのに比べ（前置詞はaが用いられます），主語と直接目的語は名詞句として表されます。では，この2つの区別はどうなされるかというと文中の位置となります。通常の語順なら主語が文頭，直接目的語が動詞の後ろ（右側）ですね。

　なお，この直接・間接目的格代名詞の位置に関してはポルトガルとブラジルでずいぶんと違いがあるので，「代名詞」の項で詳しく見ることにしますが，少しだけ紹介しておきます。

　たとえば，前ページのMaria viu-o.とEla vio-o.ですが，これはポルトガル式の語順で，ブラジルでは目的語が動詞の前に来て，Maria o viu.そしてEla o viu.となります。このページの上にあるPedro ofereceu-lhe um livro.もやはりPedro lhe ofereceu um livro.となります。

述語について

　文法の本には述語という用語が頻繁に出てきます。念のために定義しておくと，文の主語に関してその行為，状態あるいはプロセスを示す表現のことです。述語の核になる部分が動詞の場合，それは動詞文と呼ばれます。
　comprar「買う」という動詞を使って文を作りなさいと言われた人がたとえば，次のように口にしたとします（あるいは書いたとします）。

　*Pedro comprar um livro.

　どうでしょうか？「ペドロは本を買う」という意味がわかるような気がしませんか。また，以下の文が作られたとします。

　*Pedro comprar um livro ontem.

　こちらもなんだかんだ言っても，「ペドロは本を昨日買った」という意味が理解できそうです。しかし，お分かりのように，これら２つの文はポルトガル語の文法では認められません。いわゆる「非文」と判断されます。
　なぜ文法的に「非」とされてしまうのでしょうか。今さらという気もしないでもないですが，ポルトガル語では単文において動詞は定詞でないといけないからです。つまり，動詞は時制，法，人称，数によって形を定められている必要があるのです。ですから，上の２文は，以下のようにすれば立派なポルトガル語となりますね。

　Pedro compra um livro.　　　　　ペドロは本を買う。
　Pedro comprou um livro ontem.　ペドロは本を買った。

　さて，ここまでは単純動詞の場合でした。動詞の語尾が変化して，時制や人称が表示されました。ところが複合時制というものもあります。すなわち，助動詞＋動詞という構造です。このケースですと，動詞は時制や人称によって変化しませんが，助動詞が変化することになります。活用が持つ意味は助動詞が担うことになります。

O comboio tinha partido.
電車は出発してしまった。

Os comboios tinham partido.
電車（2台以上）は出発してしまった。

　複合時制の面白い点は，助動詞と主動詞が役割分担をすることです。主動詞は意味の解釈を担います。この文では「出発する」という意味ですね。それに対し，助動詞の方が文法的な意味つまり時制，法，人称，数を表すのです。「主」と「助」とは言い分けますが，どちらも大切な機能です。

　動詞文に対し，動詞句の中に動詞だけでなくもう1つ述語機能を持つ要素が含まれるケースがあります。それは名詞文，形容詞文と呼ばれます。この場合の動詞はser，estar，ficarなどになります。

Pedro é estudante.　　ペドロは学生だ。
Pedro ficou assustado.　ペドロは驚いた。

　これらの文で名詞述語，形容詞述語をもし取ってしまうと，やはり非文が作られてしまいます。

*Pedro é.
*Pedro ficou.

　次のページでは，動詞文と名詞・形容詞文が一緒になったかのような述語構文を見てみます。

誤解しやすい述語を分析する

まず，次の2つの文を見てください。

Pedro considerou a proposta aceitável.
Carlos viu um filme interessante.

一見すると，主語・動詞・目的語の3要素から成る同じ文型の文に見えますが，訳してみると，異なる構造を持つ文であることがわかります。最初の方は「ペドロはその提案を受け入れ可能と見なした」という意味であって，2番目の方は「カルロスは面白い映画を観た」という意味です。同じようなペアを見てみましょう。

João acha a mulher inteligente.
Paula comprou um computador japonês.

最初の文は，「ジョアンはその女性を頭がよいと思う」であり，2番目は「パウラは日本製のコンピュータを買った」という意味です。

一見したところよく似た文ですが，ずいぶんと異なることがわかります。どうやら違いの原因は目的語になっている部分の解釈の仕方にあるようですが，冠詞・名詞・形容詞という連続はそっくりです。なのに，異なるタイプの文のように思えるのはなぜでしょうか。

ここでちょっとしたテストをしてみましょう。つまり，最後の形容詞を外してみるのです。

*Pedro considerou a proposta.
Carlos viu um filme.　カルロスは映画を観た。
*João acha a mulher.
Paula comprou um computador.　パウラはコンピュータを買った。

もしここで使われるconsiderarとacharという動詞の意味が「判断する」だとすれば，1番目と3番目の文は「非」，一方で2番目と4番目の文は正し

い文となります。
　もう1つ別のテストをします。名詞を代名詞化してみるのです。

Pedro considerou-a aceitável.　ペトロはそれを受け入れ可能と見なした。
*Pedro considerou-a.
*Carlos viu-o interessante.
Carlos viu-o.　カルロスはそれを観た。
João acha-a inteligente.　ジョアンは彼女を頭がよいと思う。
*João acha-a.
*Paula comprou-o japonês.
Paula comprou-o.　ペドロはそれを買った。

　これらのテストからわかるのは、verやcomprarの後の句は1つのまとまりを成すのに対し、considerarやacharの後の句は2つの異なる要素に分解できるということです。つまり、a proposta aceitávelとa mulher inteligenteのa propostaとa mulherは目的語、そしてaceitávelとinteligenteはその述語のように機能しているのです。considerar, acharとver, comprarは異なるタイプの動詞だということです。
　ただし、こんなケースもあります。

Ana come a sopa fria.　アナは冷たいスープを飲む。

　この文に対しては、Ana come-a. も Ana come-a fria. も可能です。つまり、「冷たいスープを」とも「冷えたままでスープを」とも訳せるのです。もし、Ana come a sopa fria. という文を見て、どちらの意味なのかわからないときは、代名詞化のテストをするといいでしょう。

主語と動詞の一致について 1

　主語は動詞の形を決めるうえで重要な役割を果たします。時制や法（直説法や接続法など）やアスペクト（完了や継続など）ももちろん大切ですが，数と人称は主語が決めます。したがって主語と動詞の一致は無視できないテーマとなります。最初に断りますが，英語に比べポルトガル語の「数」は意味よりも文法的に（形によって）決定されると言ってよいでしょう。つまり，英語が *The police are still looking for the terrorist.* というように複数で照応するのに対し，ポルトガル語は単数で受けます。

　A polícia ainda está à procura do terrorista.
　警察はまだテロリストを捜索している。

　もちろん，ポルトガル語にもよく指摘される1人称複数の意味で使われるa genteが3人称単数ではなく1人称複数の活用を求めるようになってきたという変化もあります。

　A gente vamos.　我々は行く。
　（A gente vai. が伝統的には正しいとされる）

　それはさておき，順を追って見ていきましょう。主語の部分に名詞（句）が2つ以上ある時，動詞は複数形になります。

　A Paula e o Carlos foram.　パウラとカルロスは行った。

　主語と動詞の倒置が起こった場合には，もちろん複数で正しいのですが，主語の最初の要素の数に一致することがよくあります。直後に出てくる一番近い要素に一致してしまうのは心理的には理解できますね。

　Foi a Paula e o Carlos.

　もしカルロスの代わりにeu「私」になれば，次のようになり，複数でも1人称となります。

A Paula e eu fomos.　パウラと私は行った。

関係代名詞の先行詞に数が一致するのもわかりやすい話でしょう。

O rapaz que morava aqui já morreu.　ここに住んでいた若者はもう死んだ。
Os rapazes que moravam aqui já morreram.
ここに住んでいた若者たちはもう死んだ。

次はちょっと頭をひねりたくなるケースです。動詞 ser の一致の問題です。

O Manuel é o meu irmão mais novo.　マヌエルは私の末の弟だ。

これは何の問題もなく é を選べるでしょう。ですが，もし ser を挟む２つの名詞句のうち片方が人称代名詞の場合は，必ずそれに一致します。

Eu sou João. João sou eu.　私はジョアンだ。ジョアンは私だ。
*Eu é João. *João é eu.
Vocês são realmente a minha dor de cabeça.　君たちは本当に私の頭痛の種だ。
Ele é só surpresas!　彼はいつも驚きだ。

今後は逆に，tudo, isto, isso, aquilo, quem, (o)que が使われたら，一致はもう１つの名詞句にしたがいます。

Isto são bolos de chocolate.　これはチョコレートケーキだ。
Tudo são boas notícias.　　　すべてがよい知らせだ。

もし，主語も述語も３人称で，一方が単数で，片方が複数の場合，一致は複数が優先されます。

As mulheres são um flagelo para os homens.　女は男にとり苦しみだ。
O amor são sofrimentos eternos.　愛は永遠なる苦痛である。

最後はずいぶんと否定的な内容の例文になってしまいましたが（私の個人的見解ではありません），言いたいことはわかっていただけたと思います。

主語と動詞の一致について 2

もう少しだけ主語と動詞の一致について話させてください。

前のページでは，主語の数と人称が動詞の形を決める，と述べました。この点をもう少しきちんと定義してみます。

1) 単数名詞主語および文主語は，動詞の単数形を要求します。複数名詞主語は動詞の複数形を要求します。

O correio chegou. 郵便が届いた。
Passear todos os dias faz bem à saúde. 毎日の散歩は健康によい。
Os livros são caros. 本は高い。

2) 人称代名詞を核とする主語は，その人称に動詞を一致させる。文主語あるいは名詞を核とする主語は3人称の動詞を求める。

Eu e Maria somos amigos. 私とマリアは友だちである。
Passear todos os dias faz bem à saúde. 毎日の散歩は健康によい。

ここまでは別に問題ないと思いますが，母語話者がどのように一致させたらよいのか迷ってしまうケースもあります。

Eu sou dos que concordo com a sua opinião.
Eu sou dos que concordam com a sua opinião.

「私はあなたの意見に賛成する者の1人です」と言っているのですが，この2つの文のうちどちらが正しいかわかりますか？ 実は教科書的には，下の文の方が規範的とされます。つまり，os que「～する人たち」に一致するわけですから，動詞は3人称複数形（concordam）となるわけです。

ですが，主語がeuであることを思えば，concordoとしたくなる話者の心理も理解できます。よって，規範はconcordamを求めても，concordoも完全に誤りとは判断できないという事情も理解できますね。

また，

A maioria dos eleitores votaram no atual ministro.
A maioria dos eleitores votou no atual ministro.
投票者の大半は現職大臣に投票した。

　これも下の文が"正しい"とされます。主語がa maioriaという単数形だからです。でも，os eleitoresという複数形，さらにはa maioria「多数」という意味に引っ張られてしまい，話者が動詞を複数形にしてしまうのはよく理解できますよね。

　これはつまり，ポルトガル語の話者にとっても，主語の核になるのはどの語なのか，判断に揺れが生じることがあるという意味です。euなのかos queなのか。a maioriaなのかeleitoresなのか。規範は存在するけれども，話者の意識は規範の縛りを外してしまうことがあるのです。というよりも，そもそも規範とは言語の誕生よりもずっと後から生まれた人工的なものですから，言語の話者たちが規範に縛られることなく話すというのは当たり前のことなのです。

　意味に引っ張られてしまって規範からずれるこのケースにはこんなこともあります。

Os portugueses somos um pouco pessimistas.
Os portugueses são um pouco pessimistas.
ポルトガルは少し悲観的だ。

　もちろん下の文が規範としては正しい訳ですが，上の文が生まれてしまう理由はよくわかります。話者の心の中では「われわれポルトガル人は少し悲観的だ」という思いがあるのでしょう。だから，somosという1人称複数の変化が使われてしまうのです。もちろん，次のようにすれば完璧に正しい文ですよね。

Nós, portugueses, somos um pouco pessimistas.

繰り返される主語

　と言っても，偉い人の前で緊張のあまり「私，私は...」と繰り返してしまうという話ではありません。ちゃんとした目的をもった用法についてお話ししようと思うのです。

　O professor veio.　先生が来た。

　これは主語（o professor）と動詞（veio）から成るごく普通の文ですが，次のような文を作ることができます。ヴィルグラ（,）は息継ぎのためのポーズ（休止）だと思ってください。o professor も ele も主語と言ってよい要素です。

　O professor, ele veio.　先生なら，来たよ。

　さて，ポルトガル語では，文の中のいくつかの構成要素を「強調」させる目的で繰り返すことができます。しかも，それを文頭（左側）に持ってくるのです。強調したいものを繰り返す，そして文の最初に移動させるというのはわかりやすい手法だと思えます。目立ちますからね。
　なお，上記の文で，繰り返す主語 ele の代わりに指示代名詞 esse を使うこともできます。

　O professor, esse veio.

　こうした主語を繰り返す表現方法を嫌悪する母語話者もいるようですが，ポルトガル語の文法としては十分に認められます。
　ところで，文頭に移動され，繰り返されるのは主語だけではありません。強調したくなるのは主語だけではないですからね。直接目的語も間接目的語も移動し，繰り返すことが可能です。

　O pão, comi-o anteontem.　パンならおととい食べたよ。

　「パン」は動詞 comer の直接目的語ですが，それを強調するために文頭に

移動します。興味深いのは，o pãoが立ち去った後に直接目的格代名詞が代わりに姿を見せることです。空白になったところを何か別の要素で埋めておきたいという心理でもあるでしょうし，何が移動されたのかをこれで明らかにしておきたいという気持ちもあるでしょう。こうした現象を見ると，言語とは本当によくできているものだなと感心したりもします。

間接目的語を移動しても同じようなことが起こります。

À Paula, ofereci-lhe um livro. パウラに，私は本をプレゼントした。

元は，Ofereci um livro à Paula.という文で，本をプレゼントした対象＝パウラ（間接目的語）を強調するために文頭に移動したわけですが，直接目的語の場合と同じく，à Paulaが空白にした後には間接目的格代名詞が姿を見せます。ただし，

*À Paula, ofereci um livro lhe.

という文は文法的に間違いですから，lheを動詞の直後に移動させなければいけません。そうして，À Paula, ofereci-lhe um livro.という文ができあがるわけです（ブラジルでは，À Paula, ofereci um livro.のようにlheを言わないこともよくあります）。

なお，書くときに，ビルグラ（,）なしは認められないようです。

*O professor esse veio.
*O professor ele veio.

やはり単純に主語が2つ並ぶというのはポルトガル語では不自然で，あくまでも強調のために使われる用法だということを明示すべきなのでしょう。実際，かすかな休止があるわけですし。

基本語順と逸脱

今さら言うのもなんですが，ポルトガル語の基本語順は「主語(S)＋動詞(V)＋目的語(O)」です。

Eu comprei um livro.　私は本を買った。
(S)　　(V)　　　(O)

ポルトガル語は動詞の変化によって主語がわかりますから，主語の省略もよく見られます。

Comprei um livro.

自動詞なら目的語はないですから，「主語＋動詞」です。

Ele tossiu.　彼は咳をした。

これだけで終われば，説明は楽なのですが，ポルトガル語の語順はもう少し説明が必要です。ポルトガル語では次のようなひっくり返った語順の文を頻繁に耳（目）にします。

Chegou o meu pai.　私の父が着いた。

「主語＋動詞」の語順の倒置に関してはまだまだ調べなければいけないことが山ほどありますが，いくつかの規則，傾向を指摘することは可能です。

まず挙げられるのは，目的語がない時に「倒置」が起こりやすいということです。

Comprei eu.　私が買った。

ただし，目的語がなくても，そのように取られてしまう恐れがある動詞の場合は倒置は避けられます。

*Comeu muito o nosso gato.　私たちの猫は（を？）たくさん食べた。

目的語があるのに倒置が起こる状況として，命令文で主語が強調される時があります。

Arruma você este quarto! 君がこの部屋を掃除しろ。

「君が」と訳せるように，この文を発した人は，他に掃除できる人がいたとしても，他の誰でもない，「君」に掃除してほしいのです。

自動詞の場合「倒置」はよく起こりますが，特に主語が強調される時，主語が長い時がそうです。情報量の多い要素は文末に置くのです。

Nasceu o primeiro filho.
第一子が生まれた。

Acabou o tempo dos futebolistas elegantes.
エレガントなサッカー選手の時代は終わった。

こうした文で，もし動詞を最後に置くと，それが強調されることになります。

副詞で始まる文も頻繁に倒置を起こします。

Aqui estão as bananas. ここにバナナがある。
Aí vem um carro. （そこに）車が一台来る。

疑問文に対し，serを使って答える時，「倒置」が起こります。

Quem limpou o quarto? 誰が部屋を掃除したの？
— Fui eu. 私です。

基本語順とはあくまでも"基本"であって，絶対でないことがわかっていただけたと思います。

否定について

　極性（polaridade）というと理系の用語の感じがしますが，文法用語でもあります。言語表現において否定の価値なのか肯定の価値なのか，その片寄りが極性と呼ばれるのです。今さら言うのも気がひけますが，ポルトガルでは肯定の極性は特別な表示形を伴うわけではありません。一方で，否定の極性は否定の要素を明確に示す必要があります。逆に言うと，否定の要素がない文は必然的に肯定となります。では，ないものを見てもしかたないので，はっきりと目に見える否定極性の要素を見ていきましょう。

　いや，「ないもの」と言ってはいけないのです。肯定を表すsimがあります。ですが，この言葉はとても限られた文脈でしか姿を見せません。

Não ténis mas sim futebol é o desporto mais popular.
テニスではなくサッカーが最も人気のスポーツです。

否定辞nãoとの対比でsimの肯定性が利用されています。

　さて，ポルトガル語の否定辞と言えば，não, nem, semです。cáとláも動詞の後ろに置かれると否定を意味しますが，この2語に関しては今は脇に置いてください。ちなみに，Sei cá. と Sei lá. の意味は「私は知らない」です。

　まず，否定と言えばnãoでしょう。文だけでなく，句や語も否定できます。

Eu não li esse livro.　　私はその本を読まなかった。
Os carpinteiros não os arquitetos trabalharam.
建築家ではなく大工たちが仕事した。
Ele declarou-se não-responsável.　　彼は責任者ではないと宣言した。

　最初の文では述部li esse livroが否定されています。真ん中の文ではos arquitetosという名詞句が否定されています。そして最後はresponsávelという語が否定されているのです。この最後の例文の場合，ハイフンで結ばれているのでnãoは否定の意味を持つ接頭辞という趣もありますね。

　次にnemです。これは重文で使用されることが多いです。

Ele não leu o jornal nem viu o filme.　彼は新聞を読まず，映画も観なかった。
Não fui nem à escola nem ao cinema.　私は学校にも映画館にも行かなかった。

最初の文でnemはe nãoに置き換え可能ですが，下の文の2度目のnemは置き換えできません。理由は最初の文は重文ですが，下は文の核となる動詞が1つしかないからです。

Ele não leu o jornal e não viu o filme.

nemは数量詞todosの否定表示としても使用されます。

Nem todos foram ao cinema.　みんなが映画に行ったわけではない。

ただしalguns, muitos, poucosといった数量詞を否定することはできません。

*Nem alguns foram ao cinema.

でも，次の文は言えます。

Alguns não foram ao cinema.　何人かは映画に行かなかった。

最後にsemについて説明しておきます。semは否定の前置詞です。

Ele resolveu o problema sem a minha ajuda.
彼は私の助けなしで問題を解いた。

また，否定の節も導きます。

Ele saiu sem me ver.　彼は私を見ずに外出した。
Ele saiu sem que me visse.

semの後を定詞にしたければ，2番目の文のようにqueを使用しますが，接続法が求められるので面倒かもしれません。
　さて，ブラジルで問題になったsem-terra「土地なき農民」といった場合は，semは接頭辞のように機能していますね。

疑問詞の再検討

ポルトガル語の疑問代名詞と言えば，que, quem, qual, quantoです。このうち最初の2つqueとquemは不変化で，一方qualは複数形quaisがあり，quantoは数と性によって4つの形quanto, quanta, quantos, quantasに変わります。

queは「何」という名詞的な用法と「何の」という形容詞的な用法があります。

Que vais fazer hoje?　　　　今日，何をするの？
Que livro para as férias?　　休暇に何の本を？

質問を強調するためにoをつけてo queとなることもよくありますね。

O que é a língua?　言語とは何か？

quemは人あるいは人と見なされるものだけに使われます。

Quem vem amanhã?　誰が明日，来るのか？

qualは人にも物にも使えますが，選択の意味を持ちますので「どれ」という訳になります。

Qual é o livro que queres ler?　君が読みたい本はどれですか？

quantoも人にも物にも使えますが，「量」を訊ねます。

Quantas pessoas vêm amanhã?　明日は何人来ますか？

こうしてみてくると，大きな問題はないようですが，ときどきどっちを使ったらよいのだろうか，と迷うケースがあります。それは，queとqualです。

queは英語にすれば*what*ですが，何かを定義することを要求する疑問詞です。Que....?という文で訊かれたら，応える人は，質問者に対し，その対象物を定義してあげないといけないのです。

Que é um computador?　コンピュータとは何か？
— É uma máquina capaz de tratar informações.
　　情報を扱える機械です。
O que é futebol?　サッカーとは何か？
— É o desporto mais popular do mundo.
　　世界で最も人気のあるスポーツである。

　それに対し，qualの方は*what, which, which one*(*s*)と訳せますが，この*what*にも訳せることがときどき誤解を招くわけです。しかし，qualの疑問文はけっして定義を答えに求めません。何かを選んでくれることを要求するのです。
　もしあなたが今,「問題は何なのか？」と誰かに問いたいとします。「何か」とあるので，疑問詞にqueを使いたくなるかもしれません。ですが，よく考えてみてください。あなたは「問題」の定義を求めていますか？「そもそも問題とは何なのか」というある種,哲学的な問いを立てているのでしょうか。そうではないでしょう。あなたはこの世に数えきれないほどあるはずの問題のうちどれなのかを知りたいはずです。そんなときはqueではなく，qualを使うのです。

Qual é o problema?　問題は何ですか？
— O problema é que não tenho tempo hoje.
　　問題は今日，時間がないことです。
Qual é o mais famoso futebolista brasileiro?
もっとも有名なブラジル人サッカー選手は誰ですか？
— É Pelé.　ペレです。
Quais são as maiores cidades japonesas?　日本最大の都市はどこか？
— São Tóquio, Osaka e Quioto...　東京，大阪，京都...です。

dequeísmoという現象について

dequeísmoという単語は大きな辞書で引かなければ見つけられないでしょう。しかしポルトガル語の興味深い現象の1つなのでぜひとも紹介しておきたいと思います。このdequeísmoという言語現象はロマンス諸語の中でもスペイン語とポルトガル語に見られるもので，とりわけ南米の変種に多く見られると言います。

通常の文法書では取り扱われない現象ですから，まずはその定義から始めましょう。dequeísmoとは規範文法では不要の前置詞deをqueという接続詞の前で使用することです。

*Penso eu de que ..... 私は…（と）と思う

これは有名というよりは悪名高い例ですが（言ったのはサッカーが強いFCポルトの某会長らしいですよ），下線を引いた前置詞deはまったく不要で，Penso eu que ....としなければなりません。似たような「誤り」はたくさん見られ，

*O que eu disse foi de que .... 　　　私が言ったの（と）は…
（正しくは O que eu disse foi que....）
*Não é do meu conhecimento de que .... 私の知ること（と）ではない…
（正しくは Não é do meu conhecimento que....）

ご覧のように，de queという連続からdequeísmoとなるわけですが，実はそれと並んで，queísmoという現象も存在します。こちらは，dequeísmoの逆で，本来ならあるべき場所の前置詞deが省略されてしまうことです。

Sua mãe não gosta (de) que você faça isso.
お母さんは君がそんなことをするのを気にいらない。

gostarという動詞は目的語が来ると前置詞deを要求しますが，それが使用されず，いきなりqueが出てきてしまいます。これは本来なら規範文法で

は許されない表現です。

　他にもこうした例は探せばすぐに見つかるでしょう。人々がそう言っているのなら，自然な変化の流れに任せておけばよいのではないかという考え方はもちろんありうると思います。しかし，そのまま放置しておけないのも教師の本性であり，間違えないためのコツを伝授しておきたいのです。

　最初にドキリとしてもらうために，informarという動詞について触れておきます。この動詞は状況次第でinformar queであり，informar de queなのです。使い分けは，もし「誰かに情報提供する」のであれば，informar alguém de queとなり，前置詞deが出てきます。

Informaram que o comboio estava atrasado.
電車が遅れていると伝えられた。

Informaram os passageiros de que o comboio estava atrasado.
乗客たちに電車が遅れていると伝えられた。

　queなのかde queなのか悩むところですが，迷った時は以下のようにしてください。きっと正しい答えが見つかるはずです。すなわち，その動詞を使って「疑問文」を作ってみるのです。

O senhor pensa o quê?　あなたを何をお考えですか。
Esquecemos de quê?　　私たちは何を忘れたのか。
Informaram os senhores de quê?　あなた方は何を伝えたのか。
Duvida-se de quê?　何が疑わしいのか。

　このように，質問してみることで，deが必要なのか，余分なのかがわかります。上の4つの文なら，最初のpensarを用いる文では疑問詞quêにdeが付きませんから，平叙文でも*pensar de queではなくpensar queとなるのです。一方で，他の3文ではdeが必要となりますから，平叙文でもde queが使われます。迷った時には試してみてください。

コラム　文脈という強い味方

　ある文を何の脈絡もなくいきなり目の前に突きつけられたとき，その正確な意味を理解できないことがあります。それは言語には曖昧な部分があるからです。そしてその曖昧さは，1つには語彙の問題です。
　この文が2通りに訳せることがわかるでしょうか。

Esta cadeira é péssima!

「このイスは最悪だ！」と「この科目は最悪だ！」，この2つの可能性があります。個人的には後者の意味で発せられた場合はとてもショックを受けますが，そういう話ではなくて，問題はcadeiraという語が「イス」と「科目」という意味を持つ同音異義語だということです。この文の曖昧さは同音異義性から生じます。言わば，語彙レベルの曖昧さですね。
　次を見てください。

Eu fiz um desenho com a mãe.

　この文も2つの解釈がありえます。[um desenho][com a mãe] というように切るのか，[um desenho com a mãe] というようにひとまとまりにとるのかによって意味が違いますね。前者であれば，「私は母と一緒に絵を描いた」と訳せ，後者であれば，「私は母と一緒の絵を描いた」となります。つまり，前者では動詞fizの目的語はum desenhoだけであり（母親は協力者でしょうか），一方後者ではum desenho com a mãe全体が目的語となります。絵の中に母親も登場するわけですね。この曖昧さは語彙レベルの話ではなく，もっと構造的な問題です。
　todosとか，algumとか，umとか，数量を表す言葉もときどき頭を悩ませる元となります。そう，やはり2つ以上の解釈を許してしまうのです。

Todos os meus colegas amam uma mulher.
すべての私の同僚は1人の女性を愛している。

　この文は2つの意味があるのですが，おわかりでしょうか。問題はuma mulherにあります。今ここに私の同僚が10人いて，女性は1人だけだと想定します。10人全員からモテモテの女性が1人いるのです。この文はそうした意味を表すことができます。その場合は，Todos os meus colegas amam a mesma mulher.「すべての私の同僚は同じ女性を愛している」とも表現できます。

　それに対し，同僚は10人ですが，女性も10人いると考えてみましょう。そして，同僚1人1人が別々の女性を1人ずつ愛していると考えることができます。10組のカップルがいるわけです。Para cada um dos meus amigos há uma mulher que ama「私の同僚それぞれに1人愛する女性がいる」と言いかえればよりわかりやすくなるかもしれません。

　このような曖昧さには困ることも多々あります。しかし，多くの場合は文脈が誤解を解いてくれます。家具屋さんでイスを選んでいるとき，Esta cadeira é péssima!という文を聞いて，「科目」を思い出す人はいないでしょう。また，こうした曖昧な部分があるからこそ，私たちは言葉で遊ぶことができ，詩も書けるわけです。誰かの曖昧な言葉によって痛い目に遭うこともありますが，だからといって曖昧さをすべて排除してしまうのは，心の余裕の欠如を感じてしまいます。

第3章　ポルトガル語らしい表現

曖昧な2人称

ポルトガル語の主格人称代名詞を復習します。

	単数	複数
1人称	eu	nós
2人称	tu	vós
3人称	você, ele, ela	vocês, eles, elas ....

　実際の会話で使う際，このなかで問題になりそうなのが，tu, vós, você(s)でしょうか。2人称複数のvósに関してはブラジルではすでに完全に消えたと言ってよいでしょうが（キリスト教の文書には残っています），ポルトガルでは一部の地方でまだ使用されるために学校教育では教えます。ですが，一般的に，tuの複数形はvósではなくvocêsです。よって，ポルトガル語の歴史の中で人称代名詞の再編成が起こったことは間違いありません。

　tuはブラジルでは地方によって生きていますが，活用が2人称であったり（たとえばtu falas），3人称であったり（たとえばtu fala）であったりします（どちらが正しい，誤っているという議論はやめておきましょう）。ポルトガルではtuは親称の2人称として使われます。ポルトガルではtuの活用を知らずして親密な人間関係は築けないと言っても過言ではありません。

　さて，vocêなのですが，ブラジルではこの人称代名詞が親しみを込めた2人称であることはご存知だと思います。活用形を覚える負担を考えると，tuなしで親しい関係を表せるのはありがたい限りです。ですが，ポルトガルではこのvocêが微妙な位置にあり，使用に注意が必要なのです。なぜなら解釈が人によって異なるからなのです。

　まずはその語源を確認するとよいかもしれません。vocêの語源となったのは，vossa mercê, 訳せば「汝の恩恵」ですが（もともとは王様に対して使われました），この表現の意味は，「領地を所有する権利を持たない人々に対する呼称」というのと，「遠慮のある敬称」でもあります。つまり，否定的な意味と肯定的な意味の両方があるのです。なお，もとが普通名詞だから，

vocêは意味は2人称でも活用は3人称となるのです。意味は「君，お前，あなた」でも，3人称で活用されるのにはちゃんと理屈があるのです。

現在のポルトガルのポルトガル語でも，vocêの意味は一様ではなく，誤解を生み出す原因となっています。教室の中で，生徒が先生に向かって，

Você pode-me dizer mais uma vez? もう一度言ってもらえますか。

と言ったとき，すんなりと受け入れることができる先生と，むかっと来る先生がいるのはそのせいなのでしょう。しかし，悪意もなく先生にvocêと呼びかけた子供たちにしてみれば，迷惑な話かもしれないのです。彼らは家では遠慮が必要な人に対しては（たとえば親もそうです），vocêを使うようにしつけられているのですから。

Pai, você quer ir comigo? お父さん，一緒に行きますか。

もっとも，私が以前（1980年代半ば）下宿したリスボンのポルトガル人家族の例ですが，小学生くらいのお嬢さんは両親に対しtuを使っていましたね。わりと最近まで息子や娘が親をtuで呼んではいけない時代があったのですけれど。

ですが，辞書を見ると，vocêには状況次第では人を不愉快にさせる意味があることもまた確かです。最近ポルトガルで評判の良いVerbo社の辞書 *Dicionário Verbo Língua Portuguesa* の説明では，社会的には地位の上の人が下の人に，年齢では同等の人のあいだ，あるいは年長から年少の人に対して使われるのが，この人称代名詞なのです。そして，こうした定義を学び，身につけている人に対しては，使用を避けた方がよいのがvocêなのです。そして，こうした人に対しては，o senhor, a senhoraを使うのがお勧めです。

それにしても，1つ思い出しませんか。日本語の「貴様」も字で見るとかなりの敬語のはずですが，現在の意味ではかなりの蔑称ですね。こんな呼び方をされたら誰でもむっときます。というよりも喧嘩を売られていると思わざるを得ません。vocêと言われたからといって喧嘩腰になる必要はないでしょうけれど，どこかそれを思い出させるところもあります。

社会が変わり呼称が変わる

　1974年4月25日に起こった「革命」の前後でポルトガル社会は大きく変わりました。およそ半世紀近くも続いた独裁制が終わり、ポルトガル国民は自由と民主主義を勝ち取ったのです。「革命」前のポルトガル社会は古臭く、流動性にも欠け（階級が異なると結婚もできませんでした）、あまり品の良い表現ではないかもしれませんが、淀んでいました。しかし、それを「革命」が変えることになったのです。その変化はもちろん人々の言葉遣いにも反映されるようになりました。

　はっきりと見てとれるのが「呼称」(tratamento)の領域です。でも、変化したと言っても、変化し終わって落ち着いたというわけではないのです。大きな変化の途上にあると言うべきでしょう。したがって、混乱が続いています。私は相手をV.Exa.「閣下」と呼ばなければいけないような人との付き合いがほとんどないのでその点はあまり心配がないのですが、O Senhor Dr.....とすべきなのか、O Senhor.....なのか、あるいはA Senhora.....とするのか、A Dona....とするのか、迷うことしばしばです。

　非常に複雑で、階層化され、流動性を欠いたかつてのポルトガルが「革命」後に見せた言語的変化の顕著な例として、2人称のtuの一般化が指摘できます。もちろん「革命」前からtuを使う人はいたのですが、その一般化によって、呼称の体系がだいぶシンプルになりました。民主化はそれまで禁止されていた語彙や表現をいくつか解禁するだけでなく、けっこう深いところまで言語を変化させるのですね。

　といっても、変化はでたらめを許すわけではありません。気まぐれに相手を扱ってよいわけではないのです。大切な判断基準は話者と話し相手の間の「近さ」そして「遠さ」なのです。

　さて、「近さ」を表すのはインフォーマルな呼称です。話者と話し相手の間には「近さ」や「親近感」があり、使われるのは2人称単数形tuと3人称複数形vocêsです。日本の大学ではポルトガルのポルトガル語についてはあまり教えてくれませんでしたし、ましてやtuで呼び合うくらいまで親し

くなるポルトガル人との出会いなど期待もできませんでしたから，留学した大学の若者たちから初対面でも当たり前のようにtuで呼ばれた時には，戸惑いを覚えました（不愉快だったわけではないです）。

フォーマルな関係では，2人称ではなく，3人称の出番となります。数は単数でも複数でも同様です。2人称で残るのは，所有格の複数形でしょう。

Dr. Santos, trouxe o seu livro? サントス博士，ご本をお持ちになりましたか。
Senhores, olhem para os vossos monitores.
皆さん，ご自身のモニターをご覧ください。

このフォーマルとインフォーマルの間には，中立的な呼称があり，その場合も3人称が使われます。中立的というのは，話者が話し相手に対し親しみを感じているわけでもなく，だからと言って畏まる関係が築かれているわけでもないからです。たとえば，カフェーの店員と客の間に特別の親しみもなく，だからと言って大きな敬意を表す理由もないとすると，店員は客に3人称で応じます。

中立的と言いましたが，中間的と言ってもよいのかもしれません。tuで呼ぶほど親密でないにしても，あまりフォーマルにもなりたくない。そんなときには，

Quer café? コーヒーはどうですか。
O Carlos vai sair? カルロス，（君は）外出するのですか。

ポルトガル人はファーストネームに定冠詞をつけ，それを2人称のようにして使うことがありますが，ブラジル人はそれを他の誰かと勘違いすることがあり得ます。したがって，上記の文のように訊かれたら，Pergunta para ele.「本人に聞けよ」と答えられるかもしれません。

さて，「革命」前なら店員が客にVossa Senhoria「貴殿」と呼びかけることもあったでしょうが，今ではもうあり得ない状況でしょう。また相手を2人称で呼べない時，professor「先生」のような職業名など3人称が出てくるのは日本語を思い起こさせもします。

主語の省略

　世の中には存在はするけれど存在しないものがある。なんて言うと，レベルの低い禅問答のようになってしまうかもしれませんが，音声レベルでは現れないけれども，しっかりと存在している要素があります。たとえば，ポルトガル語の主語です。というよりも正確にはポルトガルのポルトガル語です。主語の省略はポルトガルのポルトガル語の特徴の1つなので，ここで触れておきたいと思います。

　Fui ao cinema. 　　　　　　　(私は) 映画に行った。
　Tens muitos amigos. 　　　　(君には) 友人がたくさんいる。

　以上の2つの文は文法的に完璧です。そしておわかりのように，主格人称代名詞euとtuが省略されています。これは単文のケースですが，従属文の中でも主語の省略は起こります。

　Penso que és um profissional. 　君はプロだと (私は) 思う。
　Pedro quer que lhe escrevas. 　ペドロは (君に) 手紙を書いてほしいようだ。

　que以下で主語のtuを言っていません。ですが，あくまでも省略されているのであって，主語が「ない」わけではありません。よって，以下のように言っても意味は変わりません。

　Eu fui ao cinema. 　　　　　　　　　　　私は映画に行った。
　Tu tens muitos amigos. 　　　　　　　　君には友人がたくさんいる。
　Eu penso que tu és um profissional. 　君はプロだと私は思う。
　Pedro quer que tu lhe escrevas. 　　　ペドロは君に手紙を書いてほしいようだ。

　直前の4つの文は文法的にもちろん完璧ですが，ポルトガルのポルトガル語としては若干不自然なところがあり，それぞれの動詞の主語を強調したいときに使われると言ってよいでしょう。はっきり言って，むしろ主語を明示しない方が好まれます。

ところで、なぜ主語を省略できるのでしょうか。おそらく最も納得のいく説明は、ポルトガル語の動詞の形1つ1つにはたくさんの情報が含まれているため、わざわざ主語を明示しなくてもよいというものでしょう。つまり、fui と言えば主語は eu でしかないわけですし、tens と言えば主語は tu なわけです。ポルトガル語の動詞は主語の人称と数に一致しないといけませんからね。

ここで、ちょっと複雑なケースを考えてみます。つまり、重文の時は主語はどうなるのでしょうか？

Pedro comprou carro e foi passear. ペドロは車を買って、ドライブに行った。
*Pedro comprou carro e Pedro foi passear.

もし重文の主語が同一であれば、主語の省略は義務だと言ってもよいでしょう。2番目の文のように主語を繰り返すと、正確を期すというよりはむしろ非文となってしまいます。主語が異なるなら、しっかりと明示しましょう。

Pedro comprou carro e Luís foi passear.
ペドロは車を買い、ルイスは散歩に行った。

また、主節の主語と従属節の主語が同一の場合も主語は省略されます。

Pedro visitou a sua família quando esteve em Portugal.
ペドロはポルトガルに行ったとき家族を訪ねた。

quando の後に ele は不要です。もし次のように言ったとき、ele が Pedro だったら非文とされる可能性もあります。もちろん、ele が Pedro 以外の人物（たとえば Luís）であれば文法的に全く問題はありませんよ。

Pedro visitou a sua família quando ele (= Luís) esteve em Portugal.

「ペドロは彼（＝ルイス）がポルトガルに行ったとき自分の家族を訪ねた」というような意味になる場合です。

目的語や動詞の省略

　主語の省略の次は目的語の省略について見てみましょう。他動詞を使えば目的語は重要な文の要素となりますが，条件次第では省略されることがあります。

João viu a camisa na montra e comprou (-a).
ジョアンはショーウィンドウのシャツを見て（それを）買った。

　ジョアンはショーウィンドウでシャツを目にして，（それを）買ったわけです。本来ならa camisaを目的語にした-aが必要なところですが，省略されています。文法的には認められます。もう1つ。

Como sabes que João não foi à escola?
ジョアンが学校に行かなかったとどうやって知ったのか。

Ouvi (isso) do professor.　先生から（それを）聞いた。

　ジョアンが学校に行かなかったことを先生から聞いたわけですが，ただ単に聞いたとだけ述べても正しい文となります。目的語をいちいち明示しない日本語話者からすると，ありがたい現象ですね。

　次のケースはもう少し複雑かもしれません。上記の2文は目的語となる名詞句あるいは節が省略されましたが，ポルトガル語には動詞が省略されてしまうこともあり得ます。

Eu vou ao Brasil mas você não (vai).　私はブラジルに行くが君は行かない。

　私はブラジルに行くけれどあなたは行かない。でも，行くという動詞に関してはもうわかっているので否定辞で終わりにしても理解に齟齬は生じませんね。

João não tem ido à escola mas Pedro tem (ido à escola).
ジョアンは学校に行っていないがペドロは行っている。

ジョアンは学校に行っていないけれどペドロは行っているわけです。同じ言葉を繰り返すのはあまりよろしくないですが，temまで省略してmas Pedro. で終わってしまっては文の意味が通らなくなります。ちょうどよい切れ目がtemなのです。

A janela ainda não foi aberta mas a porta já foi (aberta).
窓はまだ開けられていないがドアはもう開けられた。

ドアはすでに開けられたけれど，窓はまだ開けられていないと言っていますが，abertaを繰り返す必要もないので省略されています。
いや，ならばfoiも省いてもよさそうです。実際，それは可能なのです。

A janela ainda não foi aberta mas a porta já (foi aberta).

Já estiveste em Portugal?「もうポルトガルに行ったことがありますか」という問いに対し，Já.「すでに」という1語で応えられることを思えば，… a porta já. と終わっても問題ないというのは理解できるように思えます。
最後は動詞を省略した結果，主語と目的語の2つの名詞だけが残るケースです。重文だから可能になるわけですね。

João joga futebol e Pedro (joga) ténis.
ジョアンはサッカーをプレーし，ペドロはテニスだ（ペドロはテニスをプレーする）。

Pedro ténis. だけでしたら文になりませんが，その前にJoão joga futebolとありますから繰り返される動詞jogarを省略した文だとわかり，問題なく理解できるわけです。逆に言えば，意味の理解が可能なら，文法のルールを破ることもできるというわけです。言語の柔軟さを見るような気がします。

理由や原因の訊き方

　日頃の会話の中では当たり前のように使い分けている，似たような言葉ですが，いざ文字にしてみると混乱を起こしてしまうケースというのがあります。ポルトガル語の母語話者でも，確認が必要な言葉に，たとえばpor que，porque，por quê，porquêがあります。ポルトガルでもブラジルでも混乱の原因のようです。実際に発音してみると，それぞれ微妙な差異があるのですが，書くときには混乱してしまうのです。もちろん，表記が異なるということには合理性があって，確かに語源はどれもpor（前置詞）＋que（疑問代名詞あるいは関係代名詞）ですが，意味が異なるのです。つまり違う使われ方をするのです。しかも両国の間で特に質問のときにずれがあります。

　まず，1語でアクセントのないporqueですが，これはポルトガル側では疑問副詞（advérbio interrogativo）です。この用法をブラジルでは認めません。

Porque tu não vais por aqui? （ポルトガル）なぜこちらから行かないのか。
Por que você não vai por aqui? （ブラジル）

ただし，間接疑問文となると，どちらの国でもporqueが使えます。

Não sei porque ele se zangou. なぜ彼が怒ったのかわからない。

理由を表す接続詞にもなります。poisで置き換え可能です。

Não vás porque és útil aqui. 君はここで役に立つから行くなよ。
＝ **Não vás pois és útil aqui.**

次に，アクセントなしで二分されたpor queですが，直接疑問文でも間接疑問文でも使われます。もしpor queのあとにrazão「理由」あるいはmotivo「原因」を足して問題がなければアクセントなしで分けて書いてください。

直接疑問：**Por que não vai à escola?** 君はなぜ学校に行かないのか。
　　　　 ＝ **Por que razão não vai à escola?**

この Por que razão não vai à escola? はポルトガルでもブラジルでも大丈夫です。

間接疑問：**Quero saber por que você não vai à escola?**
なぜ学校に行かないのか知りたい。
　　　　＝**Quero saber por que motivo você não vai à escola?**

そして，porquê と por quê ですが，2語となっている後者はブラジルでしか使われません。quê という疑問代名詞の語源ははっきりとしないのですが，que é（que）に由来するという説もありますし，que が quê になる理由としてその現われる位置を考慮すべきという見解もあります。つまり疑問文の最後に使われる時の上昇調のイントネーションを受け，母音が開いたと考えるのです。使い方としては，por que razão や por que motivo と同じ意味です。

Comprou os livros porquê? （ポル）　なぜ本を買うのか。
Comprou os livros por quê? （ブラ）

あるいは不定詞句を導くこともあります。

Porquê comprar tantos chocolates? （ポル）　なぜそんなにチョコを買うのか。
Por quê comprar tantos chocolates? （ブラ）

1語の porquê は定冠詞 o を付され名詞になると，「理由，原因」を意味します。これはポルトガルもブラジルも共通です。motivo で置き換えることができます。

Não sei o porquê da sua tristeza.　あなたの悲しみの理由がわからない。
Não sei o motivo da sua tristeza.

ポルトガルとブラジルの間の違いがありますが，この問題は「正書法合意」で触れられていません。なぜならこれは文法的な解釈の問題だからなのです。

2つの話法

　直接話法（discurso direto）と間接話法（discurso indireto）。話法とは誰かが口にした言葉や思考を伝える方法のこと。主に2つの方法があって，直接話法ではその名の通り誰かが言った言葉をそのまま伝えます。一方，間接話法では誰かの言葉を話者自身の言葉に置き換えて伝えるのです。直接話法ですと生き生きとした感じが出ますし，会話体では従属節の使用を避けるために直接話法を使うという側面もあります。直接話法の導き方は普通，dizerなどの伝達動詞，「：」（dois pontos）そして「──」（travessão）となります。引用された文は「ここ」,「今」そして「1人称」が主役となるでしょう。

Ela disse:— O almoço está pronto. 昼食ができた，と彼女は言った。

　直接話法から間接話法に変える時，次のような操作が必要となってきます。

1. 2人称　→　3人称
人称代名詞　eu, tu, nós, vós, me, te, nos, vos
　→　ele, ela, eles, elas, o, a, os, as, lhe, lhes, se
所有代名詞　meu, minha, teu, tua, nosso/-a, vosso/-a
　→　seu, sua（dele, deles, dela, delas）
指示代名詞　este, esta, isto, esse, essa, isso　→　aquele, aquela, aquilo
動詞現在形　　　→　未完了過去形
完了過去形　　　→　過去完了形
未来形　　　　　→　過去未来形（条件法）
場所の副詞 aqui　→　ali
時間の副詞 neste momento, hoje, amanhã, ontem, agora
　→　naquele momento, naquele dia, no dia seguinte, na véspera, então
文の並列　→　queによる従属節
直接疑問　→　間接疑問

第3章　ポルトガル語らしい表現　71

ちょっと簡単すぎるかもしれませんが，先ほどの文を間接話法に変えると，

Ela disse que o almoço estava pronto.

となりますね。もう少し複雑な例を出しましょう。

Disse, hesitante: — Sou Paulo. → Disse, hesitante, que era Paulo.
ためらいがちに言った。「パウロです」　　　ためらいがちにパウロだと言った。

さて，話法は主に2つだと言いましたが，実はもう1つ，自由間接話法（discurso indireto livre）というのがあります。これは近代文学で使われることが多く，直接話法と間接話法の中間段階あるいは折衷案みたいなもので，誰かの言葉のその誰かの紹介をせずに（直接話法でなくなる），またその誰かが言ったことを客観的に読者に伝えるのでもなく（間接話法ではなくなる），語り手とその誰かを近づけ，両者が一体化しているかのような印象を与えるのです。que によって従属節化されるわけではなく，誰かの言葉はそのまま残ります。

これでは何の事だかわからないかもしれないので，例を出しますね。ブラジルの作家グラシリアノ・ラモスの『乾いた生活』の一部です。

"Seu Tomás da bolandeira falava bem, estragava os olhos em cima de jornais e livros, mas não sabia mandar: pedia. .... Mas todos obedeciam a ele. Ah! Quem disse que não obedeciam?"
綿繰機のトマスさんは話が上手だった。新聞や雑誌で目を痛めていたが，命令はできず，頼み口調だった。……しかし皆が彼の言うことをきいた。あー！ 誰が従わないと言ったのか。

最後の部分 Quem disse que não obedeciam?「誰が従わないと言ったのか」は語り手の考えではなく，登場人物のトマスさんに関する見解です。何でこんなわかりにくいことをするかというと，間接話法に必要な que の繰り返しを避けることができるという点がありますし，でも一方で登場人物の言葉をそのまま残せるという利点もあります。また，自由間接話法は他の2つの話法と一緒に用いられるとさらに効果が増すと言われます。

譲歩の表現について

　人が言語を使う時，内省的思考を行なうという目的もあるかもしれませんが，やはり誰か他の人と何かを伝え合うという目的を持っているものです。道を尋ねる程度なら，複雑な言い回しも必要ないかもしれませんが，相手とビジネスや外交交渉なんていう場面になってくると，相手を納得させるためにはいろいろな言い回しを駆使しないと目的を達成することはできないでしょう。

　一般的に言って，日本人は話し相手の主張をきちんと聞きつつ，自分の主張もしっかりと伝え，お互い納得する結論に至るという作業が苦手なように思えます。自己主張を控え，我慢に我慢を重ね，最後に爆発してしまい，相手にいきなり罵詈雑言を浴びせるというのでは，インターネットの一部で見られる不毛な言葉のやり取りとなってしまいます。それでは国際社会では通用しません。あなたの意見も重要だけれど，私の考えも大切です。ということで，お互いを尊重し合うコミュニケーションを築きあげたいものです。

　そこで，「AだけでなくBもまた」という表現を身につけたいのですが，英語で not only A, but also B という熟語を習った記憶が皆さんおありでしょう。これをそのまま逐語訳して não só A, mas também B とすれば，立派なポルトガル語表現となります。と言っても，べつに英語からポルトガル語に直訳されたわけではないでしょうけれど。

Não só a sua opinião é importante, mas também essencial a minha ideia.
あなたの意見が重要なだけでなく，私の考えも大切だ。

　と実際に口にするかどうかは別にして，相手の意見だけでなく，私の見解もまた大切にしたいものです。なお，só の代わりに apenas を使ってもよいですし，mas は省略してもかまいません。

　あなたの意見も重要だと認めているのですから，相手に対してだいぶ譲歩しているわけです。伝え合ううえで，この譲歩は重要なキーワードで，まさに「譲歩」という表現形式がいくつかあります。

接続法を習った時に出てきたembora, apesar de que, ainda que, mesmo que, nem queという副詞句のことです。例を見てみましょう。

Embora tenhas razão, não vou estudar.
君の言うとおりだが、ぼくは勉強しない。

Ainda que estude muito, você não tira boa nota.
たくさん勉強しても君はよい成績を取れないよ。

　実を言うと、私はこの「〜ではあるけれども」という構文と「譲歩」という名称が長い間ずっとしっくりとくることがなくて、なんで「譲歩」と呼ばれるのだろうか、不思議に思っていました。その理由は、この構文がいわゆる文法の規則で扱われることが多く、あまり意味の側面から説明されてこなかったからでもあるでしょう。主文と従属文の間にある対比、主文の実現を従属文の内容が妨害するという側面ばかりが強調され、なぜ「譲歩」なのかが明らかにされてこなかったと思うのです。

　そこで譲歩構文の内容を少し詳しく分析したいのですが、単に2つの文の内容を対比させるとか、片方が邪魔であるとか、そういうことではありません。「君の言うとおりだが」と認めることで、話者は自分のものとは異なる視点があることを知っていると示していますね。また、単に「勉強しない」というだけでは反論されてしまいかねませんが、その反論を先取りしてしまっています。

　しかも、「君の言うとおりだ」、「よく勉強している」と言っているのですから相手のメンツをしっかりと立てています。自分の意見を認めてくれたのですから、言われた方も、話者の「勉強しない」「よい成績を取れない」という否定的な態度を多少は受け入れる気にもなるというものです。そして、他者の視点を受け入れることができる寛容な心の持ち主だと証明しています。たいして労力をかけるわけでもなく、相手の言い分に「譲歩」することで、かなりのものを手に入れているのです。もちろん、最後は自分の主張で結論づけていますしね。損して得取れ、ということわざが思い浮かんだりもします。

文を書く時に注意すべき点

　流暢に話せることも大切ですが，きちんと書けることも負けずに重要です。正確で引き締まった文章で作文できれば，思いのほか母語話者から高い評価をしてもらえます。話せるだけでなく，上手に書くためのコツをいくつか指摘しておきましょう。

　言葉遣いには「明晰さ」（clareza）が必要です。明晰であるからこそ，伝えたい内容を正確に理解できるのです。そして，明晰であるためには，適切な語を選び，適切な語順にしたがってそれらを並べなければいけません。

　明晰さの特徴をもう少し細かく見てみましょう。明晰さを可能にするのは「正確性」（precisão）です。不要な言葉を連ねて大げさな表現をしたり，逆に不可欠な言葉を欠いたりせず，適切であることが大切です。

Fernando Pessoa é um bom e excelente escritor que nos deixou obras invulgares e extraordinárias.
フェルナンド・ペソアは他にはない並外れた作品を残した，卓越し優れた作家です。

　たとえば，上の例はくどいので，Fernando Pessoa é um excelente escritor que nos deixou obras extraordinárias.くらいでよいのではないでしょうか。

　逆に，次では舌足らずで，誰と違うのかはっきりさせたいところです。

Joana é uma rapariga diferente.　ジョアナは異なる女子です。

　以下のように補えば，わかりやすくなるのではないでしょうか。

Joana é uma rapariga diferente das outras raparigas da sua idade.
ジョアナは同い年の女の子とは異なる。

　いくら適切な語を選んだとしても，その配置つまり語順を間違えると誤解のもととなります。

O Pedro leu o livro com interesse que lhe tinha sido oferecido.

この文がわかりにくいのはおわかりでしょうか。関係代名詞queの先行詞が直前のinteresseなのか，その前のo livroなのか混乱しやすいのです。もちろん与えられていたのは「興味」ではなく「本」の方ですから，こうしましょう。これなら関係代名詞と先行詞がぴったりと並びます。

O Pedro leu, com interesse, o livro que lhe tinha sido oferecido.
ペドロはプレゼントされた本を興味深く読んだ。

　また，文法的には成り立っても，2つ以上の解釈を許してしまう文は悪文です。

O professor entregou ao aluno o seu livro.　先生は生徒に彼の本を渡した。

「彼の本」はいったい誰の本なのでしょうか。先生の本なのか，生徒の本なのか，この文からではわかりません。しかし語順を変えればあいまいさがなくなります。

O professor entregou o seu livro ao aluno.　先生は自分の本を生徒に渡した。

　この場合の「自分」は先生のことです。
　似たような語を繰り返して意味を伝えるのは同語反復となり，やはり避けたいものです。

Explicou a questão, dando explicações sobre a mesma.
その問題に関し説明しながら説明した。

　explicarという動詞とexplicaçãoという名詞が重なってくどい印象が残ってしまいますね。ExplicouのかわりにEsclareceu「明解にした」を使えば少しはよくなります。
　以上いくつか例を挙げました。明晰ならざるものポルトガル語にあらずなんて言いませんが，やはり気をつけて作文したいものです。

「は」と「が」について

　外国人が日本語を学ぶ時，苦労するのが「は」と「が」の使い分けだと言われます。日本語の母語話者は当たり前のように使い分けていますが，外から見るとなかなか難しいようです。というよりも，実際のところ，私たちもいざ説明を求められると途端に言葉につまってしまうものです。waとga，wがgに変わるだけでまったく異なる世界が広がってしまうと言って過言ではないのですが。ここでは日本語学の成果の一端を参考にしながら，ポルトガル語との対比を試みてみましょう。

　「は」と「が」ですぐに思い浮かぶのが，「私は先生です」と「私が先生です」の違いです。「は」の方は聞き手の注意がすでに「私」に向いていて，「は」の後で新しい情報を提示しています。「私」が「既知」で「旧情報」なら，「先生」は「未知」で「新情報」ですね。そんなとき，ポルトガル語では次のように言いましょう。

Eu sou professor.　私は先生です。

ポルトガル語を習い始めの頃に覚える文ですね。
　ところが，そこにいる人たちのうち誰が先生なのかわからないとき，「誰が先生なのですか」と訊かれ，「私が先生です」と答えるならば，ポルトガル語ではこう言います。

Eu sou o professor.

　そうです，述語の「先生」に定冠詞が付されるのです。理由はわかりますか。「は」のケースとは逆に，「先生」がいるのはわかっているので「既知」で「旧情報」ですが，それが誰なのかは「未知」で「新情報」なのです。そして，「既知」で「旧情報」は話者と聞き手にその知識が共有されていると想定されますので，定冠詞がつくわけです。監督交代劇が頻繁に繰り返されるサッカーの世界では毎年のように次のような文を目にすることができます。

Mourinho é o novo treinador do Real Madrid.
モリーニョがレアルマドリードの新監督である。

　主語が2つある二重主語構文というのは日本語にあります。有名なのは「象は鼻が長い」という文です。「は」と「が」がしっかりと登場しますね。この文で「象は」を「大主語」，「鼻が」を「小主語」などと呼んだりもしますが，この文をポルトガル語に訳すとどうなるでしょうか。

*O elefante é a tromba é comprida.

　なんてなるわけがありません。これでは文法的に滅茶苦茶です。ではどうするかというと，次のように，日本語とは違う言い方をしないとダメでしょう。

A tromba do elefante é comprida.　　象の鼻は長い。
O elefante tem a tromba comprida.　　象は長い鼻を持つ。

　なお最後に，「は」と言えば，「ぼくはウナギだ」といういわゆる「ウナギ文」も触れないわけにはいきません。夕食を食べにお店に入り，順番に注文していき，他の人と違ってウナギを食べる時に「ぼくはウナギだ」というのは普通です。ですが，これをたとえば英語で直訳して言うとおかしなことになるというわけです（実際は英語話者も口にすることがあるそうです）。ではポルトガル語ではどうなのでしょうか？　たとえば，友人たちと一緒にレストランに入り，肉か魚か迷った末に「ぼくは魚だ」と言いたくなった時に，ポルトガルはどうなるかです。

Eu sou peixe!　ぼくは魚だ！

　とはやはり言わず，Eu como peixe,「ぼくは魚を食べる」，Eu quero peixe,「ぼくは魚が欲しい」，Eu prefiro peixe.「ぼくは魚を選ぶ」，Eu vou para o peixe.「ぼくは魚にする」，Eu vou pedir peixe「ぼくは魚を注文する」といった表現を使います。もっとも，自分は「うお座」（Peixes）だと言いたいのなら，Eu sou Peixes. は状況次第では言えるかもしれません。

コラム　言語と思考の関係について

　言語学の入門書を読むとしばしば、「サピア・ウォーフの仮説」と呼ばれる概念を説明する項目があります。エドワード・サピアとベンジャミン・ウォーフという2人のアメリカ人言語学者が20世紀前半に唱えた仮説で、今でも議論の対象になります。

　2人はまったく同じことを述べたわけではなく、主張に強弱があるのですが、簡単に言ってしまえば、世界にはさまざまなタイプの言語があるが、言語が異なれば、それを話す人間の思考のタイプにも違いが出てくる、という仮説です。言語相対主義などとも言われます。

　サピアの方はわりと慎重に、言語は思考に影響を受ける、という程度の主張にとどめましたが、ウォーフの方は言語は思考を拘束するというところまで唱えました。強弱があると言ったのはそういうことです。言語によってこのように考えてしまうで終わればまだいいですが、そのようには考えられないとまで言われては、人種差別にもつながりそうで危険な考え方に思えます。また、人間が言語に拘束されてしまうのなら、多数の言語が話されている限り人類は相互理解ができず、そのためには世界中のみんなが英語を話せばよいではないか、という主張を唱える人が出てきそうなので私はあまり賛成できないのですが、言語が思考に影響を与えるくらいは言えるのではないかと考えています。

　この「サピア・ウォーフの仮説」はやはり批判されることも多いのですが、なかなかしぶとい「人気」もあるようで、言語が思考を束縛する（あるいは影響を与える）という事実を証明しようとする研究は今も続けられています。もちろん私はそれを無駄な努力だなどとは思いませんし、関心をもってフォローしようとしています。

　最近、アメリカの「ニューヨークタイムズ」という新聞に興味深いコラムが掲載されていました。「あなたの言語はあなたの思考を形づけるのか」(Does Your Language Shape How You Think?) というタイトル

で，執筆者は Guy Deutscher です。ヨーロッパ言語の「文法性」についての心理学者による実験の成果が報告されています。

どうやら最近の研究によると，ポルトガル語にもある文法性は話者の周囲にある「もの」に対する感情を形づけるらしいのです。どういうことかと言うと，たとえば，スペイン語で「橋」のことを *el puente* と言い，これは男性名詞です。一方で，ドイツ語では *die Brücke* と言い，女性名詞です。すると，どういうことが起こるかというと，スペイン語話者は「橋」を「男性的」な特徴（たとえば，力強さ）と結びつけて考える傾向があり，逆にドイツ語話者は「エレガンス」「スレンダー」という概念と橋を関係づける傾向があるそうです。

また，マンガの中で「もの」にセリフをつけると，フランス語話者はフォークには女性の声（*la fourchette* という女性名詞）をあてがい，スペイン語話者は男性の声（*el tenedor* という男性名詞）をあてる傾向が強いというのです。面白くないですか。

ポルトガル語話者は実験対象にならなかったようなのですが，たとえば，ポルトガル語では「橋」は a ponte と女性名詞なので，ドイツ語話者と同じように「エレガンス」「スレンダー」という概念と結びつけるのか，興味深いところです。1つ言えるのは，ポルトガル語でも género「種」は sexo「性」と混同されやすいことです。o sol「太陽」は男性的であり（「太陽王」と言える），a lua「月」は静かで落ち着きがあり女性的なイメージを喚起すると言います。

第2部 ポルトガル語の発想

第1章　ポルトガル語の動詞

動詞とは何か？

「動詞とは何か？」とはなかなか大仰なタイトルですが，ここでは動詞とはどんな性質を持つ品詞なのか，どんな種類があるのなどといったことを考えてみたいと思います。

そこで早速，「動詞 = verbo」とは何かという疑問に答えようと思い，まずポルトガル語の辞書でverboという単語を調べてみたのですが，最初に出てきたのは「男性名詞」という記述でした。そうか，動詞とは男性名詞なのか，と納得してしまっては話が変な方向に行ってしまいます。その辞書にしたがってきちんと動詞は何かを定義すると，行為，過程，状態を表し，人称，数，法，時制などを形態的に表示できる変化をする語，とあります。時制の後に「態」（能動態や受動態など）や「アスペクト」（完了や継続など）を加えてもよいでしょう。

動詞を機能という側面から分類すると，本動詞（いわゆる動詞）と助動詞に分けられます。助動詞は他の動詞と一緒に使われます。ポルトガル語でいうと，poder「できる」，querer「したい」，dever「しなければならない」などが助動詞です。そして，その他の動詞が本動詞となります。

定形動詞なのか，それとも非定形動詞なのかという違いもあります。「定形」とはもちろん形が定まっているという意味ですが，動詞の形を定める重要な要素は主語です。たとえば，主語をtuとして，動詞をserにすると，現在ならés，過去ならfosteと決まってきます。

動詞を意味の視点から分類してみることもできます。「動作（行為）動詞」，「過程動詞」，「状態動詞」です。

動作動詞は行為者がいて，「する」という概念が含意されています。いや，この「する」に相当するポルトガル語の動詞fazerはまさに動作動詞の代表格です。他動詞の多くは動作動詞でもあります。

過程動詞は，あるものに起こる変化を意味します。「起こる」を意味するacentecerが代表格ですね。他には，florescer「花が咲く」，entardecer「暗くなる」などがあり，chover「雨が降る」，nevar「雪が降る」といった天

気に関わる動詞もこのグループの一員です。

　状態動詞は，ある状態が継続することを表します。viver「生きる」，permanecer「とどまる」，estar「…にいる」，continuar「続ける」などがあります。この他，tornar-se「…になる」，parecer「…のように見える」もこのグループに入れてよいでしょう。

　ところで，「ポルトガル語は…です」，こう言い切ってしまうことには危険が伴うことは十分承知の上で言うのですが，ポルトガル語の動詞の体系は複雑だと言えそうです。文法書で動詞の活用の部分を見ると，単純時制だけでも14種類。さらに複合時制を見ると11種類もあります。合わせると25種類！接続法未来なんていう他のロマンス諸語にもないような活用もありますし。

　もちろん，ネイティブスピーカーと言っても，日常生活の中でそれらすべてを使いこなしているわけでもなく，動詞時制を単純化し，falariaの代わりにfalavaと言ったり，falaraの代わりにtinha faladoと言ったりしているわけです。つまり，少なくともポルトガルでは，頻度で言うと，このような具合になります。

Falava com a Maria, se a visse. ← Falaria com a Maria …
もしマリアに会えば話すのだが。

Já tinha falado com o Jorge antes de chegar. ← Já falara …
到着前にジョルジョとは話しておいた。

　もちろん，動詞の活用なんか適当にごまかしながら話してしまえばいいのだ，なんて言っているわけではないですよ。

動詞の文法範疇

　文法範疇なんて言うとちょっとかたい感じがしますが，語を形成する原理の分類のことで，動詞に関して言えば，時制，アスペクト，法，態のことです。ポルトガル語の動詞を使いこなすうえでも，これらの範疇はとても重要です。

　まずは時制についてです。ポルトガル語の時制には，現在，過去，未来とあります。estarの現在時制を使って，Eu estou bem.「私は元気です」と言うと，まさに発話時点での「現在」が表されていることがわかります。けれども，A Terra gira à volta do Sol.「地球は太陽を周回する」の場合は，「現在」だけの話ではなく，遠い過去も遠い未来も含まれて，「現在」という時制がかなり幅の広い概念であることがわかりますね。

　過去にこだわる人が世間に多いからなのかどうかは知りませんが，ポルトガル語でも過去時制の表示の仕方は1種類ではありません。完了過去（完全過去），未完了過去（不完全過去，半過去），過去完了（大過去）があります。

Eu joguei futebol ontem.　私は昨日サッカーをした。

これは完了過去の例です。それに対し，

Antigamente eu jogava futebol todos os dias.
以前，私は毎月サッカーをしていた。

　未完了過去を使ったこの文では過去の習慣的行為が意味されています。どちらも過去の話をしているとはいえ，行為が完了しているか，継続しているか，その点で大きな違いがあります。これはアスペクトに関わる問題ですね。過去完了は，過去から見てさらに過去の出来事を意味します。

O comboio já tinha saído quando cheguei à estação.
私が駅に着いた時には電車はすでに出発してしまっていた。

　ところで，アスペクトと言えば，「進行形」を思い浮かべますね。ポルト

ガルではestar + a + 不定詞，ブラジルではestar + 現在分詞で作ります。

Eu estou a estudar. （ポルトガル） 私は勉強中だ。
Eu estou estudando. （ブラジル）

さて，「未来」の話が抜けてしまいましたが，現在からみる未来と，過去に視点を置く未来の2種類があります。

Eu penso que ele será eleito Presidente da República.
Eu pensei que ele seria eleito Presidente da República.

「彼が共和国大統領に選ばれるだろう」ということですが，最初の文は現在（pensoという現在時制）から見た未来，2番目の文は過去（penseiという過去時制）から見た未来という違いがあります。

「態」と言えば，能動態と受動態でしょう。動詞が表す出来事をどの視点で見るのかを区別するのが態です。ポルトガル語で能動態から受動態を作るのは，ser + 動詞の過去分詞形 + 前置詞 por です。

Este autor escreveu a carta. この著者は手紙を書いた。
→ A carta foi escrita por este autor. 手紙はこの著者によって書かれた。

ポルトガル語を学習するときに大きなつまずきの原因となるのが「法」でしょう。大きく分けて直説法と接続法がありますが，これは世界を現実世界と仮想世界と2つに分けて見ることと関わります。

O Japão é bonito. 日本は美しい。
Eu espero que você venha à festa. 君にパーティーに来てほしい。

直説法を使った文では，話者は実際に「日本は美しい」と思っていますが，接続法を使った文では願望を表しているのであって，まだ現実になっていないことをわかっています。

では，次ページからこうした点をさらに詳しく見ていきましょう。

自動詞と他動詞について

　文を作る時，主語が決まったら，述部の方でその主語がとる行為や動作，状態を表しますが，その述部の中心となって活躍するのが動詞です。また，動詞はその後にどんな語が来るのかを決める重要な役割も担当しています。たとえば目的語が来るとか，副詞が来るとかです。目的語を取る動詞は他動詞，そうでない動詞は自動詞です。

　自動詞のことをポルトガル語でverbo intransitivoと呼び，他動詞のことはverbo transitivoと言います。verboは動詞ですが，ではtransitivoそしてintransitivoとはどういう意味でしょうか？　ここでまた辞書を引いてみると，transitivoとは「一過性の」とか「移行的な」という意味があって，文法用語としての「他動詞の」が登場します。intransitivoには「自動詞の」という意味しかないようですから，純粋に文法用語としてtransitivoを否定して作られたのでしょう。

　「一過性の」動詞が他動詞，つまり目的語を取る動詞になるというのは変ですが，ではなぜ「移行的」な動詞が「他動詞」となるのでしょうか。それは他動詞が能動態から受動態へと「移行」できるからなのです。

　といった，トリビアめいた話はこれくらいにして，動詞がいくつの「項」（argumento）を取りうるかを基準として分類してみましょう。項とは述部（動詞）によって選択される表現要素（主語，目的語，補語など）のことです。たとえば，Carlos partiu o vidro.「カルロスはガラスを割った」という文なら，主語のカルロスと目的語のガラスが動詞「割る」の項となり，よって「割る」は2項動詞となります。

　主語の位置に項を持たないのが「非人称動詞」です。

Choveu muito ontem.　昨日は大雨だった。

　英語ではここで仮の主語 *it* を使いますが，規範とされるポルトガル語では主語の位置には何も現われません。

　次に主語の位置に項が1つ姿を見せるのが「自動詞」。目的語を取らない

と言ってもよいでしょう。

Pedro trabalha. ペドロは働く。

自動詞ですが，前置詞を伴って他動詞的な意味を表す動詞もあります。

O sol agrada a Maria. 太陽がマリアには心地よい。
Eu gosto muito de Maria. 私はマリアが大好きだ。

「〜が好き」は他動詞に思えますが，ポルトガル語ではgostar deのように前置詞が必要となりますので，gostar自体は自動詞です。とはいえ，間接他動詞というカテゴリーに分類する人たちもいます。

これに対し，主語だけでなく，直接目的語（日本語の「〜を」に相当）を取るのが他動詞ですね。

Eu leio muitos livros. 私はたくさん本を読む。

他動詞の中には，3つの「項」を取るものがあります。つまり，主語，直接目的語，間接目的語です。

Eu ofereço flores ao namorado. 私は恋人に花を贈る。
Pedro diz muitas mentiras aos amigos. ペドロは友人にたくさん嘘をつく。

最後に，やはり3つの「項」を取りますが，間接目的語の代わりに時間や場所や手段を表す句を求める動詞もあります。

O medo do terrorismo afastou os turistas desta cidade.
テロの恐怖はこの町から旅行者を遠ざけた。

ひと言で「動詞」と言っても，詳細を見るといろいろな種類があるものですね。

serとestarについて

　この2つの動詞に関しては、ポルトガル語を学び始めてすぐに説明を受けることになります。なにをいまさら、と言われてしまうかもしれませんが、もう一度その使い分けを確認しておきましょう。

　serは英語のbe動詞に相当します。と言っても、「イコール」ではありませんでした。まず、次の文のように名詞とともに使うこともできます。

　Ele é japonês.　彼は日本人だ。

　また、永続的な地理的位置を表したり、何かの特徴を示したりします。

　São Paulo é no Brasil.　サンパウロはブラジルにある。
　O porto é grande.　　　その港は大きい。

　ただし、ここでいう「特徴」とは瞬間的な話ではなく、何年にもわたって続くと思われるものに限られます。serという動詞に関してはこの「長く続く」というのがカギになるでしょう。

　もちろん、この世の中で絶対的に永遠に続くものなどほとんどないでしょう。でも、もしあなたが今、頭がよかったり、お金持ちであったり、背が高かったりしたら、おそらくは2、3年後も同じような特徴を持っていると考えてよいですから、次のようにserで言えるわけです。

　Tu és inteligente (rico, alto).
　君は頭がよい（金持ちだ、背が高い）。

　また、もしあなたの職業が「教師」だとして、いくら職業選択の自由が認められる時代だとはいえ、しばらくの間は「教師」であり続けると考えてよいはずです。

　O senhor é professor.　あなたは先生だ。

　こう言えばよいですね。

これに対し、もう1つのbe動詞、estarは逆で、一時的な状態、つまり健康状態や気分を表します。

Ele está doente. 彼は病気だ。
Ela está triste. 彼女は悲しんでいる。

それでは、次の2つの文の違いはわかるでしょうか。

Lisboa é muito linda.
Lisboa está muito linda.

最初のé(ser)を使った方は、リスボンの本質的な美を表現していますが(リスボンは美しい)、está(estar)を使う文の方は最近になって美化が施されたリスボンのことを言い表しています。普通に「リスボンってきれいだね」と言うときは前者を使いますよね。

では、次の文をどう思われますか。どんな状況で使われるでしょうか。

Ele está morto.

「死」は永遠の状態ですから、estarとは相容れない概念のように思えます。ですが、この文は全く問題なく使えます。実は、estarには最近になってそうなったという状態を意味する機能もあるのです。上の文はたとえば、銃を構えた容疑者を射殺した警察官が容疑者を抱き上げながら悲しげに発する言葉として成り立ちます。

最後に、永続的な位置なのにestarが使われることがあります。そのときは、その位置が漠然としているのです。

Acho que Alverca está para os lados de Lisboa.
アルベルカはリスボンの近くあたりにあると思う。

進行形について

　現在形が，①習慣的な行為あるいは状況，②発話の瞬間に起きている状況を表すために使われることはすでにご存知でしょう。したがって，次の文は文脈次第で2通りに解釈できるわけです。

O Carlos estuda neste quarto.

　1つは「カルロスはこの部屋で（いつも）勉強する」であり，もう1つは「カルロスはこの部屋で（今）勉強している」です。

　さらに，現在形を過去にずらしたとも言える未完了過去形も，①過去における習慣的行為あるいは状況，②過去のある時点において起こっていた状況を意味するのです。

O Carlos estudava neste quarto.

　こちらも現在形と同様に「カルロスはこの部屋で（いつも）勉強していた」とも取れますし，「カルロスはこの部屋で（そのとき）勉強していた」とも解釈できるのです。しかし，動詞の進行形（ブラジルならestar＋現在分詞，ポルトガルではestar a＋不定詞）は，報告される状況が明白で文字通り進行そして発展しつつあることを示します。次の文の動詞escrever「書く」は動作を表す動詞ですが，進行形になると，特殊なカメラによってスローモーションで見ているかのような感じがします。進行形の使用は特にブラジルで目立つように思えます。

O Carlos está a escrever (está escrevendo) uma carta.
カルロスは手紙を1通書いている。

　進行形を取るのは動作動詞だけではなく，いわゆる知覚動詞（ouvir「聞く」，ver「見る」）や心的プロセスを表す動詞（pensar「思う」，esquecer「忘れる」，compreender「含む」）に対しても使うことができ，やはりそのプロセスが進行中であることを強調します。

Estou pensando nas férias.　休暇のことを考えている。
Estava a ouvir perfeitamente.　完璧に聞こえていた。

　ちょっと意外かもしれませんが，行為を表さない動詞でも，その状態が進行しつつあると見なされる時には進行形になります。ですからserだって進行形になるのです。

Ele está a ser honesto.　彼は今，本音を口にしている。

　さて，進行形ということで，estarの現在形と未完了過去形を用いた例文を挙げてきましたが，estarが完了過去の形を取る進行形もあります。

Eu estive a ler (estive lendo).　読書中だった。

　未完了過去を使った形とどう意味が異なるかというと，完了過去の場合は，その動詞が表す行為が完了したというニュアンスが明瞭になっているのです。
　最後に進行形と目的格代名詞の関係について触れておきましょう。ポルトガルでは代名詞はestarあるいは動詞の不定形に付されます。

Você está a dizer-me a mentira./Você está-me a dizer a mentira.
あなたは私に嘘をついている。

　一方，ブラジルではちょっと複雑で，me, se, nosは普通estarの後ですが，o, os, a, asは現在分詞に後続します（否定のnãoや疑問詞が来るとestarの前に引っ張られますが）。

Ele está me falando.　彼は私に話している。
Estou fazendo-o.　私はそれをしている。
Não a estou fazendo.　私はそれをしていない。

人称不定詞の分析 1

　ポルトガル語に人称不定詞（infinitivo pessoal）があるのはご存知でしょう。他の言語には見当たらないと言われます。「人称」だけでなく「数」によっても変化するので活用不定詞（infinitivo flexionado）とも言います。確かに「数」を無視してしまうのは不公平な名称にも思えますね。いや，そもそも不定詞が活用するのも変だから，本当の不定詞と定詞の間を取って「準定詞」と呼ぶべきだと言う研究者もいます。呼び名の問題はさておき，ここで人称不定詞の用法について簡単に復習しておきましょう。

　Para nós falarmos bem português, devemos estudar muito.
　ポルトガル語を上手に話すため，我々はたくさん勉強しなければならない。

　para falar bem portuguêsならfalarは単なる不定詞ですが，主語nósがある時はfalarもその人称と数に合わせて活用してfalarmosとなります。上の文でpara falar bemとするかpara nós falarmos bemとするかは文法の問題ではなく文体上の問題です。どっちも正解ですから。このように，主語がはっきりと明示されているときは使い方もわりと簡単です。もう一文。

　É estranho não falares nada.　君が何も話さないのは不思議だ。

　主語tuが明示（発音）されていませんが，潜在的には存在し，falaresの形を決めていますね。主語が姿を表面に見せても見せなくても，不定詞の変化からそれが誰かがわかります。Tu falas.が主語tuを省略してもFalas.という形だけで逆に誰が主語なのか（もちろんtuです）わかるのと同じ原理ですね。なかなか便利なものです。
　ただし，この2つの不定詞の使い分けは文体上の違いとはいえ，不定詞が受動態の時は人称変化させる方が多いと思われます。

　Fugiu para não serem vistos juntos.
　一緒にいるところを見られないように彼は逃げた。

さて，不定詞が動詞の目的語になることがあります。「〜すること」を命じる，というような構文です。実例を見てみましょう。

Pedro mandou ficar aqui.
ペドロはここにいるように命じた。

ficar aqui「ここにいること」という不定詞句がmandar「命じる」という動詞の目的語になっています。この文ではficarには具体的な主語がありませんから，誰がここにいる，ということを明示することはできません。あえて英語の主語を言えば*one*ということでしょうか。
　ところが，ficar aquiに主語が明示されると人称不定詞が用いられます。

Pedro mandou os amigos ficarem aqui.
ペドロは友人たちにここにいるように命じた。

　さて，このos amigosを目的格代名詞osに変えてみます。すると，ficarは人称不定詞ではなくなります。

Pedro mandou-os ficar aqui.

os amigosではなくosという目的語になったのですから当然でしょう。でも，ときどき次のような文も聞かれます。

＊Pedro mandou-os ficarem aqui.

osにはficarの主語の意味もあるので，人称不定詞を使いたくなる気持ちもわかりますが，文法的には正しいとは言えないでしょう。

人称不定詞の分析 2

　もう少し人称不定詞の話を続けさせてください。前ページの話だけでも面倒くさいかもしれませんが，ここではもう少し頭をひねる必要がありそうなケースを見てみましょう。

O governo permitiu aos dentistas estrangeiros exercer a sua atividade.
政府は外国人歯科医が活動するのを許可した。

　この文で，exercerという動詞には主語os dentistas estrangeiros「外国人歯科医」がありますが，exercerは人称不定詞ではなく，不定詞です。それはos dentistas estrangeirosが動詞permitirの間接目的語だからでしょう。では，exercerが活用することがないかというと，実は人称不定詞の形をとることも可能です。

O governo permitiu aos dentistas estrangeiros exercerem a sua atividade.

　ここで人称不定詞を使うのは文体上の好みの問題なのかもしれませんが（やたらと活用したがる人もいそうです），os dentistas estrangeirosが意味上の主語なので，exercerが変化するのでしょう。以上の2文はどちらも正解です。どちらも正解というところがかえって人称不定詞の使用法を難しくしているのかもしれません。文法だけでなく，文体的な要素も考慮して使うのです。これは外国人学習者泣かせですね。

　さて，前置詞の後には不定詞が来ます。したがって，gostar deの後には不定詞が来るわけです。

Nós gostamos de cantar.
私たちは歌うのが好きだ。

　この文ではgostarの主語とcantarの主語が同じnósなので，cantarは決して活用しません。では，「私たちは君が歌うのが好きだ」を次のように言うことは可能でしょうか。

*Nós gostamos de (tu) cantares.

残念ながら，この表現は不可能です。可能なのは，que節を用いることです。

Nós gostamos que (tu) cantes.

しかも接続法になります。gostarが求める前置詞deは省略可能です。
先ほど，主語が同じだと人称不定詞は用いられないと言いましたが，必ずしもルールとは言えません。もし2つの動詞の間の距離が離れていれば，主語を明確にするために，不定詞が変化することはあります。

Foram todos à festa do Carlos a fim de cantarem.
歌うためにみんなはカルロスのパーティーに行った。

目的語にque＋節だけでなく不定詞も取れる動詞の場合，不定詞が変化することもあります。

Afirmo que chegaram os convidados.
Afirmo terem chegado os convidados.
ゲストが到着したことを明言する。

このque＋節と不定詞節の間に何か違いはあるのでしょうか？　母語話者の先生に聞いてみました。いや，このテーマは次のページでもう少し詳しく見てみましょう。

不定詞と人称不定詞の使い分け

次の文に人称不定詞が使われているのはおわかりですね。

É bom tu beberes cerveja. 君がビールを飲むのはよいことだ。

これと同じことをqueという接続詞を使って表現することができます。

É bom que tu bebas cerveja.

beberという動詞が接続法の形（bebas）を取っていますが，その用法については「法」の章で再確認することにします。

さて，ここで質問ですが，同じ内容を持つとされる上記の2文ですが，どちらがより正しいのでしょうか。という訊き方はあまり意味がなくて，どちらも正しい文です。また，どちらの文をどういう文脈で使えばよいのかという規則を立てることも難しいのです。口語と文語の違い，フォーマルとインフォーマルの違いは反映されるかもしれませんが。

たとえば，以下のような前置詞の後では，人称不定詞がインフォーマル・スピーチでは好まれます。

Depois de termos saído, ela chegou.
我々が外出した後で彼女は着いた。

Saímos de casa sem apagarmos a luz.
電気を消さずに我々は外出した。

depois que, sem queの後で動詞を活用させても（すなわち定詞にする）もちろん大いにけっこうなのですが，ネイティブスピーカーにとってもインフォーマルなスタイルでは人称不定詞の方が楽なんでしょうね。なんだかほっとします。

次のような非人称構文では，que節の方が好ましいのかもしれませんが，やはり人称不定詞がしばしば使われます。けっして文法的に誤りではありませんから，遠慮せずに使ってください。

É bom vocês falarem português aqui. ここではポルトガル語を話すのがよい。
　（É bom que vocês falem português aqui.）
É importante estudares mais. 君がもっと勉強することが大切だ。
　（É importante que estudes mais.）

逆に，「願望」や「好き嫌い」を表す動詞の後では人称不定詞は使われません。

Espero que você estude mais. 君がもっと勉強することを期待する。
＊**Espero você estudar mais.**
Sugiro que você estude mais. 君がもっと勉強することを提案する。
＊**Sugiro você estudar mais.**

けれども，主動詞（この場合ならesperar「期待する」, sugerir「提案する」）と従属節の動詞（estudar「勉強する」）の主語が同一であれば，不定詞の使用が可能になります。ただしそれは「非」人称不定詞，つまり不定詞です。

Espero estudar mais. 私はもっと勉強したいと思う。

また，使役の文でも人称不定詞を使うことがよくあります。

Ele deixa as pessoas falarem. 彼は人々に話させる。
Ele pede para as pessoas falarem mais alto.
彼は人々にもっと大きな声で話すように依頼する。

もちろん，que節を使うことも可能です。その場合，動詞はやはり接続法になりますね。

Ele deixa que as pessoas falem.
Ele pede que as pessoas falem mais alto.

2つの過去分詞を持つ動詞

　分詞とは動詞活用の名詞的形態のことで，動詞の行為の結果などを表します。そして現在（能動）分詞（例：falando）と過去（受動）分詞（例：falado）があります。現在（能動）分詞はジェルンディオとも言います。ポルトガル語の過去分詞と言えば，-arで終わる動詞は-ado, -erと-irで終わる動詞は-idoという形をとることはご存知でしょう。amar「愛する」ならamado, comer「食べる」ならcomido, partir「出発する」ならpartidoです。

　しかし，2種類の過去分詞を持つ動詞（二重分詞動詞）が存在することも文法書には書かれています。これが実はかなりの数あります。全部は挙げませんが，ご覧になってみてください。

不定詞		過去分詞規則形	過去分詞不規則形
aceitar	受け入れる	aceitado	aceite, aceito
cegar	魅了する	cegado	cego
corrigir	訂正する	corrigido	correto
dirigir	指導する	dirigido	direto
dissolver	溶かす	dissolvido	dissoluto
escurecer	暗くする	escurecido	escuro
ganhar	得る	ganhado	ganho
gastar	消費する	gastado	gasto
juntar	集める	juntado	junto
limpar	掃除する	limpado	limpo
matar	殺害する	matar	morto
morrer	死ぬ	morrido	morto
pagar	支払う	pagado	pago
salvar	救う	salvado	salvo
tingir	染める	tingido	tinto
vagar	広まる	vagado	vago

規則的な形に関しては新たな驚きはないでしょうけれど，不規則形の方はいかがでしょうか。すでに形容詞として使っているけれど，実は動詞の過去分詞だったのか，と意外に感じられたものもいくつかあるのではないでしょうか。

さて，規則的変化の過去分詞と不規則変化の過去分詞の使い分けですが，前者はterあるいはhaverと共に複合時制で使用され，より短くなっている後者はserあるいはestarと共に使用されます。

Tu tens aceitado as minhas propostas.
君はずっと僕の提案を受け入れてきた。

A tua proposta não foi aceite por ela.
君の提案は彼女に受け入れてもらえなかった。

Tem morrido muita gente.　たくさんの人が死んでいる。

Foi morta muita gente.　たくさんの人が殺された。

Ele tem limpado o quarto todos os dias.　彼は毎日，部屋を掃除している。

O quarto foi limpo por ele.　部屋は彼によって掃除された。

さらに，動詞の中には，dizer「言う」：dito, pôr「置く」：posto, cobrir「包む」：cobertoのように不規則形しか持たない動詞もあります。また，ganhado, gastado, pagadoといった分詞は姿を消しつつあります。単純に形容詞になってしまい，もはや受動態にも使われなくなってしまった分詞もあります。たとえば，afeiçoar「形づくる」：afeto, cativar「捕まえる」：capto, defender「守る」：defesoという動詞です。

コラム　saberとconhecerの違いについて

　この2つの動詞が「知る」「知っている」と訳されることはご存知の通り。そして主な使い分けもすでに習っていることでしょう。そうは言っても，なかなか微妙なところまで理解するのは難しいもの。ここでもう一度見直してみる価値はあるのではないでしょうか。saberは再生できる知識を意味します。つまり，日付，名称，リスト，形式，歌，詩などを記憶したものです。

Eu já sei os nomes de todos os alunos da minha turma.
私はもう自分のクラスの全生徒の名前を知っている。
Tu sabes o endereço do Sr. Santos?
君はサントスさんの住所を知っているの？
Sabemos o hino nacional de Portugal, "A Portuguesa".
私たちはポルトガル国歌「ア・ポルトゥゲーザ」を知っている。

　今は知らなくとも，その知識が再生可能であるならば，もちろん動詞はsaberを使います。

Não sei qual é a capital de Cabo Verde.
私はカボ・ベルデの首都がどこ（どれ）かを知らない。

　不定詞とともに使われ，ハウツーを知っているという意味になることもご存知でしょう。

Eu sei nadar.　私は泳げる。
Não sei nadar.　私は金槌だ。
Sabes falar chinês muito bem.　君は中国語を上手に話せる。

　では，次にconhecerの意味を確認してみます。こちらは「人物」や「場所」を知っているということです。

Conheço bem o João.　私はジョアンをよく知っている。
Conheces a África?
君はアフリカを知っているか（行ったことがあるか）。

saberの目的語となる「人名」「住所」「歌曲」などと違って、ジョアンという人物やアフリカという土地は文字にしたり、歌ったりすることはできませんから、ここはconhecerの出番です。

*Sei bem o João.　*Sabes a África?

これはいけません。ところで、次の文のペアは文法的にはどちらも正しいのですが、ニュアンスの違いはおわかりでしょうか。「知る」という動詞の意味の幅の広さが実感できます。

Eu conheço a Quinta Sinfonia de Mahler.
Eu sei a Quinta Sinfonia de Mahler.

conhecerを使った文は、マーラーの交響曲第5番を聴いたことがあるので馴染みがある、程度の感じですが、saberを使った方は、曲全体を知っていて、なんなら指揮だってできるというニュアンスです。動詞の選択でとんでもない誤解を生んでしまいそうですから要注意です。こうしてみてくると、conhecerはどちらかというと、うわべだけの知識、それに対しsaberは記憶にしっかりととどめた知識という違いがわかってきます。ところで、このコラムのタイトルをポルトガル語にする時、さてどちらの動詞を選びましょうか？　やはり、

Saber as diferenças entre "saber" e "conhecer".

のようにsaberを使うのがよいでしょうね。

第2章　ポルトガル語の時制

現在時制を考える

　世の文法書を見ると，動詞の説明はおおむね現在時制から始まります。その理由が，人間は何よりも現在に関心が強いからなのか，現在時制の使用範囲が広いからなのか，統計的に出現率が高いからなのかわかりませんが，本書も慣例に従いましょう。

　現在時制と呼ばれるからには当然，発話時点での現在の出来事や事実を表します。なお，今この項目を読んでいるあなたがいる場所が快晴だからといって，下記の文を見て文句を言っても仕方ありません。

　O céu está nublado.　空は曇っている。

　曇り空の下，誰かがこの文を口にする。まさに現在形の出番といえるでしょう。ですが，現在時制とは発話の「瞬間」だけを意味するわけではありません。過去に始まった行為，あるいは近い未来において行なわれる行為も現在時制で示すことができます。

　Parto amanhã para o Brasil.　私は明日ブラジルに出発する。

　いや，ごく近い過去だって現在形で表現することが可能です。

　Nós chegamos do Brasil.　私たちはブラジルから着いたところだ。

　未来も過去も現在と続いていれば，現在時制で表示できるというのは違和感を覚えさせることもないでしょう。というよりも，現在形は習慣的な出来事，主語の能力，永続的な属性，永続的な状態を表すことが多いのです。

　Eu fumo.　私は喫煙する（私は喫煙者だ）。
　O nosso amigo é professor.　私たちの友人は教師である。

「習慣」を意味するとなると，それは時制の領域を離れ，アスペクトの領域に入ったというべきかもしれません。

　昨日は庭師，今日は教師，明日は牧師ということも理屈ではあり得るかも

しれないですが，そういう人は Ele é uma pessoa que muda sempre de profissão.「彼はよく仕事を変える人だ」と言えそうです。職業はまず1日，2日では変わらないという認識が普通ではないでしょうか。

　永続的な属性，状態を表せるとなれば，「一般的な真実」というのも現在形で言えそうです。

Dez e dez são vinte.　10＋10＝20

同じような発想で，諺なども現在形で表現できます。

As aparências enganam.　見かけはだます（＝人は見かけによらぬもの）。

ある出来事が当然と見なされれば命令や指示も出せそうです。

Você empresta-me este livro amanhã.　明日この本を貸してくれ。

この意味を命令形で表せば，こうなります。

Empreste-me este livro amanhã.

　ところで，皆さんは新聞の見出しや歴史年表などで現在時制が使われているのを見たことがあるでしょうか。年表に現在の出来事が載るはずもないですし，新聞記事も基本的にはすでに起こった出来事のはずです。

O rei morre em 1320.　王1320年に死す。

　なぜ800年も前のことなのに現在形で記すのかというと，こうした場合，出来事が過去にあったということよりも，その出来事が現在に至っても否定されていないということの方が重要だからと考えられます。遠く離れた明らかに過去の出来事でも，現在においても妥当と見なされると，現在形になるというのは理論的と言えば理論的でしょう。

　あとで見るように，「完了」か「未完了か」の違いはとても重要なのですが，現在形は「未完了現在」と言ってもよいでしょう。

完了過去について

　ポルトガル語の過去形にはいくつかの種類がありますが，直説法完了過去と同じく未完了過去は特に重要でしょう。前者はpretérito perfeitoと言い，後者はpretérito imperfeitoと呼ばれます。どちらも動詞の語尾を変化させるだけで，1語で表されます。perfeitoは英語の*perfect*で，「完了」です。そしてimperfeitoは同じく*imperfect*で，「未完了」です。

　完了過去（完全過去）と未完了過去（不完全過去，半過去）が厳密に区別されるということは，ポルトガル語は過去の出来事や現実を表現する時，2つの異なる見方をするということです。完了にするか，未完了にするかで意味が変わりますから，気まぐれに交換してしまってはいけません。では，まず完了過去から見ていきましょう。

Tu partiste às nove horas.　君は9時に出発した。

　この文を私は正午に発したとしますが，その瞬間，私は「君」の出発をすでに起こった出来事や現実として述べています。

Ele viveu mais de oitenta anos.　彼は80年以上生きた。

　出発という行為はダラダラとそう長く続くものではありませんが，生きるという行為は何十年間と考えられます。80年間というとずいぶんと長い時間で，継続というニュアンスが強く完了と相性がよくなさそうに思えますが，それは見方によります。彼の人生は80年とちょっとで終わったわけですから，やはり完了で表すのです。というよりも，80年間という人生をひとまとまりと見て，それが完了したという事実を私は報告したいのです。つまり時間軸の中の位置づけではなく，実現されたことが重要なのです。

　過去に出来事が開始されたことを表すためにも完了過去が使用されます。

Eu cocheci o Pedro anteontem.　私は一昨日ペドロと知り合った。

　また，ある行為が終わった時も完了過去です。

O meu amigo chegou ontem.　私の友人は昨日，着いた。

さて，完了過去は「絶対的な時制」とも言われます。すなわち，他の時間との関わりがないのです。どういうことか，例を見てみましょう。

Eu acreditei no que eles me disseram ontem.　昨日彼らが言ったことを信じた。

この文からわかるのは「私が信じた」と言うことですが，今も信じているのか否かに関しては何も述べていません。今も信じているのなら，現在形でacreditoと言わなければなりません。

Soube que a garota ficou ferida.　少女がけがをしたと知った。

ただし「知る」のような意味の動詞ですと，常識で考えて，今も知っていると考える方が普通でしょう。また，完了過去は現在の事実を表すことはできません。しかし，興味深いことに，口語的には文脈の力を借りて未来において期待される事実を表すことができます。

Amanhã quando vocês chegarem nós já limpámos toda a casa.
明日君たちが来る時には，私たちはすでに家じゅうをきれいにしているよ。

この文で「来る」のも「きれいにする」のもどちらも未来ですが，「来る」より前に「きれいにする」のは終わっていますから完了過去が用いられるのです。この場合は「過去」より「完了」が前面に出ていると言えるでしょう。

さて，すでにおわかりだと思いますが，過去をどう見るかが大切なのであり，ある動詞は完了過去だけ，その他の動詞は未完了過去にしか使えないというわけではないのです。そこで両者の使い分けには「どう」を表す副詞との組み合わせが重要になってきます。「先週は2回映画に行った」ならすでに完了した過去の事実としてEu fui ao cinema duas vezes na semana passada. でよいですが，「当時は毎週日曜日に映画に行った」となると話は変わってきます。では，どのように言ったらよいでしょうか。それを次ページで見てみましょう。

未完了過去（過去の現在形）

　未完了過去は名前にあるように過去の出来事を表します。しかし，完了に「未」の字がつくことで完了過去とはまったく異なる意味を持ちます。未完了ですから，終わっていない出来事を表します。完了過去が過去の出来事を始まりと終わりがはっきりとした１つのまとまりとして見るのに対し，未完了過去は出来事の途中に焦点を向けています。過去のある時点において継続，持続していた出来事を表すと言ってもよいかもしれません。完了過去より継続，持続が強調されますから，過去の出来事の描写，記述に向いています。

A noite estava calma. Nem se ouvia a mexida das folhas. Os homens cuidavam de que ninguém se apercebesse da sua passagem ….
夜は静かだった。葉の揺れる音さえ聞こえなかった。男たちは誰にも気づかれないように注意した。

　この一連の文では，それぞれの文の行為，出来事は同時進行であり，互いに関連があります。また，同時に進行している２つの行為があり，一方が進んでいるところに，もう一方が重なってくることを表すこともできます。
　完了過去を並べた次の文と比べてみてください。こちらはそれぞれの文が終わったという感じを出すので，出来事が順番に従って起こったことが感じられます。

Maria entrou na sala, cumprimentou os colegas de trabalho e começou a trabalhar com o computador.
マリアは部屋に入り，職場の同僚たちに挨拶をし，パソコンで仕事を始めた。

次に未完了過去と完了過去が両方使われる文を見てください。

Ana lia o romance quando cheguei.
私が着いた時，アナは小説を読んでいた。

　この文で未完了形を取っている動詞 ler「読む」は，始まってはいますが，

終わっていません。過去において「読んでいる」，つまり「読んでいた」わけです。そして，私が「着く（chegar）」という行為はその「読んでいた」間に実現した出来事と解釈されます。読んでいた時間の中に含まれてしまうという言い方もできるかもしれません。

　未完了過去は繰り返される行為も表します。ある行為がずっと続いていたという「継続」の感覚は重要です。やはり過去の話ですが，未完了過去形は「いつも〜していた」という意味も表せます。「習慣」ですね。

Antigamente eu morava em Lisboa.　昔，私はリスボンに住んでいた。

この過去の習慣ですが，現在の習慣的行為との対比が可能です。

Antes morávamos em Tóquio, mas agora moramos em Osaka.
以前，私たちは東京に住んでいたが，今は大阪に住んでいる。

こうして現在形との対比が可能ということから，未完了過去は過去における現在という言い方もされるのです。だからまた過去における時刻の表現にも使われるのです。

Eram dez horas (quando cheguei).
（私が着いた時）10時だった。

現在をそのまま過去に移行させるという意味で，未完了過去形がなぜ時制の一致の中で使用されるのかも理解できます。

Ele diz que chegam hoje à noite.　彼らは今夜着くと彼は言う。
Ele disse que chegavam essa noite.　彼らはその晩着くと彼は言った。

　主節の動詞 diz が disse と過去になり，それにつられて従属節の現在形 chegam も未完了過去形 chegavam になりました。この2番目の文で大切なことは，彼が言った時点ではまだ彼らは着いていないという事実です。もしすでに着いていたのなら完了過去 chegaram を使うでしょう。

完了過去と未完了過去の違い　1

　完了過去と未完了過去を説明してみました。変化する形もまったく違う。その意味も異なる。ですが，母語話者でない私たちにはその使い分けが悩みの種でもあったりします。完了過去を使った文と未完了過去の文を対比させながらその違いをより明確にするよう努力してみたいと思います。

Eu viajei para a Europa.　　私はヨーロッパに旅した。
Eu viajava para a Europa.　私はヨーロッパによく旅したものだった。

　これなどは簡単な違いで，1回だけの旅行と何度も繰り返された旅行の違いがわかりますね。次に，それぞれにsempre「いつも」を付してみます。

Eu viajei sempre para a Europa.
Eu viajava sempre para a Europa.

　すると，完了過去を使った文では私はまだ旅行しているかもしれませんが（それぞれの旅の終わりは確かですが繰り返しについてはなにも言っていませんから），未完了過去を使った文ではもう旅行はしていません（行為の繰り返しそのものが終わっているのです）。
　今度は動詞 ser を例にしてみましょう。いろいろな意味で頭を悩まされる動詞ですが，完了か未完了の使い分けも微妙です。

Ela foi atraente. / Ela era atraente.

　どちらの文も「彼女は魅力的だった」と訳せますが，前者はわりと短い間そうだったという感じで，後者は長い間にわたって，もしかしたら生涯そうだったというニュアンスもあります。終わったことがはっきりする完了過去と終わったかどうかは明確にしない未完了過去の違いがよくわかるのではないでしょうか。ここで思い出して欲しいのですが，未完了の方は他の文の出来事を包み込んでしまうということです。Ela era atraente quando a conheceram.「彼女を知ったとき，彼女は魅力的だった」という文で，ela era atraenteは知った時の背景になっています。ところが，*Ela foi atraente quando a conheceram.は非文法的になります。foiですと，時間が限られ，背景になれないのですね。

今度はestarを見てみましょう。こちらも興味深い違いが見て取れます。

Eu estive em Espanha. 私はスペインに行ったことがある。
Eu estava em Espanha. 私はスペインにいた。

完了過去の方は1回行ったことがあるを意味しますが，未完了過去の文はある一定の期間にわたってスペインにいたという感じです。

では，次のペアはどうでしょうか。実は片方は文法的に間違っています。

Eu estive em todos os andares do edifício.
*****Eu estava em todos os andares do edifício.**

「ビルの全フロアに行ったことがある」という意味で解釈したいのですが，それが可能なのは完了過去を使った最初の文だけです。そして，未完了過去を使った下の文は非文法的になります。理由は，完了過去を使うと，1つ1つの階に順番に行ったという意味が出せるのですが，未完了過去ですと，同時にすべての階に行ったということになり，物理的にあり得ない状況になってしまうからです。未完了過去は途切れのない，終わりのない行為を表しますから，それぞれの階に行くという解釈を許さないのかもしれません。

ですが，主語を私ではなく，たとえば「煙」にするとまた話は異なります。

O fumo estava em todos os andares do edifício.
? O fumo esteve em todos os andares do edifício.

煙がビルの全階に充満する状態というのは十分にあり得ますから，未完了過去を使った文は正しいものです。しかし，煙が階を1つずつ移動していくというのはちょっと違和感を覚えます。完了過去の方は「？」がつく文でしょうか。

完了過去と未完了過去の違い 2

　完了過去を日本語で「〜した」，未完了過去を「〜していた」と訳し分けていただけでは，微妙なニュアンスの違いをとらえ損ねてしまうことがあります。この区別の難しさは動詞がそもそも動作ではなく状態を表す時に生じると考えられます。

Eles tinham o caderno ontem, mas acabou.
Eles tiveram o caderno ontem, mas acabou.

　これは文房具屋さんに関する話だとします。「昨日はそのノートがお店にあったがなくなってしまった」とどちらも言っています。しかし微妙な違いはあります。未完了過去を使った下の文は，昨日お店に行ったときはノートがあり，おそらくは今日の朝もあったのだろうけれど，午後に行ったらなかった，という感じです。一方，完了過去を使った上の文は，今朝お店に行った時にはもうなかったというニュアンスです。ノートを持つことが完了過去の使用によって昨日で終わったということがはっきりと出るのです。

　次に助動詞poderを使った例文を見てください。

Eu pude chegar.
Eu podia chegar.

「できる」を単純に「到着できた」と「到着できていた」としては，この2つのポルトガル語の文の違いが把握できません。とにかく大切なのは，完了過去は出来事の始まり，あるいは終わりを表し，一方で未完了過去は途中という大原則です。そうすると違いが認識できそうです。つまり，完了過去を使った最初の文では，実際に「私は到着した」のであり，未完了過去の2番目の文では到着の実現あるいは非実現に関しては何も言っていないのです。

　今度はquererを使ってみましょう。

Eu quis passar no exame.

Eu queria passar no exame.

　もちろんどちらの文でも私は試験にパスしたかったのですが，未完了過去を使った2番目の文では結果について何も語っていません。一方，完了過去の方は望んだ末にパスしたかというと，実はだめだったのです。ということは，*Eu quis passar no exame e passei. という文は成立しないということになります。もしかしたら受験さえしなかったかもしれません。なぜそうなるかと言えば，「望む」という行為が終わってしまったという点が強調され，したがってそうはならなかったというニュアンスが伝わってくるからでしょう。なお，未完了過去を使った，Eu queria passar no exame e passei. は成り立ちます。

　最後に，quererを否定してみましょう。試験に合格したくない人は珍しいですが，そこはご容赦ください。

Eu não quis passar no exame.
Eu não queria passar no exame.

　下の方の未完了過去を使った文は「パスしたくなかった」でいいのですが，そこまでしか明らかにしていません。しかし，完了過去を使った上の文はパスしたくなかったのでトライさえしなかったというニュアンスがあります。ですから，

Eu não queria passar no exame mas afinal passei.

「試験に通りたくなかったけれど結局通った」はあり得ても，

*Eu não quis passar no exame mas afinal passei.

はあり得ません。母語話者からはまずは容認されないでしょう。
　こうしてみてくると，完了過去はかなり結果責任を負っているのに比べ，未完了過去は結果に対して無責任です。後者は始まりも終わりも眼中にないのだから当然と言えば当然ですが…。

現在完了（複合完了過去）

　英語で現在完了形を習ったことがあると思います。*have* + 過去分詞という形です。ポルトガル語では*have*にterが相当し，その後に過去分詞をつけると確かに現在完了形ができます。

　ポルトガル語を学ぶ前に大半の日本人は英語を学習していますから，英語の用法をそのまま形を変えてポルトガル語に置き換えればいろいろな表現ができると思いがちですが，そこには落とし穴が待っています。形は似ていても，意味は随分と異なるのです。

　Pretérito Perfeito Composto（複合完了過去）という名前はついていても，「完了」を表すわけでも，「過去」を意味するわけでもないのです。とはいえ，まずはポルトガル語の教材でよく使用される例文を見てみましょう。

Ele tem estudado muito ultimamente.
彼は最近かなり勉強している。

　この文でtem estudadoの個所を英語にすると*has been studying*という現在完了進行形になると思われます。これだけでも違いがあるのがわかります。それはさておき，こうした文からわかるのは，現在完了は，過去において始まって，発話の現時点まで中断なく続いている出来事を表すという定義が可能になりそうです。となると，「完了」という名称はあまりよくないのかもしれません。現在まで続いているとなると，以下のポルトガル語は文法的に成立しそうもありませんが，それに相当する英語の文は大丈夫そうです。

*Tu já tens chegado à estação.
You have already arrived at the station.
君はもう駅に着いた。

　ポルトガル語の現在完了は出来事が完全に終わったとは言っていないので，上の文は正しくはないのです。このあたりも英語と違いますね。さらに，「すでに」を意味する副詞jáを取って，Tu tens chegado à estação.として

もやはりだめです。理由は「着く」という動詞は1回きりの出来事を表すからです。「すでに駅に着いた」は，Tu já chegaste à estação. と，完了過去を使って言います。しかし，副詞を変えると，成立する文もありそうです。

Tu tens chegado à estação na hora todos os dias.
君は毎日時間通りに駅に着く。

「毎日」という副詞がつくことによって，「着く」という行為に繰り返しの意味が込められ，現在完了との相性がよくなるのです。現在完了形による，この「繰り返し」はポルトガル語の特徴といってよいかもしれません。

繰り返しの意味になるかどうか判断する時，実は目的語の性質が重要になるケースがあります。

Eu tenho escrito uma carta todos os dias.
私は毎日一通ずつ手紙を書いている。

Eu tenho escrito cartas todos os dias.
私は毎日数通手紙を書いている。

?Eu tenho escrito a carta todos os dias.
私は毎日その手紙を書いている。

これら3つの文のうち最後の文の容認度が「？」となるのは，毎日1通の手紙を書く，あるいは複数枚書くことは想像できますが，特定のその手紙を毎日書くのは違和感を抱かせるからでしょう。

さて，現在完了と言うからには，やはり現在との関わりが重要です。逆に言うと，現在まで続いていない行為であれば，それは現在完了では言えません。たとえば，継続していた行為だとしても以下の文はだめです。

*Eles têm estudado juntos desde 1987 a 1991.

すでに21世紀ですから，これほど遠い過去の出来事は，Eles estudaram juntos desde 1987 a 1991.「彼らは1987年から1991年まで一緒に勉強した」のように，完了過去で言いましょう。

過去完了は過去よりさらに過去

　過去に関して2種類の見方（表し方）があることを見ました。ポルトガル語にはもう1つ過去形があるのですが，これは未完了過去と完了過去とはだいぶ違うので，混同することはないと思います。過去完了（大過去）と呼ぶのですが，具体的に何かというと，過去のある時点を起点として，さらに過去に起こった出来事を意味します。注意すべきは，意味は同じでも文語的な単純形と口語的な複合形があることです。実は前者は書き言葉でもあまり使われません。したがって，ここでは複合形を使って説明します。

　過去完了形の例文には必ずといってよいほど次のタイプの文が使われます。

Quando eles chegaram à estação, o comboio (já) tinha saído.
彼らが駅に着いたとき，列車はすでに出発してしまっていた。

　彼らが駅に「着いた」ことがすでに過去の出来事ですが，電車が出て行ったのはそれよりも前の（さらに過去の）出来事だと言っています。電車が出る方が先で，着くのがその後です。「すでに」を意味する副詞jáはなくとも不自然な文にはなりません。過去完了は関係代名詞節の中でも使用されます。

Maria respondeu à carta que tinha recebido. マリアは手紙に返事を出した。

　この文からわかるのは，マリアはまず手紙を受け取って，その後でその手紙の返事を書いたということです。返事を書く方は完了過去（respondeu）でよいですが，それ以前の出来事，つまり手紙をもらう方は過去完了（紛らわしいですね）の形，terの未完了過去形＋過去分詞で表現されます。

　上記の文では，完了過去と過去完了の文の間に因果関係が認められますが，そうでないケースもあり得ます。

Ela disse-me que tinha estado doente. 病気だったと彼女は言った。

　病気だったことと，私に教えてくれたことは因果関係ではなく，単なる事実報告でしょう。ですが，基準となる過去の出来事が具体的に示されず，推

測する必要がある時もあります。

Nunca tinha ouvido semelhante barulho. 似た騒音を聞いたことはなかった。

この文には基準となる完了過去の文がありませんが，文法的です。しかし，até ouvir este barulho「この騒音を聞くまで」という句を補うと，納得がいくかもしれません。過去完了の並列も可能です。

Não tinha pensado que ele se tinha casado (ontem).
彼が（昨日）結婚したとは思いもよらなかった。

彼が結婚したことを，ある過去の時点から見て考えたことはなかったというのです。ちょっと紛らわしいです。過去の過去という概念は実際の使用の場面において忘れられてしまうこともあります。

Fazia cinco anos que a Maria não ia a Portugal.
マリアは5年間ポルトガルに行っていなかった。

と言っているのですが，論理的には，não iaはnão tinha idoとしなければなりません。
　未完了過去も表現を和らげるのに使うことができますが，過去完了形も同じ目的で使用することができます。

Nós tínhamos vindo ver se havia trabalho para nós.
仕事があるか確かめるためにやって来ました。

希望や願望を表明する際にも使用できます。

Quem me dera estar no lugar do Manuel!

「マヌエルの代わりになれたら！」という願望を述べていますが，deraの代わりに，接続法未完了過去形desseでもよいところです。

未来について 1

　未来がバラ色かどうかは別にして，未来はいろいろとありそうです。ポルトガル語には「未来」と名のつく時制が2種類ありますが，その中身はけっこう込み入っています。まず「現在未来」を見てみましょう。

Ele partirá no mês que vem.　彼は来月，出発する。

　この文で言われていることは，発話の時点より後（来月）の出来事で，まさに「未来」を表す「未来形」ですね。すでにポルトガル語をよくご存知の方はここで，partiráの代わりにvai partirも使えるのではないかと思われたのではないでしょうか。非常によい疑問です。そして，実際に使えます。「行く」を意味する動詞irに動詞の原形を組み合わせてもやはり未来の意味が出せます。上の文は次のように言い換えてもかまいません。

Ele vai partir no mês que vem.

　強いて違いを言えば，意味というよりは文体の問題で，未来形は書き言葉的ですが，ir＋原形は書き言葉でも話し言葉でも自然に使えます。しかし，この2種類の未来もいつでも交換可能というわけでもなく，未来形が違和感を抱かせる文脈もあります。今まさに起こらんとしている出来事を表すのに，未来形はふさわしくなく，ir＋原形を用いるのが自然です。

Depressa! A porta vai fechar!　急げ！　ドアが閉まるぞ！

　これに比べ，次の文はちょっと変な感じがします。

?? Depressa! A porta fechará!

　未来形はあくまでも未来の意味で，現在とは関連がないということなのでしょうか。しかし未来形はその他の意味＝「推定」でも使用されます。

A Mónica estará agora a chegar a Lisboa.　モニカは今リスボンに着く頃だろう。

この話者は「今」(agora)の話をしていますが，本当に到着しつつあるのか否か，確信はなく推定しています。でも，未来のことはよくわかりませんから，未来形に「推定」の意味はしっくりきます。

Será que ele sabe mesmo? 本当に彼は知っているのだろうか。

彼が本当に知っているのかどうか，話者は自信が持てないようです。これは「不確実」の「未来」です。このserの未来形に接続詞のqueを組み合わせたserá queは文頭に持ってくると疑問文を作るのに最適です。未来のことはよくわからない，確信が持てない，不確定である，あやふやな気持ちであるとなると，時制の意味から法の意味へと広がってきます。この法の意味をうまく利用して，命令を和らげる表現に応用することができます。

Far-me-á o favor de limpar completamente a sala!
部屋を隅々まで掃除してください。

ポルトガル語の動詞には複合形というのがよく使われますが，複合未来形という形もあります。未来における行為の完了を表しますが，やはり推量の意味も持っています。

Amanhã a Maria terá chegado aqui. マリアは明日ここに着いているだろう。

今はまだ着いていなくても，明日には到着という行為が完了しているという意味が出ています。しかし，次の文ではむしろ過去に関する推量ですね。

Terá ela mentido ao namorado? 彼女は恋人に嘘をついたのだろうか。

以上の例を見てくると，「未来」のことはよくわからないから推量の意味にも使われるというよりも，推量せざるを得ないがために推量形が未来の意味でも使われるのではないかという気がしてきます。ポルトガル語の時制には「現在」と「過去」だけが存在し，「未来」はないということなのかもしれません。

未来について 2

　ポルトガル語にはもう1つ「未来」の名前がつく活用があります。「現在未来」に対し、「過去未来」(futuro do passado) と呼ばれる時制ですが、これはブラジルで使われる文法用語で、ポルトガルでは使われないようです。ポルトガルではどう呼ぶかというと、「条件法 (condicional)」が使われます。過去から見た未来を意味するのは、条件法の中の用法の1つと見るからです。ですが、条件文と言っても、実は条件を表すseの後では使われず（そこでは接続法が用いられます）、帰結の文で姿を見せます。となると「条件」という名称自体もあやしくなってきます。

　それはさておき、「過去未来」の用法ですが、名前の通り、過去における発話の瞬間より後に起きるであろう出来事を意味するのです。まさに過去から見た未来で、そこから「過去未来」という時制的な用法が認められるのです。次の文のviriaは過去未来形と言ってよいでしょう。英語の*would*を思い出すといいかもしれません。

Ele disse que não viria.　彼は来ないだろうと言った。

　これなどは時制の一致を起こした文とも言え、disseをdizと現在形にすると、viriaから現在未来形viráへと変わります。なお、ポルトガルの話し言葉では過去未来ではなく、未完了過去を使う方が普通かもしれません。

Ele disse que não vinha.

　しかし、時間の基準点が過去でなくなると、それは過去未来ではなく、法としての用法、つまり疑いや不確かさを表すのです。

Segundo o médico, a causa da morte seria cancro.
医者によれば、死の原因はガンであろう。

　この文で、死亡原因が過去のある時点から見てガンになるだろうと述べているわけではなく、ガンであろうという推測を伝えているのです。

また，仮定の出来事も表します。

Eu estudaria muito mais.　もっと勉強するのだが。

この文には後半にたとえば「もし君の立場なら」とか「時間があれば」という含意があり，でも実際はそうはならないというニュアンスです。

過去未来はさらに，丁寧に願望を表す時にも使用されます。

Gostaria de saber seu nome.　お名前を知りたいのですが。

ポルトガルでは，未完了過去を使ってEu gostava de saber o seu nome.の方が口語体では好まれます（ポルトガルでは所有形容詞に定冠詞が付されることが多いです）。

ジャーナリスティックな文体では，報道される情報への留保を表します。

O ministro teria sido visto pelos populares da zona.
大臣は現地の住民たちに見られたかもしれない。

teria sidoで過去についての推量の意味が込められますし，またserの過去分詞sido + visto（verの過去分詞）で受け身だということもわかります。

ところで，terá + 過去分詞とteria + 過去分詞の2つの形の違いですが，以前ポルトガル人の友人にその違いを訊ねた時には「同じだよ」と言われてしまいましたが，やはり微妙な差異はあるようです。ter + 過去分詞ですから，どちらも「完了」の意味があるのですが，現在未来の場合はその名の通り現在との関わりがありますが，過去未来の場合はそれが希薄になります。

時制の一致について

　前のページで少しだけ時制の一致の話が出ました。授業で教えていると，なかなかこれが学生にとっては難しいようです。ポルトガル語の時制の一致は随分と厳密に適用されます。ということで，ここでもう一度かなり図式的になりますが，整理してみましょう。

　直説法を意味にしたがって2つの大きなグループに分けると，現在と未来のグループ，そして過去のグループに分かれることが確認できます。完全に一対一の対応になるわけではないですが，時制の一致を行う際には覚えておかなければいけません。falar「話す」を例にしてみましょう。

falo	**falarei**	**tenho falado**	**terei falado**
現在	未来	現在完了	未来完了
falava	**falaria**	**tinha falado**	**teria falado**(falei)
未完了過去	過去未来	過去完了	過去未来完了

この関係を頭に入れておけば時制の一致の問題はだいたい解けます。

Ele diz que vem. → **Ele disse que vinha.**
彼は来ると言う。　　　　彼は来ると言った。

　左の文では，主節の伝達動詞dizerが現在形で，従属節の動詞も現在形ですが，右の文ではdizerが過去になり，従属節の動詞は一致して未完了過去になっています。現在形には「完了」の意味はないですから，過去でもその意味を出すわけにはいきませんから，完了形veioではなく，未完了形vinhaが用いられます。ここは1つポイントですね。

Ele diz que cantará. → **Ele disse que cantaria.**
彼は歌うだろうと言う。　　彼は歌うだろうと言った。

　左の文の現在未来は，右の文ではdisseに合わせて過去未来になっていますね。

Ele diz que cantou. → **Ele disse que tinha cantado.**
彼は歌ったと言う。　　　　彼は歌ったと言った。

　左の文では「歌った」と言っているわけですが，「言った」となると，完了過去をさらに過去にしないといけません。過去の過去と言えば過去完了（大過去）ですね。そこで，tinha cantadoとなっているわけです。
　ここまでは，主節と従属節の間の時制の一致を取り上げてきましたが，独立した2つの文の間でも時制の一致は起こります。

A campainha toca. Quem será?　ベルが鳴っている。誰だろう。
A campainha tocou. Quem seria?　ベルが鳴った。誰だったんだろう。

　ベルが今，鳴っている最初の文では，推量を表すserの未来形も現在未来ですが，過去において鳴った2番目の文ではserは過去未来になります。
　ところで，物事は機械的に進まないときがやはりあるものです。

Ele disse-me que viria aqui.　彼は来るだろうと言った。
Ele disse-me que vem aqui.　彼は来ると言った。

　主節の意思伝達動詞（dizer）が過去の行為の時に，従節の動詞が伝えるのが未来に計画されたものである場合，過去未来が使われます。それが最初の文です。ところが，viriaの代わりに現在形vemが使われる文もあります。文法的には最初の文が正しくて2番目はおかしい気がしますが，両方とも文法的に正解です。
　ただし違いはあります。viriaを使う方は，過去における発話の時点から後のどの時間でも言及できるのですが，vemを使うと，「彼」の発話時点から後ではなく，まさにこの文を「私」が発した「今」から後にしか言及できないのです。つまり，vemの時は，私はまだ彼が来るのを待っているでしょうけれど，viriaの場合は私はまだ待っているかもしれませんが，もう待つのをやめてしまっているかもしれないのです。

複合時制の分析

「前時制」(tempo anterior) という言葉をご存知でしょうか。ポルトガル語の文法用語にはないので，馴染みがないかもしれませんが，意味はすぐにわかってもらえるはずです。つまり，現在でも過去でも未来でもどこでもいいのですが，時間の流れのある時点から見て，そこより前の時間を表現する時制が「前時制」なのです。相対時制と言ってもよいでしょう。具体的にはポルトガル語の，過去の過去とも言える過去完了（大過去）は前時制です。

この前時制を表すためにポルトガル語はどうするかというと，すでに見たとおり，複合形，すなわち ter + 過去分詞を用います。

Quando cheguei à estação, o comboio já tinha partido.
駅に着いたとき，電車はすでに出てしまっていた。

このように，ポルトガル語では「前時制」は複合形によって表現されますが，文の意味が明白なときは，わざわざ複合形を使わず，単純形で済ませてしまうこともままあります。もちろん複合形が使われないと言っているわけではなく，あくまでも文脈が前時制の存在を理解させてくれるときに，単純形が使われる傾向が見られるという話です。

では具体的な例を見ていきましょう。

Faltou a gasolina. Ela disse que o depósito estava quase vizio.
ガス欠になった。彼女はタンクがほとんど空だと言っていた

ガス欠になったのが過去。それ以前に彼女は忠告してくれていたわけで，ならば disse という faltou と同じ時制の完了過去ではなく，tinha dito という過去完了でなければなりません。Ela tinha dito que... という感じですね。しかし細かいことにこだわらなければ，意味は充分に通るので，単純な過去形で大丈夫なのです。次は未完了過去形が使われるケースです。

Havia cinco meses que não nos víamos.　5か月間も私たちは会っていなかった。

havia自体がすでに過去です。その前の5年間ずっと会っていなかったわけだから,過去の過去で,本来ならtínhamos vistoとすべきところでしょう。しかし,未完了過去でも意味はわかるので,単純な形を使ってもよしとされるのです。外国人にはこっちの方がありがたいですよね。

もっと他の例を見ましょう。

Amanhā a estas horas eu já parti.
明日のこの時間には私はすでに出発している。

明日という未来の話をしているので,partiという完了過去形を使うのは矛盾しています。この文を直訳すれば,「明日のこの時間には私はすでに出発した」となり変ですよね。本来ならば,terei partidoという未来完了形を使うべきなのですが,口語レベルでは代わりに単純な過去形が使われることがあります。あえて「過去」という時制を無視して,「完了」という意味に焦点を当て,使っているのです。でも,簡単に使えるという意味では単純な過去形ですよね。

次の例はあまりないかもしれませんが,前時制がはっきりとしている場合は起こりえます。

Depois de irem ao médico, foram comprar medicamentos.
医者に行った後,彼らは薬を買いに行った。

医者に行く方が先ですから,depois de terem idoという複合時制が求められますが,上の表現も可能なのです。

やはり人間は単純な方に惹かれるということなのでしょうね。ただし,書き言葉のレベルでは丁寧に複合形を使う方がお勧めです。

未来完了の用法

　直説法未来完了という時制があります。あまり聞きなれない活用かもしれませんが，ポルトガル語の表現力を向上させるためには，知っておく必要があります。作り方は，terの現在未来形に主動詞の過去分詞を続けます。たとえばfalarなら，eu terei falado, tu terás falado, ele terá falado...のように活用できます。

　その用法ですが，未来完了というだけあって，未来のある行為よりも前に実現される未来の行為を表します。未来の出来事ですが，他の未来の出来事よりは前に実現されるということです。

Quando chegares a casa, o jogo terá terminado.
君が家に着くときにはゲームは終わってしまっているだろう。

　chegaresという接続法未来形が用いられているように，従属節で未来の出来事が表現されています。一方，主節の方では，あくまでも未来の行為ですが，「着く」前には完了しているはずの出来事を示しているのです。現在から見ると，まずは試合が終わって，その後で君が家に着くのです。

　別の出来事と直接対比しない場合でも未来完了は使われます。未来において完了していることが重要なわけです。

Até amanhã já terei acabado o trabalho.
明日までには仕事を終えているだろう。

　明日までと言っていますから，当然のように未来の話です。でも，明日までには終わっているだろうと言っていますから，完了でもあるわけです。単にacabarei o trabalhoですと，未完了形で仕事を終えているとは言わないので，明らかに違いがあります。ちなみに，語順を少し変えると，第三者に仕事を終えてもらったというニュアンスが強くなりますので要注意です。

Até amanhã terei o trabalho acabado.

いまのは明日でしたが，もちろんもっと先の未来の話にも使えます。

Daqui a dois anos já me terei mudado para o apartamento novo.
2年後には私は新しいアパートに引っ越しているだろう。

仮定の状況下の話ですが，未来の判断の正しさを意味することがあります。

Se fizeste isso, não terás vivido em vão.
もしそれをしたのなら，君は無駄に生きたことにはなるまい。

過去の行為に対する評価を表すこともできます。

Acho que terás agido corretamente. 君は正しくふるまったと思う。

未来の出来事ではなくて，過去の事実に関する不確かさを表すこともできます。

Há muita gente ali. Terá havido um acidente?
あそこに人がたくさんいる。事故があったのだろうか。

未来形には推量の意味があり，過去分詞には完了の意味があることを思えば，理屈は通ります。

A que horas eles se terão deitado ontem à noite?
彼らは昨夜何時に寝たのだろうか。

この過去の事実に関する推量，仮定はメディアでよく使われます。

Supõe-se que os criminosos já terão deixado Portugal.
犯罪者たちはすでにポルトガルを離れてしまったと思われる。

「～であったのではないだろうか」という表現は事件の報道に向いているように思えます。119ページでは過去未来＋過去分詞の形を見ましたよね。

コラム　なぜ目的格代名詞は形を変えるのか？

　目的格代名詞の位置がポルトガルとブラジルで異なります。単純に言ってしまえば，ポルトガルの場合，いわゆる平叙文で，目的格の弱い代名詞群が動詞の後に付加されるのです。ブラジルでは動詞の前が原則ですから，ここが大きな違いとなります。

　（ポ）A Paula deu-me um chocolate.　パウラがチョコをくれた。
　（ブ）A Paula me deu um chocolate.

　ところで，目的格代名詞を習う時に，すごく不思議な思いをしませんでしたか。つまり，ある条件下では，o, a, os, as が突如として，lo, la, los, las, no, na, nos, nas というように形を変えてしまうのです。きちんと復習しておくと，語尾が -s で終わる活用の後に直接目的格代名詞3人称形が付加される時，l が姿を見せ，m で終わる場合は n が出てくるのです。

　　Tu comes o bolo.　　　君はケーキを食べる。
　→ Tu come-lo.　　　　　君はそれを食べる。
　　Nós comemos o bolo.　私たちはケーキを食べる。
　→ Nós comemo-lo.　　　私たちはそれを食べる。
　　Eles comem o bolo.　　彼らはケーキを食べる。
　→ Eles comem-no.　　　彼らはそれを食べる。

　では，なぜこんな現象が起こるのでしょうか。ちゃんとした根拠，つまり，音声学的な理由があるのです。ここで大切になってくるのは「同化」という現象です。「同化」とは読んで字のごとしで，同じになるということですが，並び合う音，あるいは近接する音が，どちらか一方の影響を受け，共通の特徴を有すようになるか，まったく同じ音になってしまうかする現象です。後続する有声音の影響で無声音がやはり有声音

に変化するのは典型的な「同化」現象です。と説明しても，*comes-oがなぜcome-loになるのか，*comemos-oがcomemo-loになるのか，*comem-oがcomem-noになるのかすぐにはわかりません。

そこでポルトガル語の専門的な知識が必要になります。スペイン語を学んだ経験をお持ちの方ならご存知でしょうが，目的格人称代名詞はlo, la, los, lasです。そして，ポルトガル語の代名詞の古い形もlo, la, los, lasだったのです。ところが，母音に前後を挟まれると-l-が脱落するという現象が遠い昔に起こり，ポルトガル語の代名詞は現在のo, a, os, asというlなしに変わったのです。

ところが，上記のケースではlが残ったのです。では，なぜ残ったかというと，そこで「同化」が問題になってくるのです。古い代名詞の形では，たとえば，Comes-lo.となります。sとoの間ですからlは落ちません。で，逆に起こるのが「同化」，厳密に言うと「逆行同化」，具体的に言うと，lの影響を受けて，同じ歯茎音であるsを流音に同化させてしまい，lに変えてしまったのです。すると，comel-lo.ができます。だいぶ，come-loに近づいてきました。思い出してほしいのは，ポルトガル語にはllという二重子音は認められません。ということで, lが落ちて，come-loができあがるわけです。突然，lが出てくるので面喰いそうですが，歴史を知ると十分に根拠があることがわかりますね。

一方，comem-noですが，これは「順行同化」の例です。comemの語尾の発音は /ẽỹ/ あるいは /ēỹ/ という二重鼻母音ですから，その鼻音性が後続する代名詞のlを鼻音にしてしまい，調音点が同じnに変えてしまうのです。すると，comem-noができますね。これで，少しは納得しながら覚えていただけるでしょうか。もっとも，ブラジル式に代名詞を動詞の前に置いてしまえば，すべては杞憂（徒労？）に帰すのですが...。

第3章　ポルトガル語の助動詞

助動詞とは何か？

　ポルトガル語にも助動詞は存在します。そのこと自体，誰も否定はしません。けれども，どれが助動詞なのか？　助動詞でないのか？　この点になると研究者の間で見解の相違が姿を見せ始めるのです。

　たとえば，Lindley Cintra（ポルトガル人）と Celso Cunha（ブラジル人）の共著でポルトガル語圏で最も定評のある文法書『現代ポルトガル語文法』では ter, haver, ter de, haver de, ser, estar a, ir, andar a, ficar a, acabar de が助動詞としてリストアップされています。また，そのほかに，começar a, continuar a, precisar de, querer, desejar, pretender, ousar, tentar, odiar, conseguir を助動詞と見なす人もいます。

　ここで助動詞とは何か，そしてポルトガル語の助動詞にはどんな語が含まれるのかに関し詳細な議論をするつもりはありません。とはいえ，ポルトガル語の助動詞について説明する前に，簡単な"テスト"をしておくのは悪いことではないと思います。

　その前にいちおう助動詞の定義らしきものを述べておくと，それは動詞としての語彙的意味を失い，でも動詞としての活用変化はそのまま維持している動詞，ということになるでしょうか。こんなことを言うと，助動詞とは動詞の抜け殻のようなものではないかと言われてしまいそうですが，文法的には重要な役割を果たしていることは言うまでもありません。なお，動詞の語彙的意味は主動詞が表しますよね。

　こう定義すると，助動詞として最初に思い浮かぶのは ter（と haver）ではないでしょうか。もちろん「持つ」という語彙的意味を持つ ter ではなく，完了の意味を表す場合の ter です。複合時制の助動詞で，その後に語彙的意味を持つ過去分詞が続きます。

Tem chovido bastante nos últimos dias.　ここ数日間ずっと雨が降っている。

　poder, dever, ter de は話者の心境を表すので法助動詞と呼ばれますが，その後には不定詞が続きます。

Podes sair agora.　今すぐ外出していいよ。
Deves sair agora.　今すぐ外出しなければならない。

このpoderとdeverには「可能」と「義務」の語彙的意味があるので，助動詞とは見なさない文法書があるのでしょう。

acabar de「〜し終える」，começar a「〜し始める」，continuar a「〜し続ける」，deixar de「〜するのをやめる」，estar a「〜している」などはアスペクトを表す助動詞です。continuarやestarの後でポルトガルのポルトガル語はa＋不定詞を用いますが，ブラジルでは現在分詞が使われます。

O Pedro está a trabalhar/trabalhando.　ペドロは仕事中だ。

いま，estarが出ましたが，serも助動詞としてふるまいます。そう，受動態を作るうえで不可欠ですね。

Fomos elogiados pelo professor.　私たちは先生に褒められた。

未来の時制を表現する助動詞もあります。言うまでもなくir（「行く」の意味を失っています），さらにhaver deです。

Vou partir amanhã.　私は明日，出発する。

さて，最初に見たterですが，言うまでもなく「持つ」を意味する動詞です。ですから，Tenho muitos livros.「私はたくさんの本を持っている」という文を作ることができますね。もしこの文でtenhoを別の動詞で置き換えるとすると「所有する」を意味するpossuirが使えます。Possuo muitos livros. のように。

けれども，Tem chovido bastante.「雨が降っている」の場合では，terをpossuirで交換することは不可能です。つまり，この文ではterは「持つ」ではない別の語，つまり完了を表す助動詞になっているわけです。専門的にはこのような，語彙的意味を失うことを文法化と呼んだりもしますが，terはまさに文法化して，助動詞となったのです。

terについて

ここでも引き続き、動詞そして助動詞としてのterについて解説していきましょう。terと言えば何と言っても、「持つ」という意味の動詞です。

Eu tenho muitos amigos. 私には友人がたくさんいる。

この文では、terは助動詞ではなく、本動詞として用いられています。

しかし、過去分詞とともに用いられる次の構文では、「持つ」という意味は失われ（文法化したということです）、現在完了という時制とアスペクトを表す助動詞になっています。なお、現在完了ではterと過去分詞の間に副詞を挿入することはできません。

Não tenho visto o João desde a semana passada.
先週からずっとジョアンを見ていない。

terに関してはもう1つ忘れてはならない助動詞用法、ter queとter deがありますね。この2つも重要です。

Tenho que tomar este medicamento uma vez por dia.
1日1回この薬を飲む必要がある。

この文で、ter queは「強い必要性」を意味しています。

Eles têm de fazer o serviço militar. 彼らは兵役に就かねばならない。

ここでは「義務」を意味しています。このter queとter deですが、次の例のように、交換可能といってもかまいません（実際に多くの場合で同じ意味で使われます）。

Tenho que descansar. / Tenho de descansar. 休息しなければならない。

でも、ter queの方がter deより強い「義務感」を表すとも言われます。
しかし、こうした説明の一方で、あくまでもter deとter queの違いはニュ

アンスの違いなどではないと主張する文法学者もいます。彼らの見解によると，ter deの方ではterは助動詞で，前置詞deを伴って「必要」や「義務」を意味します。Tenho de trabalhar hoje. と言うときは，Sou obrigado a trabalhar hoje. あるいはTenho necessidade de trabalhar hoje. と言い換えることができるのです。

しかし，ter queにおいては，terは助動詞ではなくて，「持つ」「所有する」という意味を持つ本動詞なのです。つまり文法化されていないのです。そして，queのことは関係代名詞と解釈します。ter queの根底にはter algo queがあると想定するのです。Tenho muito que fazer.「たくさんすることがある」のように。ここから，「義務感」まではもう一方ですね。だから"誤解"が生じると言うのです。両者の違いをよく示す次のような例があります。

Não vou sair, porque tenho de estudar.
勉強しなければならないので外出しない。

Não vou sair, porque tenho que estudar.
勉強することが（たくさん）あるので外出しない。

ter deの場合は勉強する義務があるのですが，ter queの場合は「義務」の問題ではなく，勉強の「量」が問題なのです。それで外出しないのです。

ただし，ter queのqueは関係代名詞ではなく，前置詞と同様に見なすべきという文法学者もいるからやっかいです。私の印象では，厳密に言えば違うのでしょうが，同じような意味で使っているという感じです。

あまり見聞きしないかもしれませんが，ter a + 不定詞という表現もあります。これも「〜しなければならない」という意味になりますが，dizerなどの動詞とともに用いられ，話者の意志や意図を和らげる働きを持ちます。

Tenho a dizer-lhe que decidi partir agora.
今すぐ出発することにしたことをお伝えしなければなりません。

deverについて

　今も続く長い議論は別にして，ter queとter deがどちらも「義務」を表すことは認めなければなりません。ですが，「〜しなければならない」というともう1つ助動詞を思い出しますよね。そうです，deverです。同じ形で名詞もあって（男性名詞です），o deverと言えば「義務」ですね。

　このdeverですが，文法書を見ると，大きく分けて2つの意味があるようです。それぞれのケースの例を見ていきましょう。

　1つは英語の*must*に相当する意味です。「義務」ですね。

Ao meio-dia, você deve descer para o almoço.
正午，あなたは昼食に階下に降りてこなければならない。

Vocês devem sair agora.　君は今すぐ出ていくべきである。

　次は「義務」というよりは，「必要」の方の意味でしょうか。

Para chegar à universidade, deves apanhar o autocarro 38.
大学に着くには38番のバスに乗らなければならない。

Deves chegar antes do meio-dia.　君は正午前に着く必要がある。

　これらの文では，ter deと交換可能だとする人もいます（ter queは脇に置いておきましょう）。

　しかし，ある文法書によると，deverは「正しいとされる道徳的な義務」を表すとあります。ずいぶんと限定して「義務」をとらえています。

Um professor deve ter generosidade.
教師は寛容さを持たなければならない。

O senhor não deve fumar. Faz mal à saúde.
あなたは喫煙してはならない。健康に悪いです。

　実際の使用を見ていると，deverを「道徳的」な意味だけに限定しているケースは限られていると思いますが，あえて違いを見出せば，ということな

のでしょう。

さて，deverにはもう1つ重要な意味があります。それは「蓋然性」(probabilidade) あるいは「不確かさ」(incerteza) を表す働きです。poderに近い意味といってもよいでしょう。

É meia-noite. Não deve estar ninguém na escola.
真夜中。学校には誰もいないはずである。

Eles devem ter chegado há uma hora.
彼らは1時間前に着いたはずだ。

興味深いことに，法助動詞としてのdeverは未完了過去形としては使えますが，完了過去形では使えません。法助動詞のこうした変則性はポルトガル語以外でも見られます。

Eu devia sair. 私は外出すべきだった。
*Eu devi sair.

補足しておくと，Eu devia sair. と言うとき，必ずしも過去のことを言っているわけでもなく，現在のことを言っているかもしれないのですが，「外出する」という行為はまだ実現されていないと考えてよいのです。

Ele tinha de sair.
Ele teve de sair.

未完了過去を使った場合は，「外出」の行為は完了していませんが，完了過去を使った場合は，彼はすでに「外出」しています。この違いにはついては，完了過去と未完了過去の項でも確認しました。

また，deverを現在にして，その後にter + 過去分詞の形にして，

Ele deve ter saído. 彼は外出してしまったはずだ。

とすれば，彼は「外出」した可能性はかなり高くなります。

poderとconseguirについて

　この2つの単語ですが，助動詞に含める文法家もいれば，そうは見なさない人もいます。見解の相違はあるかもしれませんが，この2語の重要性は否定できません。日本語ではどちらも「できる」という訳語が使われるものの，微妙な使い分けが要求されるこの2語についてここで解説しておきましょう。よく，poderとsaberの意味の違いは教科書でも解説を目にしますが，poderとconseguirに関してはほとんど目にしないと思いませんか。

　そこでまず，poderの方ですが，

①「可能性」「機会」を表します。

　　Finalmente, posso tirar férias.　　　　やっと休暇がとれる（とることができる）。
　　Hoje à noite não posso sair contigo.　今夜，君と外出できない。

「できる」「できない」とそれぞれ訳されていますが，まさに「可能」「不可能」ですね。さらに，休暇をとる機会，外出する機会のあるなしを伝えています。

②否定文で「禁止」を意味することもできます。

　　Não se pode fumar aqui.　　　　　ここは喫煙できない（禁煙）。
　　O senhor não pode falar agora.　あなたは今，話してはならない。

どちらもnão poderによって「禁止」の意味を出していますね。

③「許可」を求めたり，与えたりできます。

　　Posso experimentar? Pode, sim.　試していいですか。どうぞ。

「してもよい」という意味で使われるpoderの例です。
　では，次にconseguirを見てみます。

④「身体的あるいは心理的な能力」を意味します。

Eu não consigo trabalhar com barulho. 騒音があると仕事できない。
Sem óculos não consegues ver nada? 眼鏡なしだと何も見えないの?

同じ「できない」でも、そこに心理的な要因、身体的な要因が含まれていることがわかりますよね。

さて、ここまででも説明になっていると思いますが、やはり不十分という思いが残っているに違いありません。poderとconseguirの違いをはっきりさせるために、もう少し突っ込んでみます。具体的には、どこまでこの2語が交換可能か確かめてみるのです。

まず①です。もし、Finalmente, consigo tirar férias. としたら、違いはないと答える人が多いでしょう。もしあるとしたら、conseguirの場合は「努力して」という含みが感じられるということくらいです。逆にpoderを使った場合は「努力」の意味はないのです。

②について。Não se consegue fumar aqui. とすると、「禁煙」かもしれませんが、何らかの不都合によって(たとえば風が強いとかとても寒いとか)、タバコを吸えないという意味です。O senhor não consegue falar agora. の場合は、声がかれているなどの理由で話すことができないというニュアンスです。

③は、Consigo experimentar. と言ったら、その後に続くのは、「私にはその能力があるから」でしょうか。「許可」されたとかされていないとかの問題ではないのです。

そして、④です。騒音が邪魔で仕事できないのはやはりconseguirで、もしnão posso trabalharと言ったら、後にはたとえば「医者に禁じられたから」という感じでつながるでしょう。また、Sem óculos não posso ver nada. という文が使われる文脈はあまりなさそうです。

結論としては、poderを使う文脈は「他者依存」の傾向があるのに対し、conseguirの方は自分自身で何とかできる状況というものを考えることができるのかもしれません。

助動詞としての ir と vir

irと言えば「行く」、virと言えば「来る」。ポルトガル語の不規則動詞の代表格のような存在ですが、頻繁に使用され、とても重要な動詞ですから、学習し始めるとすぐに活用を憶えさせられます。そして、さらにこの2つの動詞には助動詞としての用法もあり、そちらも負けず劣らず重要なので、しっかりと身につけないといけません。ここでは、後者の、助動詞としての用法を見ておきましょう。

まず手始めに、irの直説法現在＋不定詞です。説明不要かもしれませんが、念のために言っておくと、近い未来においてその行為を実現するという確固たる意思、確信を表します。

O ministro da educação vai falar logo à tarde na televisão.
教育大臣は午後すぐにテレビで話す。

ところが、irを未完了過去形に変えるとどうなるでしょうか。たとえば、上の文を「とアナウンサーが言った」とすると、vaiが時制の一致を起こし、未完了過去形iaになりますね。

O locutor disse que o ministro da educação ia falar logo à tarde na televisão.

ですが、このirの未完了過去＋不定詞にはもう1つ重要な用法があります。すなわち、行為の実行の意思はあるのですが、その実現に関してはあやしいところがあるということを表すのです。

Eu ia jantar, mas se quiser falar comigo, posso sair mais tarde.
夕食に出かけるところだったけれど、私と話したいのなら、もっと後で外出してもいいです。

irの直説法完了過去＋不定詞はやはりまた違った意味になります。

Já fomos comprar os bolos.　私たちはすでにケーキを買いに行った。

この文では，前もって計画されていた行為がすでに実現されたことを表しています。

次にir＋現在分詞ですが，これはirの時制に関わらず，継続のニュアンスが含まれます。

Vou vendo os edifícios desta rua. 私はこの通りのビルを見ながら行く。
Fui fazendo empréstimos. 私は借金を重ねた。
As informações iam chegando. 次々と情報が届いた。

irの現在形の場合は，これから始まる（あるいはすでに進行中である）行為の継続性を表します。完了過去形の場合は，すでに起こってしまった行為の継続性を示します。そして，未完了過去形の時は，すでに起こってしまった行為が徐々に段階を踏んで実現されたことを表します。

最後にir a＋不定詞，そしてvir a＋不定詞です。

まず，ir a＋不定詞ですが，これは行為がまだ始まったばかりであることを示します。

Ele já vai a sair. 彼は出かけようとしている。
Eles iam a entrar no autocarro. 彼らはバスに乗り込もうとしていた。

irの時制に関係なく，「～し始める（た）ばかり」という意味で用いられます。

また，vir a＋不定詞を用いると，次のようにある行為の結末を意味します。

Ele veio a ser eleito primeiro-ministro. 彼はとうとう首相に選ばれた。
Tudo se vem a revelar. すべていずれ明らかになる。

irとvirだけでもずいぶんといろいろなニュアンスを出せるものですね。

その他の助動詞

　注意を要する助動詞の使い方についてもう少しだけ解説しておきます。

　まず acabar de です。「…したばかり」という意味で用いられますが使い方に迷うことがありませんか。そうです，acabar を現在形にするのか完了過去形にするのか，どちらにするのか考え込んでしまうことがあるのです。

O Presidente da República acaba de chegar a Coimbra.
O Presidente da República acabou de chegar a Coimbra.
大統領はコインブラに着いたばかりだ。

　どちらも「着いたばかりだ」と訳せそうですが，微妙な違いはあるようです。現在形を使った最初の例文は，「着く」という出来事が発話時点に近いこと，より大きな「現在性」を感じさせます。それに比べ，完了過去形を使った2番目の文では，「着く」という出来事がすでに過去になったことを表します。ですが，O Presidente da República acabou, agora mesmo, de chegar a Coimbra. という文も可能なように，「現在」に近いか否かだけの問題でもなさそうです。文体の問題も関わるということでしょうか。明言はできないのですが，acabou de の方は次に来る行為の「現在性」を強調している可能性もあります。

　さて，前ページで見た poder ですが，この（助）動詞は次に続く主動詞の直前で否定辞 não を用いることができますね。

Não posso nadar agora. 今は泳げない。
Posso não nadar agora. 今は泳がなくてもよい。

　これと同じようなことを別の助動詞 querer でやってみると，次のように2番目の文は「願望の欠如」ではなく「否定が願望」なのです。

Não quero nadar agora. 今は泳ぎたくない。
Quero não nadar agora. 望みは今，泳がないことだ。

また,「〜したい」を意味するquererですが,アンゴラ,モザンビーク,そしてポルトガルの一部で興味深い用法があります。

Esta árvore quer cair.

「この木は倒れたがっている」ではなく,「今まさに倒れようとしている」という意味です。この場合のquererは法助動詞というよりはアスペクトを意味する助動詞になっていると見るべきでしょう。

最後にもう1つ,precisar deという表現の使い方も確認しておきましょう。この「必要とする」を意味するprecisarの使い方にはポルトガルとブラジルで若干の違いもあるようです。いや,大げさに言えば人と時代によって,かもしれません。それは前置詞deが必要なのかどうかの問題なのですが,後には動詞の不定詞あるいは名詞(句)がきます。

Ela precisa de ovos e manteiga. 彼女は卵とバターを必要としている。

この文に見られるように,名詞を目的語とする場合はポルトガルでもブラジルでも前置詞deが必ず用いられます。ところが,このように,precisarに動詞が続く場合,ポルトガルでは前置詞deが求められるのに対し,ブラジルではdeは不要なのです。

Preciso de falar com o professor. 私は先生と話す必要がある。(ポルトガル)
Preciso sair. 外出する必要がある。(ブラジル)

では,precisarの後にqueによって導かれる名詞節が用いられるときはどうなるでしょうか。

*__Preciso de que ele trabalhe mais.__
Preciso que ele trabalhe mais. 彼にはもっと働いてもらう必要がある。

この場合はdeはつけてはいけません。Preciso que...です。

quererについて

すでに見てきましたが，動きを表す動詞（irやvir），所有を表す動詞（ter, haver）は助動詞になりやすい動詞群です。こうした現象はポルトガル語だけでなく，世界中の数多くの言語で見られるものです。

ですがさらに，願望を表す動詞quererも助動詞化の有力な候補の1つです。

前項でアンゴラやモザンビークで，quererが「今まさに〜しようとしている」という意味で使われることがあると記しました。この意味変化，実はブラジルでも起こっています。すなわち「望む」を意味する動詞quererがその本来の語彙的意味を失い，「今まさに〜しようとしている」という意味を表す助動詞としても用いられるのです。「〜したい」のですから，「今まさに〜しようとしてる」と意味を変化させても，不思議ではないのかもしれません。

ただし，ブラジルでの形は，estar + querendo + 不定詞となります。つまり，quererを現在進行形で使うのです。もう1つ注意しておくべき点は，この意味変化をまったく認めないブラジル人もいるということです。私の同僚のブラジル人教員は2人とは，estar + querendo + 不定詞で「今まさに〜しようとしている」という意味にはならないと言い切りました（ただし，辞書には掲載されています）。

まずは「〜したい」の例文から。ポルトガル人はこの意味で言うときquererを現在進行形にはせずに，現在形を使うはずです。

（ブ）**O Paulo está querendo comer.**　パウロは食べたがっている。
（ポ）**O Paulo quer comer.**
（ブ）**Você está querendo parar de fumar?**　禁煙したいのですか。
（ポ）**Você quer parar de fumar?**

補足ですが，「〜したい」の意味ですから，主語には「生物」が来ます。もし「机」を主語にしたいのなら，空想の世界の出来事になりますね。

?A mesa quer parar de fumar.　机は禁煙したがっている。

ところが，同じパウロを主語として，ブラジルでは次のような言い方ができるのです。

O Paulo está querendo sair.　パウロは今まさに外出しようとしている。

これをポルトガル式で言えば，次のようになり，ずいぶんと違ってきます。

O Paulo está a ponto de sair.

日本語訳からわかるように，今まさに起ころうとしている事態を表しています。quererのこの使い方はポルトガルでは見られない用法なのです。

O Paulo está querendo apanhar gripe.
パウロは今にも風邪を引かんばかりだ。

風邪を引きたい人はめったにいないでしょうから，「ほしい」とは訳せないところでしょう。

さて，「今まさに〜しようとしている」ということであれば，主語として生物だけでなく，無生物も取れそうですね。

O clima está querendo mudar.　気候が変わろうとしている。

主語がない構文も可能ですね。

Está querendo chover.　今にも雨になりそうだ。

estar querendoと言っても，元の「願望」の意味を残している場合もあるので要注意ですが，ブラジルのポルトガル語では興味深い変化が起こっているものですね。

コラム　代名詞が代用するもの

　正しい文をどうやって作るのか。そのしくみを解明するのが文法研究の課題です。けれども、私たちの生活は１つの文だけを発して終わるわけではありません。意識してもらえばわかりますが、１つの文を言い終わったら、話し相手がまた１つの文を作って、そしてまた元に戻ってきて、というやり取りが繰り返されるわけではないですね。２つ、３つの文を続けて発する（あるいはもっと）ということはありふれたことです。文と文をいかに矛盾なくつなげて、ひとまとまりの「テキスト」を作るのか、私たちは日ごろそんなことも意識しながら言葉を使っているのです。

　そこで２つの文にまたがる現象について少しだけ考えてみたいのですが、例として代名詞と先行詞の関係を取り上げます。

　A Maria telefonou. Ela vem mais tarde.
　マリアは電話した。彼女は後で来る。
　A Maria telefonou. Ela disse que vem mais tarde.
　マリアは電話した。彼女は後で来ると言った。

　この２つの文で、２番目の文の最初に見られる代名詞elaが前の文のa Mariaを先行詞としてることはいいでしょう。つまり、ela = a Mariaなのです。ところで、もしそれぞれ２番目の文からElaをとってしまったらどうなるでしょうか。つまり、Vem mais tarde. Disse que vem mais tarde.とするのです。いや、これでもvemとdisseの主語はela、すなわちa Mariaであることには変わりはないです。別の例です。

　A Maria falou com a Paula. Ela vem mais tarde.
　マリアはパウラと話した。彼女は後で来る。
　A Maria escreveu uma novela. Ela é brilhante!
　マリアは小説を書いた。彼女（それ）は素晴らしい！

この2組の文で、elaの先行詞を決めるのは「文法」のルールではありません。上の文ではelaが代理をしているのがa Mariaなのかそれともa Paulaなのか、下の文ではa Mariaなのかnovelaなのかをそのときの状況あるいは文脈だけが決めるのです。コミュニケーションには文法だけでなく発話の文脈も重要なのです。さらに続けます。

A Maria criticou a professora. Ela foi despedida.
A Maria criticou a professora. Por isso, ela foi despedida.
A Maria criticou a professora. Depois, ela foi despedida.

以上の3例の2番目の文のelaは前の文のどちらを指すのか。マリアなのか先生なのか。実は文法の規則だけでは決めかねます。第2例、第3例のように副詞句があっても、やはり文脈の助けが必要なのです。もしマリアが生徒だとすれば、常識的な解釈としては、解雇された(despedida)のは先生の方でしょう。しかし、マリアが誰だかまったくわからない時は、2番目の文の主語がマリアだと認めることも可能になります。2番目の文の主語はその前の文の主語と同じだと見なすことは通常行なわれることだからです。特に口語では2番目の文の主語elaは省略される傾向があり、そのときは解雇されたのはマリアになります。もし曖昧さを避けるにはこうしましょう。

A Maria criticou a professora que foi despedida.
（解雇されたのは教師）
A Maria criticou a professora e foi despedida.
（解雇されたのはマリア）

第4章 ポルトガル語の法

法とは何か？

　こんなふうに聞かれたら，大概の人は身構えてしまうのではないでしょうか。いくら裁判員制度が実施されたからといって，やはり裁判所など法律の世界は一般市民には縁遠く，敷居が高く感じられる場所です。しかし，「ムード」となれば，どうでしょう。それこそムードがガラリと変わり，気になってしかたなくなりそうです。文法でいう「法」とは「ロー」の方ではなく，「ムード」の方なのです。ポルトガル語で言えば，leiではなくて，modoの方ですね。では，その「ムード」こと「法」とは，どんな文法範疇なのでしょうか？　私は世界中のありとあらゆる言語を知りつくした人間ではありませんが（そんな人いるの？），言語学者たちの知見から言えるのは，ある内容を表現するために，たった1つの形式しか用意していない言語はこの世に存在しないということです。すなわち，願望を誰かに伝えるうえでも，「〜したい」「〜したいものですが」「できれば…」というようにいろいろな表現形式が見られます。ポルトガル語でも次の2つは同じように，先生と話したいという願望を意味するとはいえ，ずいぶんと異なる気持ちが伝わります。

Quero falar com o professor.　先生と話がしたい。
Queria falar com o professor.　先生とお話がしたいのですが。

　実際に言葉を話すなかで，伝えられている内容に対し話者の気持ちが，語の形式を介して表現されることはよくあります。上の2つの文では，quererの時制を「現在」から「過去」に変えることによって，話者の「本当は無理なお願いはしたくないのですが」というような気持ちが込められることになります。時制を過去にすると現実味が薄れて，依頼の表現がダイレクトでなくなり和らげられるということなのでしょう。これは動詞の時制を変えることによって，話者の気持ちの変化を表していますが（「法」的概念は「法」というカテゴリーだけで表わされるわけではないということです），ポルトガル語には，話者の気持ちを表現するための専用の活用形があります。それが「法」と呼ばれる文法範疇です。教科書では「直説法」（= modo indicativo),「接続法」(= modo conjuntivo, modo subjuntivo),「命令法」(= modo imperativo),「条件法」(= modo condicional) が扱われるのが普通でしょう。そして，まずは直説法の活用や用法を説明してから，接続法や命令法に進むのが一般的です。直説法のindicativoは動詞indicarから来ていますが，この動詞の意味は「表示する」とか，「告げる」とか，「明らかにする」とか「定める」などとなります。indicarする「気持ち」となれば，話し手は発言の内容に自信を持っていることでしょう。単なる事柄を表す断言調という感じです。

Ele vem hoje. 今日，彼が来る。

彼が来るということをありのままに伝えているのですから直説法でよいですね。そして，そのことをありのままに私が信じているのなら，「来る」をいじる必要はありません。

Acredito que ele vem hoje. 彼が今日，来ると私は信じる。

「信じている」のですから，従属節の動詞が直説法になるのは理にかなっていると思えます。直説法は客観的で，冷めた感じがあります。それに対し，彼が来ることを疑ったら，そこにはありのままの事実に関し「疑う」という私の気持ちが込められます。そうすると，従属節に接続法の登場です。

Duvido que ele venha hoje. 彼が今日，来るのか疑わしい。

しかし「疑う」のはそのままの事柄ですので直説法です。もう少し「接続法」について考えてみましょう。たとえば，日本語で「らしい」という語句は話者の気持ちを伝えています。不確かな伝聞であり，断言しているわけではないですね。しかし，この「らしい」をポルトガル語にしてparecer queと表現すると，従属節の動詞は接続法ではなく，直説法を取ります。つまり，断言していないからといってそのまま接続法にすればよいかというとそうでもないわけです。「法」を単純に意味だけで決められない所以です。つまり文法を知る必要があるのです。

直説法と接続法

　主語と動詞という組み合わせを2つ持つ文（複文と言います）は「主節」と「従属節」に分けることができます。従属節の方はもちろん文（主語と動詞がある）ですが，複文という大きな枠の中では，名詞，形容詞，あるいは主節にとっての副詞のような役割を果たします。

Eu sei a verdade.　私は真実を知っている。

Eu sei que o Brasil é grande.　ブラジルが大きいことを知っている。

　2番目の文のque以下の文（節）は最初の文のa verdadeという名詞と同じ目的語という役割を果たしています。よって名詞節と呼びましょう。

Eu achei uma casa amarela.　黄色い家を見つけた。

Eu achei uma casa que fica perto da ponte.　橋の近くにある家を見つけた。

　2番目の文のque以下の文（節）は最初の文のamarelaという形容詞と同じ形容詞的な役割を果たしています。よって形容詞節と呼びましょう。

Vou lá hoje.　今日，そこに行く。

Vou lá quando estiver livre.　ひまな時にそこに行く。

　2番目の文のquando以下の文（節）は最初の文のhojeという副詞と同じ副詞的な役割を果たしています。よって副詞節と呼びましょう。

　さて，名詞節にしても，形容詞節にしても，副詞節にしても，従属節の中で直説法と接続法が明白な対比を成すのです。どちらか一方しか使えないケースがたくさんありますし，両方使えてもニュアンスが若干違ってくるケースというのもあります。

　この中でまず名詞節に注目すると，それは主節の「何？」という問いに対する答えであり，queで導かれるのです。もう1つ述べておくと，接続法未来は名詞節で決して使われることはありません。つまり，どんなに未来のことを言っているとしても，次のような文は成立しないということです。

*Não é certo que ele vier aqui.

未来を表したければirの接続法現在＋不定詞という構文をどうぞ。

Não é certo que ele vá vir aqui.　彼がここに来ることは確かではない。

接続法を使うのか直説法にするのかを決めるのは，従属節に含まれる内容に関する話者の態度です。多くの場合，話者にとって，その内容が真であるかないかによって使い分けがなされます。言うまでもないでしょうが，話者がその内容を真だと見なせば直説法，真だと言い切らないのであれば（真でないと言う，疑う，半信半疑である），接続法が使われるのです。以下の例では否定辞nãoの有無がものを言います。

É verdade que ela quer ir.　彼女が行きたがっているのは本当だ。
Não é verdade que ela queira ir.　彼女が行きたがっているのは本当ではない。

「真」ならば直説法，「真」でないならば接続法というのがわかりますね。

大切なのはあくまでも，従属節に含まれる情報に関する話者の態度なのです。心のありよう＝ムードなのです。したがって，主節に同じ動詞が使われても，従属節で直説法になる場合と接続法になる場合，両方がありうるのです。この点，しっかりと覚えておいてくださいね。

Pensava que o Carlos tinha razão.　カルロスが正しいと思っていた。
Pensava que o Carlos tivesse razão.
カルロスが正しいだろうと思っていたけれど…。

直説法を使った最初の文では，話者である「私」はカルロスが正しかったことを明言しているわけです。実際にそうだったのかどうかは別として，少なくとも話者にとってはそうだったのです。けれども，接続法を使う2番目の文では状況が異なります。話者である「私」は，従属節の内容を確かなものとして考えていません。以前はカルロスが正しいと思っていたのですが，どうやらそうではなかったという感じで今では捉えているのです。

報告か使役か

このページでは，主節の動詞が同一でも，従属節の内容が単純な「報告」なのか，それとも「使役」なのかによって直説法あるいは接続法の使い分けが求められる文を見ていきます。

早速ですが，1つ例を見てみましょう。主節の動詞はdizerです。

Digo que você chorou.　君が泣いたと私は言う。
Digo-lhe que não chore.　君に泣くなと私は言う。

違いがわかるでしょうか。主節の動詞は同じdizer「~と言う」という意味です。ですが，最初の文では単に「君が泣いた」という事実を「報告」しているのに比べ，2番目の文では「泣くな」と命じています。「~と言う」ことで，誰かに何かをさせようと（あるいは，何かをさせまいと）しているのです。そして，「報告」の場合は直説法が，「使役」の場合は接続法が用いられているわけです。こうした動詞は他にもいくつかあります。たとえば，「忠告する」を意味するavisar，「主張する」を意味するinsistir，さらにはちょっと意外かもしれませんが，escrever「書く」，telefonar「電話する」という動詞も従属節で直説法と接続法の使い分けがあります。

Avisei-te que era impossível.　不可能だと君に忠告した。
Avisei-te que não fizesses barulho.　騒がないようにと君に忠告した。
Ele telefonou-me que chegaria atrasado.　彼は遅刻するだろうと電話で言った。
Eu telefonei-lhe que não chegasse atrasado.
私は遅刻しないように彼に電話で伝えた。

なお，以下の動詞は従属節で接続法しか使えません。それはこれらの動詞には本来的に「原因と結果」の意味が備わっているからです。

Queres que eu venha?　僕に来て欲しいのか。
Desejo que vás.　君が行くことを望む。

第4章　ポルトガル語の法　149

Espero que não chova amanhã.　明日，雨が降らないことを願う。
Proíbo que vocês fumem aqui.　君たちがここで喫煙することを禁じる。

　たとえば，quererという動詞ですが，別の誰かが「〜することを欲する」わけですから，接続法になるのがわかると思います。もちろん否定してnão quero queとしても従属節の動詞は接続法のままですね。「〜することを欲しない」というのもやはり「〜させる」という意味では同じですから。
　皆さんはすでに次のような構文で接続法が使われることをご存知でしょう。

É bom que estudes mais.　君がもっと勉強するのはよいことだ。
É importante que ele saiba isto.　彼がこのことを知るのは大切だ。

　これらの文でなぜ接続法が使われるかというと，従属節で述べられていることに対する肯定や否定以上に，話者の意見や反応が表現されているからなのです。よって，主節を否定しても，従属節では接続法になります。

Não é importante que ele saiba isto.　彼がこれを知ることは大切ではない。

　ところがです，こういうケースがあります。

É bom que vocês estão aqui.　君たちがここにこうしていることは良いことだ。

　ポルトガル語のルールに従えば，É bom que vocês estejam aqui.と従属節で接続法が使われるべき構文ですが，上記の文を耳にすることがないことはありません。そして，必ずしも間違いとは言えないのです（お勧めはしませんが）。では，接続法を使った場合と，直説法を用いた文では何がどう違うのでしょうか。すでにおわかりでしょうけれど，直説法を使った場合は，従属節の内容に意見を述べるというよりは，その事実が「真」であることを確認しているわけです。よって，É bom que vocês estão aqui.と直説法を使ったときは，話者は目の前に君たちがいることを直接的に見ていることが強調されるのです。

形容詞節の接続法

　形容詞節もqueで始まりますが，それは名詞あるいは代名詞を先行詞とする関係代名詞です。さらに，形容詞節では接続法未来が使われるという点でも名詞節と決定的に異なります。

　形容詞節内の直説法と接続法の使い分けは，やはり話者の心のあり方に関わります。つまり形容詞節が修飾する名詞あるいは代名詞が話者にとって実際に存在するものだと捉えられているのならば直説法であり，もし話者がその存在を確かなものだと思えないのなら，すなわち仮定のものだと考えられるなら接続法が用いられます。

Conheço muitas pessoas que moram em Lisboa.
リスボン在住の人をたくさん知っている。

　que moram em Lisboaという部分が形容詞節で，muitas pessoasを修飾しています。話者にとって，リスボンに住んでいる知り合いがたくさんいるわけですから，動詞morarは直説法になります。

Ele quer comprar o carro que foi anunciado no jornal.
新聞で広告された自動車を彼は買いたがっている。

　carroに定冠詞が付され，どの自動車がはっきりと限定されています。次の文ではcarroに不定冠詞です。

Quero comprar um carro que tenha quatro portas.
4ドア車があれば1台買いたい。

　たとえば，4ドアの中古車が欲しいとして，販売店に行くとき，実際にあるかどうかわからないわけです。que tenha …と接続法を使うこの文はそんな状況で使えそうですね。そういうものがあるのかわからないけれど，もしあるならば…という感じがよく伝わってきます。

　これだけ見ると，定冠詞が付いた先行詞だと直説法，不定冠詞だと接続法，

と機械的に使い分けしたくなりますが，話はそうは簡単ではありません。

Quero comprar um carro que foi anunciado no jornal.
新聞広告に出た自動車が買いたい。

Quero comprar o carro perfeito que seja económico.
完璧で経済的な自動車があれば買いたい。

　上の文では不定冠詞と直説法が両立していますが，話者である私はそういう自動車があったのはわかっているのですが，それが具体的にどんなものであったか今はわからなくなっているのです。下の文は，経済的な自動車がすでに製造されたかはわかっていないのですが（つまり仮定なのです），理想としては思い描けるので定冠詞が使われています。たとえ仮定だとしても，限定することも，限定しないこともできるわけです。何とも微妙な使い分けですね。以下に2つの文を例示します。

Ainda estou a procurar a pessoa que trate bem o seu cão. （限定＋仮定）
飼い犬を大切にするような人がいるのではないかと思ってまだ探している。

Não queres conhecer uma pessoa que trata bem o seu cão? （非限定＋現実）
飼い犬を大切にする人と知り合いになりたくないかい。

　上の文でtrateをtrataに代えると，特定できている人だがその時は連絡が取れないという状況が想定されます。下の文ではuma pessoaが誰か話者にはわかっています。
　存在が確認できない時に接続法が使われるわけですから，否定文あるいは疑問文で使われるのは当然に思えます。次の2文にそれがよく出ていますよね。

Não conheço ninguém que fale húngaro.
ハンガリー語を話せる人を1人も知らない。

Tens um livro que explique isto?
これを説明する本を持っているかい。

副詞節の接続法

次に副詞節を見ましょう。「理由」を表す porque, já que, visto que, dado que, posto que などの副詞節の場合は，その内容が話者にとってはすでに経験された事実なので直説法になります。

Ele fica em casa porque está a chover.　雨が降っているので彼は家にいる。

しかし，embora/mesmo que「〜であるが」，para que/de modo que「〜のために」，sem que「〜することなしに」，antes que「〜する前に」，caso/em caso de que「〜の場合」，a não ser que/a menos que「〜でないのならば」，といった副詞節では必ず接続法が使われます。その内容が話者にとって経験された範囲に入らないと考えられるからです。

Acabemos a refeição antes que ele chegue.　彼が着く前に食事を終えてしまおう。
Ele saiu sem que me disse nada.　彼は私に何も言わず出て行った。
Embora estivesse a chover, ele partiu.　雨が降っていたけれど，彼は出発した。

これらの副詞節を使った文に関して注意して欲しいのは，接続法未来はけっして使われないということです。つまり，接続法現在と接続法過去だけが用いられるのです。

以上の副詞節以外の場合では，直説法あるいは接続法が用いられます。具体的には，quando「〜とき」，depois que「〜のあと」，enquanto「〜の間」，logo que「〜すぐに」，quanto mais … mais「〜すればするほど」，sempre que「〜いつも」などは直説法あるいは接続法のどちらかを引き連れるのです。使い分けの基準は，話者にとり従属節の情報が「経験」されたものとして認められるか否かです。経験は主節と従属節両方における直説法で表されますが，その時は習慣的行為あるいは進行中の行為が示されます。過去に経験されたのなら直説法完了過去や未完了過去が使われます。

一方で，「未経験」は副詞節で接続法を要求しますが，主節では未来を意味する直説法の動詞が使われます。未来形，未来を含意する現在形，あるい

は未来を示唆する querer, poder といった助動詞です。

Ele mandou-me uma mensagem assim que chegou a casa.
家に着くとすぐに彼はメッセージを送ってくれた。

Assim que eles chegarem, almoçaremos.
彼らが着いたらすぐにお昼を食べましょう。

Mande-me uma carta quando tiver tempo.
時間があるときに手紙を送ってください。

Eu estava a ver televisão quando ele chegou.
彼がついたとき私はテレビを見ていた。

もう少し対比させてみましょう。

Vou ler o livro desde que vocês me emprestem o dicionário.
君たちが辞書を貸してくれるので私は本を読む。

Li o livro desde que vocês me emprestaram o dicionário.
君たちが辞書を貸してくれたので私は本を読んだ。

Vou pagar depois que me deem o recibo.　領収書をくれたら払います。
Paguei depois que me deram o recibo.　領収書をくれた後で払いました。

　過去の事実の場合は直説法が使われ，現在から未来に関しては接続法になることがよくわかりますね。現実か非現実か，その違いが重要なわけです。ときどきですが，接続法未来の代わりに接続法現在を使う人がいます。両方の意味の区別が微妙なので仕方ないのでしょうが，未来を使っていれば無難だと思います。

Podes fazer como quiseres(queiras).　好きなようにすればいい。

　話し相手が望んでいるのが「未来」なのか「現在」なのかという微妙な違いはありますが，いずれにしても話者は相手が望んでいるのか否かわかっていません。

仮定について

　接続法と言えば,「もし〜ならば」「〜の場合」を意味するseによって導かれる節を思い出すのではないでしょうか。と言っても, se＋接続法というように機械的に処理することはできず, 直説法が使われることもあるので注意は必要です。そこで大切なのはやはり「経験」の有無です。もし経験済みなら直説法に, まだ経験していないのなら接続法にしてください。

Ele sempre me visitou se queria conversar comigo.
私と会話したいときは彼はいつも私を訪れた。

Se for a Lisboa, visite o Museu dos Coches.
もしリスボンに行くのなら, 馬車博物館を訪れなさい。

　1つ注意ですが, seの後で直説法未来は使えないですよ。未来のことを言いたいのなら必ず接続法未来を使ってください。
「もし〜ならば」を意味するse節ですが, 事実に反することを述べる主節 (過去未来形＝条件法が使われます) と組み合わせることができます。そして,「もし〜ならば」が真実であるならば (実際は「真」ではない), 主節の過去未来形の動詞はやはり「真であるだろう」ことを伝えるのです。このとき, se節では必ず接続法の過去が用いられます。

Se fosse rico, eu compraria（comprava）uma casa.
もし金持ちなら家を一軒買うのに。

　この文で含意されるのは, 私は金持ちではない, という事実です。私が金持ち, というのは (残念ながら事実に反する仮定なのです)。なお, ポルトガルでは過去未来の代わりに, 未完了過去が使われることがよくあります。
　以下のことは機械的に覚えてしまってよいと思いますが, もし主節の動詞が仮定の状況を表す過去未来形を取っていた場合, 事実と反することを言うse節の方は接続法の過去になります (se＋接続法現在という構文は文法的にありません)。次の例文はヘビースモーカーの話です。

Se não fumasses tanto, não terias problema de saúde.
もしそんなに喫煙しないなら，君は健康上の問題がなくなるだろうに。

ここまでと違い，未来のことを話題にしてもかまいません。

Se chovesse amanhã, ficaria em casa.　もし明日雨なら，家にいるのに。

話者は残念ながら明日はきっと晴れると思っているのでしょう。
ここまでは現在あるいは未来の事実に反する仮定を述べてきました。しかし，過去の事実に反する仮定を表すこともできます。「もし～だったならば」ということです。そのとき，se節では接続法過去完了が用いられます。

Se tivesse comido menos, não teria ficado doente.
もしあんなにも食べていなかったら病気になることはなかったのに。

tivesse comidoそしてteria ficadoというところから過去の事実に反する仮定だということが表されています。この組み合わせは必ずしも機械的というわけではありません。たとえば，

Se tivesse participado da festa, conhecia-o melhor agora.
もしパーティーに参加していたならば今頃彼をもっとよく知っているのに。

過去の事実に反することをしていたならば，現在はこうだろうということが表現されています。

Se fosse rico, teria convidado todos os amigos.
もしお金持ちだったら，友人すべてを招待したのに。

ここでは，現在の状況が過去にも関与していることが含意されています。
英語の*as if*に相当するcomo seの後でも必ず接続法過去が使われますが，やはり事実に反する状況を表すからです。彼はアメリカ人ではありません。

Ele fala como se fosse americano.　彼はアメリカ人であるかのように話す。

接続法未来を使いこなす

　フランス語やスペイン語などのロマンス諸語には「接続法未来」というカテゴリーがないため，これはポルトガル語の特徴の1つと言ってもよいでしょう。「人称不定詞」もポルトガル語の一特徴ですが，この2つの動詞カテゴリーの変化形がそっくりなのは興味深い点です。ただし，活用語尾は同じですが，もとになるのが接続法未来では直説法完了過去，一方，人称不定詞は不定詞ですから，不規則動詞の時に違いが出てきます。

　接続法未来の使い方ですが，それは「時間」「条件」「場所」「比較」を表す従属節に姿を見せます。名称に「未来」とあるように，その意味は「未来」です。したがって，その行為や状況が実現されるのか，具体化されるのかが不確かな時に用いられます。従属節でこの接続法未来が使用される時，主節の動詞は直説法現在，直説法未来，あるいは命令になるのが一般的です。まず「条件」の意味での使用です。

Se estivers em casa, vimos para te ver.
　もし家にいるようなら，私たちは会いに行くよ。

　この場合は，主節に直説法現在が好まれると言ってよいでしょう。1つ注意して欲しいのは，次の文とのニュアンスの違いです。

Se estás em casa, vimos para te ver. 　家にいるみたいだから，会いに行くよ。

　従属節において，接続法未来の代わりに直説法現在を使ってみましたが，この文も文法的には十分に可能です。しかし意味は違います。「もし君が家にいる」可能性がかなり高いと思えるならば，接続法未来ではなく，直説法現在に変えることができるのです。話者の気持ちが動詞の活用の種類に反映される，まさに「法」の話ですね。

*Se estejas em casa, vimos para te ver.

　se 従属節に接続法現在の形を用いることは意味の上ではなく，文法的に

許容されません。この文が意味ではなく，文法の約束事によって誤りとされることは，同じ意味と見なしうる次の文が正しい文であることからもわかります。

Caso estejas em casa, vimos para te ver.　もし家にいるなら会いに行くよ。

「時間」に関して言うと，こうです。

Podem vir quando quiserem.　望む時に来ればよい。
Podes chamar sempre que quiseres.　望む時はいつでも呼んでくれ。

「場所」についても接続法未来は使えます。

Podem ir onde quiserem.　好きなところに行けばよい。

関係代名詞と一緒に使うこともできます。

As pessoas que quiserem falar comigo podem chegar aqui.
私と話したい人はこちらに来てください。

スペイン語では接続法未来がほとんど消えてしまったのに比べ，ポルトガル語では接続法未来は日常会話でも普通に使われます。面白いのは直説法未来の影が逆に薄くなっていることです。ところが，同じような形式をもちながら接続法未来は認めず，接続法現在の言い回しもあるから面白いものです。

Antes que chegues, vou-me embora.　君が着く前に出て行くよ。
Mal acabe o trabalho, vou-me embora.　仕事を終えたらすぐに出て行くよ
Onde quer que esteja, escreva-me.　どこにいても手紙を書いてください。
A não ser que alguém me ajude, não serei capaz de acabar o trabalho.
誰かが助けてくれない限り仕事を終えられない。

上記の4文では接続法未来はけっして使えず，接続法現在が使用されます。意味から見ると接続法未来でもよさそうですが，必ず現在です。やはり接続法の使い方には意味よりも文法の規則という側面が重要な気がします。

接続法の時制の一致

　ここで，接続法の時制について復習しておきましょう。節のタイプによって，使ってよい接続法の時制に制限がありました。

　まず，名詞節ですが，接続法の現在と過去だけが用いられ，そこでは接続法未来はけっして使われないのでした。

　*É bom que fores à escola amanhã.　明日，君が学校に行くのは良いことだ。

　明日，学校に行くからといって，que以下の名詞節で接続法未来は使ってはなりません。

　副詞節では時制に応じて接続法現在，過去そして未来が使われます。しかし，antes que「～する前に」，sem que「～することなしに」，para que「～するために」，de modo que「～するために」，ainda que「～ではあるが」，embora「～ではあるが」などの後では，接続法未来はけっして用いられません。つまり，接続法現在と過去を使ってください。また，quando, enquantoのように接続法現在と一緒に使えない接続詞もあれば，como, quantoのように接続法現在，過去，未来と用いることができる接続詞もあります。注意しないといけない点ですね。

　さて，時制の一致と言えば，

Penso que ela vai ao cinema.　私は彼女が映画に行くと思う。
Pensei que ela ia ao cinema.　私は彼女が映画に行くと思った。

というように，主節動詞の時制が変わることにより，従属節の動詞の時制が「一致」し，異なる姿を取ることを思い出すでしょう。この現象は接続法に関しても現れるのですが，なかなか厄介な点となっています。

　簡単に言って，時制の決定は2段階を経て行なわれます。まずは主節の動詞の時制が従属節の時制を決定するということです。「主従関係」は崩れることはありません。そしてもし主節の動詞の時制が現在あるいは未来であるならば，従属節では現在，そしてここがポルトガル語の特徴なのですが，あ

るいは未来になるのです。例を見てみましょう。

> É necessário que venhas.　　　君が来ることが必要だ。
> Será necessário que venhas.　　君が来ることが必要だろう。
> Quero ver-te quando vieres.　　君が来る時に会いたい。
> Poderei ver-te quando vieres?　君が来る時に会えるだろうか。

主節の動詞が過去，あるいは過去未来になると，従属節の動詞は未完了過去を取ります。

> Era necessário que viesses.　　　君が来ることが必要だった。
> Seria necessário que viesses.　　君が来ることが必要だったろう。
> Queria ver-te quando viesses.　　君が来る時に会いたかった。
> Poderia ver-te quando viesses?　君が来る時に会えただろうか。

最後の2つの文を見るとわかるように，ポルトガル語には「接続法過去未来」という活用はないので，venhas（現在）もvieres（未来）も共にviesses（未完了過去）に変わっています。この辺りは少し単純になっていて安心します。従属節の中の動詞が完了を表すために複合形を取っていたとしても，主節が現在なら複合形の助動詞terは接続法現在あるいは接続法未来を取り，主節が過去ならばterは接続法未完了過去を取ります。

> Tenho medo que ele não tenha vindo.　彼が来なかったのではないかと心配する。
> Quero que você me avise quando tiver chegado.　着いた時は知らせて欲しい。
> Tinha medo que ele não tivesse vindo.
> 彼が来なかったのではないかと心配だった（まだ来たかどうかわかっていないか，もう心配していない）。
> Queria que você me avisasse quando tivesse chegado.
> 着いた時は知らせて欲しかった。

こうして見てくると，確かにめんどうくさい感じもしますが，かなり機械的な作業でもあり，また論理的な美しさに惹かれもします。

さまざまな命令の仕方

まずは、命令法の作り方を再確認します。命令法の意味は「命令」であり、「願望」ですが、さらに「依頼」「要請」「助言」あるいは「指示」でもあります。誰かが命令文を発するとき、近い将来において、話し手がすぐにある行為を実行することが期待されています。

Fala mais devagar.	（tuに対して）もっとゆっくりと話して。
Fale mais devagar.	（vocêなどに対して）もっとゆっくりと話してください。
Falem mais devagar.	（vocêsなどに対して）もっとゆっくりと話してください。
Não fales tão depressa.	（tuに対して）そんなに早く話さないで。
Não fale tão depressa.	（vocêなどに対して）そんなに早口で話さないでください。
Não falem tão depressa.	（vocêsなどに対して）そんなに早口で話さないでください。

以上は命令法を使った例文ですが、「命令」のほかに、「指示」「依頼」「助言」の意味も込められています。

おそらく初級文法ではこのあたりの形まで身につけたと思います。命令法とは言っても、足りないところは接続法によって補っていることがわかると思います。3人称と否定命令に接続法の形が使われていますね。

しかし、いわゆる「命令」を表す構文はほかにもまだたくさんあるのです。ざっと例文を眺めてみましょう。

Agora, levantas-te da cama! さあ、ベッドから起きなさい。
Cala a boca! 黙れ！　　**Calou!** 黙った！　　**Sentou!** 座った！

直説法を使った命令文は、命令された内容の実現に強い自信が感じられます。さらに興味深いのは過去形を使えること。Calou! あるいは Sentou! という直説法完了過去を使った文がありますね。私たちが暮らす常識的世界では、過去に戻って何かを成し遂げることは不可能です。なのに、命令とは今から先の出来事に対しなされるわけですが、驚いたことに上記の文では完了過去形が使われ、そして命令を意味しています。過去形ということはすでに

実行された行為を表しているわけで、それは言いかえれば、つまり非常に断固とした強い命令を表しているのです。よって、とんでもない勘違いかと思いきや、過去時制を使って命令を発することには筋もとおっています。すなわち、その行為がすでに過去で実現されたと位置づけることで、命令の遵守を毅然たる態度で示すことができるのです。ところで最後のSentou!という命令文は日本語の「さあ、座った、座った」なんていう表現を思い出しませんか。さらに、現在分詞を使った命令もあります。

Levantando! 立て！　　**Entrando!** 入って！

現在分詞の命令文は、命令される相手を特定しない時に用いられます。それは不定詞を使った命令文と同じです。

A calar! 黙って！　　　　**Não fumar!** 吸わないこと！

以下の例では、命令法もあれば、接続法もあれば、直説法もあれば、不定詞もありますが、どれも相手に働きかけています。つまり「命令」を発しています。また、最後の文は疑問文の形を取っていますが、それは命令口調を和らげるための言い回しで、内容はあくまでも命令です。

Vamos a calar! 静かにしよう！
Que não faças barulho! 音をたてないように！
Levantar-te-ás sempre às oito da manhã! いつも朝8時に起きるように！
Podia calar-se?! 静かにしてもらえますか。
E se agora estivesse calado! お静かにしていただけるならば。

これらに対し、間接的な命令というのもあります。

Diga-lhes que se calem já! すぐに黙るよう彼らに言ってください。

この文、実は二重の命令ですね。主節のdiga-lhesも命令ですし、従属節のse calemも命令です。命令を表すのが、命令法だけでないことがよくわかっていただけたのではないでしょうか。

コラム　モザンビークのポルトガル語

　アフリカ大陸の他の多くの国と同様モザンビークは多言語国家です。公用語であるポルトガル語のほかに、いわゆるバンツー系の言語が20以上も話されるのです。ポルトガル語を母語とする人は全国民の6パーセントくらいですが、4割近い人が話せると言われます。独立時に比べると、母語話者の数も第2言語としての話者数も着実に増加しており、政府の努力の成果が見て取れます。

　モザンビークのポルトガル語ですが、長い植民地支配の歴史の中で、また1975年に独立し公用語となって以降も常にバンツー諸語と言語接触を起こしており、その影響を受けながら、ポルトガルのポルトガル語とは異なる特徴を示すように変化してきました。バンツー諸語に対するポルトガル語の影響が語彙面に多く見られるのと比べ、ポルトガル語に対するバンツー諸語の影響は文法面に見られます。モザンビークのポルトガル語の特徴と言ったとき、バンツー諸語の影響だけを考えるべきではなく、第2言語習得による影響も考慮すべきでしょうけれど、ここではその違いは無視して、ポルトガル語に見られるモザンビーク的な特徴を紹介することにします。

　まず音韻面では、音節構造の基本をCV型、つまり子音 (consoante)＋母音 (vogal) に変える傾向を指摘できるでしょう。そのときに用いられる母音としては /i/ が多いです（ブラジルのポルトガル語もそうですね）。たとえば、dificuldade「困難」という語で、lとdの間にiを挿入し、dificulidadeとするのです。

　次に統語面での特色ですが、自動詞が他動詞として用いられるという現象を指摘できるでしょう。たとえば、evoluirは「進化する」「発達する」という意味の自動詞ですが（つまり目的語を取らない）、モザンビークのポルトガル語では他動詞として用いられることがあるのです（つまり目的語を取れる）。

Ele quer evoluir a sua aldeia.

「彼は自分の村を発展させたい」と言っているのですが，ポルトガルのポルトガル語では，使役の形，すなわちfazer evoluirの使用が求められるところです。自動詞の他動詞化には基層語の影響，つまり数多く話されるバンツー諸語からの影響を指摘する研究者もいます。

また，間接目的語に必要な前置詞aを省略してしまう現象も広く見られます。

Ele entregou o patrão a encomenda.

この文で，「雇い主に」という部分では前置詞が求められるのですが，ao patrãoとなっていません。モザンビークのポルトガル語では，これで「雇い主に荷物を渡した」となるのです。ポルトガル人やブラジル人ならもちろん「×」をつけるでしょう。

また，「方向」を表す前置詞a/para,「起点」を表す前置詞deの代わりに「場所」を表す前置詞emが用いられるという特徴も確認できます。

Ele saiu na sala.　彼は部屋から出た。

もちろん，おわかりのように，ポルトガルやブラジルならda salaとなるところです。

第5章　ポルトガル語の名詞

性について

　ポルトガル語を習い始めるとすぐに「名詞」という章があり，そしてすぐにポルトガル語の名詞には「性」(género) があると述べられます。文法の教科書でいきなり「性」教育かよ？と思う人はいないでしょうけれど，変な感じもします。ですが，それが英語で *gender* のことだとわかれば，なんだ社会的性のことかと納得する人もいるでしょうし，フランス語で *genre* のことだとわかれば，要は「種類」のことかと腑に落ちるかもしれません。

　ポルトガル語の名詞は大きく2つの género, つまり2種類に分けられ，それぞれ男性名詞と女性名詞と呼ばれます。名詞のほとんどは生物学的な性別を持つわけではないにしても，「種類」に分かれるとなれば納得がいくでしょう。もちろん，「男の人」とか「女の人」は生物学的にも性別があり，それは文法的にも反映されますが，少数派です。また，男性名詞は -o で，女性名詞は -a で終わることも多く，前もって決められているとなれば，こちらは覚えていけばよいわけです。

　ところが，ときどき，男性なのか，女性なのか，迷う時があります。あるいは，なぜこれが男性なのか，女性なのか，考えさせられる時もあります。

　皆さんは「星」のことを estrela というのはご存知ですね。語尾が -a で終わっていることからも女性名詞であることがわかります。定冠詞を付ければ，a estrela です。ところが，この名詞が定冠詞の男性形 o とともに使われることがあります。つまり，男性名詞の扱いを受けるケースがあるのです。それがどんな場合かおわかりでしょうか。「男性スター」の場合？と考えた方はなかなか良いポイントを突いていますが，男性がどんなに人気者になっても estrela は女性名詞のままです。

　では，estrela が男性名詞として扱われるのはいつかと言うと，大文字で o Estrela とされる場合です。つまり固有名詞になった時なのです。実は，私はサッカーが好きなのですが，ポルトガルに留学し始めて，サッカーのニュースを見るようになった時，当初不思議に感じたことがありました。あまり強くはないのですが，エストレーラ・ダ・アマドーラというクラブチームが

あるのです。ポルトガル語で言うと，o Estrela da Amadoraとなり，短く呼ぶ時は，o Estrelaなのです。

そこで，なぜ男性名詞になるのか考える必要があるのですが，これは難しい話ではありません。このクラブの正式名称はClube de Futebol Estrela da Amadora「エストレーラ・ダ・アマドーラ・フットボール・クラブ」というのですが，ポルトガル語のクラブ，clubeは男性名詞で，o clubeなのです。つまり，クラブの正式名称の性別がそのまま略称にも残されているのです。サッカー関係者は文法を知らないから性を間違えるのではありません。

これに似たようなケースは他にもあります。たとえば，ポルトガル中部にあるCovilhãという町は女性名詞で，常にa Covilhãで，その町にあるサッカーチームもSporting Clube da Covilhãと言います。「コヴィリャン・スポーツ・クラブ」ですね。しかし，このクラブ名称を略して使う場合は，o Covilhãと男性名詞に化します。原理はo Estrelaのケースと同じですね。

一方で，かつては男性形しかなかったのに，時代の変化とともに女性形が生まれたケースがあります。日本よりはポルトガルの方が女性の政界進出が進んでいると思いますが，1980年代くらいだとまだ「大臣」を意味するministroに女性形は定着していなかったように記憶します。

いや，ministraは存在したとしてもまだ広く市民権を得た形ではなかったと思います。当時，英国の首相だったマーガレット・サッチャーをprimeira-ministraと呼んだ人に対して，「それは間違い，たとえ女性首相であっても，primeiro-ministroとすべき」と明言した"知的な"女性がいたことを覚えています。

しかし時代は変わりました。女性大臣も当たり前の時代です。primeira-ministraも世界にはずいぶんと出てくるようになりました。ブラジルでは女性大統領がついに誕生し，自らをPresidente da Repúblicaではなく，文法規則に逆らって，Presidenta da Repúblicaと名乗っています。日本もいずれprimeira-ministraが誕生する時代がやってくることでしょう。

数という概念

　ここでは複数形の作り方の復習ではなく，こういう場合は単数形でよいのか，複数形にすべきなのか，悩まされるケースを検討してみます。

　学生時代，ある言語学の先生が，「その部屋では，みんながネクタイをつけていました」というような文で，ネクタイは単数形なのか，複数形なのか，君たちの専攻語でどうなるかわかるか」と訊ねたことがありました。その時，ポルトガル語ではどうなるのだろうか，私は首をひねってしまいましたが，その問いは長い間放置してしまい，最近になってやっと改めて確認することになりました。ずいぶんと時間がかかった返答です。

　その部屋にいる男性が10人いるとして，その全員がネクタイをつけているとなれば，ネクタイは10本あることになります。10本あれば，当然ネクタイ＝gravataは複数形を取ることになるでしょう。

Todos estavam de gravatas nessa sala.　その部屋の全員がネクタイ着用だった。

　この考え方に対し，10人全員がネクタイをつけているにしても，それぞれの男性は1本しかネクタイをしていないのだから（普通はそうでしょう？），ネクタイ＝gravataは単数形を取るはずとも思えます。

Todos estavam de gravata nessa sala.

　さて，どちらがポルトガル語の文としてふさわしいでしょうか？　答えは，後者の単数形で表現する文です。自慢ではありませんが，何となくとはいえ私が想像していたとおりでした。

　なぜ単数形なのか。ヒントはestar de gravataという一種の成句にありそうです。これで「ネクタイをつけている」という意味ですが，単数ですから1本なわけです。そして，ネクタイをつけている人が2人以上いても，それぞれがつけているネクタイは1本ですから，複数形になるのは動詞estarだけであって，前置詞deの目的語であるgravataには複数性は及ばないのでしょう。こうした例を他にも探してみましょうか。今度は直接目的語の場合を

見てみます。それぞれのペアの違いを見てみます。

① Todos trouxeram guarda-chuva.　　　Todos trouxeram guarda-chuvas.
　みんな傘を持ってきた。

② Todos despiram o casaco.　　　　　　Todos despiram os casacos.
　みんな上着を脱いだ。

③ Todos têm o seu carro próprio.　　　Todos têm os seus carros próprios.
　みんなマイカーを持っている。

④ Todos os soldados tinham uma arma.　Todos os soldados tinham armas.
　全兵士が武器を持っていた。

　実は，意味の違いを指摘しろと言われても，文脈に依存するところも大きくて，曖昧なところがあります。①の最初の文は自分の傘を「1」本持ってきたわけですが，あとの文では「2」本以上の可能性があります。でも，普通は誰だって傘は「1」本しか持ち歩きませんよね。なので，どちらも同じ意味で自分の傘を「1」本，持ってきたと解釈してもよいです。

　次の②ですが，まず最初の文は，自分の上着を（1枚）脱いだが，誰か他の人の上着を（やはり1枚）脱がせたことになります。あとの文はやはり「1」枚脱いだ可能性が高いですが，稀に複数枚脱いだ可能性もあります（そんな人いますかね？）。

　そして③ですが，最初の文では誰もがマイカーを「1」台持っているのですが，後の文では「1」台かもしれませんが，「2」台以上の可能性もあります。自動車なら「2」台以上というのは大いにありそうですね。

　最後の④。今までと少し異なります。まず最初の文ですが，1人の兵士に1つの武器と解釈するのがふつうですが，まれに全兵士に1つの武器だけという悲惨な（？）解釈もあり得ます。後ろの文はどの兵士も少なくとも武器を1つ，おそらくはけっこうな数の兵器を持っているという解釈ができます。

　この単数，複数の問題，文脈も考慮しなければならないため，けっこう難しいですね。

ゼロの発見

「ゼロ」という概念を発見したのがインド人というのは有名な話ですね。それなしには数学は成り立たないのでしょうから、本当に偉大な発見なのだと思います。ところで、私もポルトガル語のzeroに関してはちょっとした「発見」をしたことがあります。などと言うと偉そうですが、不思議だけれど、面白いなと気がついたことがあるのです。「発見」は大袈裟ですね。ポルトガルに暮らし始めて、夜は部屋でラジオを聞くことが多くなったのですが、真夜中になると、時報のアナウンスがこう告げるのです。

São zero horas. 零時です。

理屈ではなく、直感で、「ゼロ」は「1」と並んで単数扱いだろうと勝手に思い込んでいたので、てっきり次のような文を期待していたので、すごく驚いたものでした。

É zero hora.

「ゼロ」が複数形になるのは何も「時刻」だけのケースではなく、その他の場合でも名詞を複数形にします。

A temperatura hoje vai atingir zero graus. 今日、気温は零度に達するだろう。

ですが、ゼロに対し複数形を用いるのはポルトガル用法のようです（zero pessoas, zero livrosなどとも言います）。確かに、ポルトガル科学アカデミーが刊行した『現代ポルトガル語辞典』で調べると、zero grausという語句が見つかります。2006年に刊行された『ヴェルボ・ポルトガル語辞典』でも、zero graus, zero horasという例をあげています。したがって、zero + 複数形でよいのでしょう。話がちょっとそれますが、この辞典、ポルトガル語では*Dicionário Verbo Língua Portuguesa*ですが、例文が豊富、でもコンパクトにまとまっていてなかなか良い辞書で、お勧めです。

ところが、ブラジルで刊行され、ポルトガル語の世界全体で定評のある辞

典『ウアイス・ポルトガル語辞典』を見ると，zero grauという例が登場し，ブラジルのポルトガル語では，zero + 単数形が認められていることがうかがわれます。実際，知り合いのブラジル人に訊ねたところ，zero horaと単数形を使って言う，と答えられました。

となると，ポルトガルではzero + 複数形を，ブラジルではzero + 単数形を主に用いるという規則があるように思えてきます。実際，ブラジルには*ZERO HORA*という新聞もあるくらいです。

ところで，小数点がついて，0.2とか0.5となったらどうでしょうか？　その時はこうなります。ポルトガル語は小数点をピリオド（ponto）ではなくコンマ（vírgula）で表します。

zero vírgula dois gramas　　　　**zero vírgula cinco gramas**

つまり，小数点以下の数字に引っ張られるわけですね。では，0.1だとどうなるのでしょうか。

zero vírgula um grama

やはり単数形を要求します。「ゼログラム」ならzero gramasということが多いですから，小数点以下の数値が大事なのですね。なお，ときどき，gramaを女性名詞と勘違いして，*zero vírgula uma gramaとか*zero vírgula duas gramasという人がいますが，これは文法的に誤りとなります。

なお，数量詞ではなく，名詞として使われるときは通常の男性名詞として用いられますから，たとえば「零点」= zero valoresをzeroと一語で言えます。

Tive um zero no teste de Gramática.　文法の試験で私は零点を取った。

この本の読者にはあってはならないことですが，こんなこともあり得るでしょう。

固有名詞の翻訳

　固有名詞に関しては，今まで2回ほど大きな驚きを感じたことがあります。最初はポルトガル語を習い始めたころ，ニューヨークをポルトガル語でNova Iorqueと翻訳して言うことを知った時です。IorqueはYorkの発音をただ移しただけにも見えますが，NovaはあきらかにNewをポルトガル語に訳しています。固有名詞は翻訳できないと漠然と思っていた私は，新しい発見に出くわしたような気がしました。

　さらに，ポルトガルに留学してすぐ，下宿の大家さんにお前の名前Atsushiはポルトガル語に翻訳するとどうなるんだ？と真顔で聞かれた時です。確かに，イギリス人のCharles君がCarlos君に，エンリケ航海王子（Prince Henry the Navigator）がPríncipe Henrique o Navegadorになっていたことを思えば，ポルトガル人が私の名前をポルトガル語に翻訳したくなっても不思議でないと言えば，そうなのです。

　そもそも固有名詞とは，もちろん名詞の一種ですが，普通名詞とは違います。普通名詞は実際の使用場面ではもちろんある特定の個体を指しますが，しかしその時あくまでも類概念としてとらえ，その名詞を使用するのです。目の前に個体としての机があって，机と言うときは，机という類概念を口にしているのです。

　しかし，固有名詞は違います。指されるものは，その個体だけなのです。他のもので換えることはできません。ルイス・デ・カモンイスという名は16世紀ポルトガルの大詩人を特定しています。私の名前，市之瀬敦も固有名詞です。とはいえ，カモンイスも市之瀬敦も，生きる時代は違うものの，同じ人類の仲間です。つまり，固有名詞とは，同類には属するけれど，ある個体を他の個体から区別するためにつけられるものなのです。

　1つ疑問が出るかもしれませんが，たとえば，太陽は空に1つしかありません。しかし，太陽は普通名詞です。たった1つしかないのなら固有名詞と考えたくなりますが，なぜ普通名詞かというと，あくまでも類概念としてとらえているからです。実際，太陽solには複数形sóisがあります。ちなみに，

第5章　ポルトガル語の名詞　171

　ポルトガルの週刊新聞 *Sol* は固有名詞になります。理由はもちろん，新聞という同類の中で，この新聞を他の新聞から区別する機能があるからですね（なお，私はこの新聞のオンライン版の記事に掲載されたことがあります。すごいでしょう？）。

　さて，固有名詞は翻訳が可能だと言いましたが，それは私という日本人が英語，フランス語，ドイツ，スペイン語，ポルトガル語などヨーロッパの言語を学んだ時に経験することから学んだことなのです。確かに，言語の系統がまったく異なる日本語との間で翻訳は無理でしょう。しかし，ヨーロッパ諸語の間では十分に可能なのです。というよりも当たり前なのです。なにしろもともとあったものが広がって異なる形を取っただけなのですから。その意味では普通名詞も固有名詞も同じです。

　固有名詞の翻訳で面白いと思った例に，ドイツの都市名ケルンがあります。私はドイツ語がほとんどできないので，ポルトガルに暮らし始めたころ，ドイツの話題の中で，よくcolóniaという言葉が出てきた時に一体何のことだろうかと不思議に思っていました。アフリカの話題でcolónia「植民地」というのは歴史を考えれば納得がいくのですが，なんでドイツの話題で植民地なのだろうかと考えてしまったのです。

　しかし，ケルン（Köln）の語源がラテン語の *colonia*「植民市」であることを知れば，それをポルトガル語に訳したのだと納得がいきます。さすがに日本語にしてドイツのケルンを「植民市」「入植地」とするのは違和感がありますが（ケルンと書いて植民市とルビを振るという手も考えられますが），ヨーロッパの言語間ではこういうことができていいですね。

　あっ，最後に1つ補足しておくと，ポルトガルに比べブラジルでは，人名や地名などの固有名詞を"翻訳"する傾向は弱いようです。イギリスのエリザベス女王はポルトガルではrainha Isabel Ⅱですが，ブラジルではrainha Elizabeth Ⅱなのです。なお，読み方はそれぞれ「イザベル」「エリザベッチ」となります。

冠詞とは何か？

　日本語には冠詞（artigo）がないため，英語を学んだ時もそうでしょうが，ポルトガル語学習においてもやっかいな存在です。けれども冠詞がないからといって，日本語話者に冠詞が意味する概念が理解できないというわけではないですから，定冠詞と不定冠詞の2種類の冠詞について概略だけでも最初に説明していきましょう。今さらという感じもしますが，確認のために言っておくと，定冠詞（o,a,os,as）にしても，不定冠詞（um,uma,uns,umas）にしても，名詞の前に置かれます。o livro, uma casa とは言っても，*livro o, *casa uma は変ですね。というよりも文法的ではありません。

　さて，前者は，聞き手にとってすでに知られているものに対して使われます。話し手と聞き手の間で「同定」されていることが必要です。その知られ方はすでに話題になったからかもしれませんし，経験上知られているからかもしれません。

Não sei nada sobre o assunto.　その件に関して私は何も知らない。
Vi-te no parque.　その公園で君を見たよ。

　不定冠詞は，前もって言及されていない（定冠詞と逆になりますね），ある種全体の代表1つに対して用いられます。

Era uma casa antiga.　古い家だった。

　この世界にいったい何軒家があるのか知りませんが，家という「種類」の中の1つを選びだして話題にしているわけです。「不定」冠詞と言っても，何か得体のしれないものを指すわけではないのです。話者（書き手）の頭の中では具体的な像を結んでいるのです。

　冠詞の「価値」（意味）をもう少し突っ込んで見てみましょう。次の3つの文を比較対照してみるのがよいと思います。

Conheço um japonês alto.　背の高い日本人を知っている。

Conheço o japonês alto.　　その背の高い日本人を知っている。
Conheço este japonês alto.　この背の高い日本人を知っている。

　さて，形の上で違うのはum, o, esteですが，その違いによって意味がどのように変わってくるでしょうか。おわかりかもしれませんが，不定冠詞，定冠詞，指示詞と移るにつれて，「限定性」が高まるのです。つまり，何について話しているのかがより特定されるわけなのです。

　不定冠詞umを使った最初の文では，話者（読み手）に提示される名詞（japonês）の「種類」だけが示されるのです。定冠詞oを用いる2番目の文では，名詞の意味の範囲がだいぶ制限されます。個別化し，特定するのです。指示詞esteを伴う3番目の文は，さらに意味が狭まり，時間と空間の中で名詞が姿を見せることになります。

　もう少し砕いて言うと，「この日本人」（este japonês）は，どの日本人（um japonês qualquer）でもいいわけではなく，話し相手が知っている日本人（o japonês）でもなく，話し手のそばにいる日本人のことなのです。

　こう言ってもいいかもしれません。定冠詞とは，話題になっている物や存在に関し聞き手が前もって知識をもっていることを示す記号なのです。それに対し，不定冠詞は，その逆で，聞き手は話題になっている物や存在物に関して前もって知識を持たないのです。

　今，不定冠詞，定冠詞，指示詞の違いを見ましたが，無冠詞つまり冠詞が一切付けられない名詞の意味との違いも確認しておきましょう。

Ela é acusada do crime.　　　彼女はその犯罪で訴えられている。
Ela é acusada de um crime.　彼女はある犯罪で訴えられている。
Ela é acusada de crime.　　　彼女は犯罪で訴えられている。

彼女は起訴されているわけですが，crime「犯罪」に定冠詞が付いている場合は，その罪が何かはっきりしているわけですが（殺人など），不定冠詞だとそのあたりがあいまいになり，どの罪かはわかりません。無冠詞になると，ただ罪を犯し起訴されたという事実しかわかりませんね。

定冠詞について

人間の言語には名詞と呼ばれるグループの語があります。その名詞を使うときにただ漠然と「本」とか「机」とか口にしているわけではありません。もちろん漠然と「本」というときもありますが、どの「本」を話題にしているのか明らかにする必要があります。そのとき、冠詞が使われることはすでに見ました（指示詞も使いますが）。

冠詞には定冠詞と不定冠詞があり、その大きな違いは説明しましたが、以下ではもう少し詳しくそれぞれの用法を確認していきましょう。まずは定冠詞です。

定冠詞と言えば、「同定」です。つまり、話者と聞き手の間で何が話題になっているのかが互いにわかっているという前提です。

Vi uma criança. A criança estava a chorar.
子供を見た。その子供は泣いていた。

Feche a porta, por favor.
（その）ドアを閉めてください。

最初の例で、a criança は「私が見た子供」を指すので「前方照応」型の定冠詞用法です。次のは、その前に uma porta がなくとも、文脈でわかるケースですね。定冠詞の意味もよく見るとけっこう違いがあるのです。

O rapaz deixou de chorar. その青年は泣きやんだ。
O homem é um animal cruel. 人間は残酷な動物である。
O japonês tem um espítito samurai. 日本人にはサムライ精神がある。

この３つの文の最初の部分を見て欲しいのですが、どれも定冠詞（男性形）と名詞（単数形）の組合せでできています。しかし、何に言及しているかはまったく異なります。最初の文の o rapaz はたった１人の、しかもどの青年かわかる青年を指しています。次の文の o homem は人間という特性を持つすべてのものを指示します。「人間というものは」と訳せますね。つまり、

60億人の人間をひとまとめにしていますから，最初の文とはまったく違います。そして，最後の文の主語o japonêsは，日本人であることの典型的特性から抽象されたものを指しています。「典型的な日本人にはサムライ精神がある」と訳してもよいかもしれませんね（本当かどうかは知りませんが）。

しかし，このようにあるグループの全体を意味することはむしろ少なくて，多くの場合は，その一部を表します。もちろん，文脈などから限定はされているわけですが。

Vou falar com os amigos que viste na escola.
君が学校で見た友人たちとぼくは話す。

「友人たち」（amigos）という全体の中から，関係代名詞節「君が学校で見た」によって制限された「友人たち」だけを指しています。

さて，限定するということであるならば，やはり大切なのは個別化する機能です。上記の3つの文で言えば，最初の例文です。この点をもう少し見てみましょう。ポルトガル語で最初から個別化されているのは固有名詞，人称代名詞と指示詞の単数形などです。さらに，先のo rapazのように普通名詞に定冠詞が付されたケースです。

O livro que comprei ontem é interessante.
昨日買った本は面白い。

O seu livro está em cima da mesa.
あなたの本はテーブルの上にある。

最初の文の主語o livroは「本」という種類の中でたった1つに限定された本ですね。「昨日私が買った本」1冊だけを意味します。いわゆる「総称」ということで，「昨日私が買った本というものは」という意味ではありません。

次のo seu livroですが，やはりたった1つに限定された1冊の本を指示しますが，それにプラスして「その本」と話し相手の関係も示しています。この場合は，「あなたの」本であることも意味するのです。

不定冠詞の使い方あれこれ

　不定冠詞が数詞の「1」に由来することはよく見られる現象です。ポルトガル語の不定冠詞um, umaもラテン語で「1」を意味する数詞 *unus, una* に起源をもちます。この「1」という根本的な意味は不定冠詞に常に感じられると言ってもよいでしょう。もちろん、いつも「1つの…」などと訳す必要はないのですが。

　不定冠詞の基本的な用法と言えば、普通名詞に付けて、読者あるいは聞き手にまだ知られていないものを紹介するという機能があります。

　Comprei um disco de Chopin. 私はショパンのCDを買った。

　この文を口にした「私」はショパンのどのCDを買ったのか知っていますが、聞き手の方はショパンのどのCDなのかわかっていません。わかるのは数多くあるショパンのCDの中からどれか「1」枚を話し手である「私」が購入したという事実です。

　Comprei o disco de Chopin.

　このように定冠詞にすれば、聞き手（読み手）もどのCDを買ったのか了解していることになります。抽象的なショパンのCDというものはないので、次は不自然な文ですね。

　? Comprei disco de Chopin.

　一度、話者（書き手）によって紹介されたならば、もう不定冠詞を用いる理由はありませんから、次には定冠詞を使いましょう。

　Comprei um disco de Chopin.

と言った後には、

　O disco foi bom. そのCDはよかった。

と言えばいいですね。

　不定冠詞は「1」という基本概念をもちますから,そこには全体を一般化する力があります。つまり,不定冠詞を持った名詞単数形には種類全体を代表する機能があるのです。

Uma mulher só gosta de duas coisas.　女性が好きなのは2つのことだけだ。

　その2つのことがなんなのかは言いませんが,このuma mulherは「ある1人の女性」ではなく「女性全体」を意味します。不定冠詞はたった1人でもあり得ますが,全体を1つにまとめて見せてしまうこともできるのです。ただし,不定冠詞の総称的な用法は文脈に依存し,その本質的意味を成しえるわけではない点は要注意です。

Uma mulher fugiu do jardim.　女性が庭園から逃げた。

　この文では,「ある1人の女性」のことを話題にしていて,けっして「女性というものは」という意味ではないことが理解できるでしょう。
　さて,話は変わり,英語の*a little*と*little*の違いはもちろんご存知ですよね。不定冠詞が付く場合は肯定的,付かない場合は否定的なニュアンスになります。不定冠詞*a*が付加されると名詞が具体的な姿でイメージできるようになるのに比べ,無冠詞の場合は逆にイメージしにくくなるからです。このことはポルトガル語のum pouco deとpoucoに関しても言えるように思われます。

Tenho um pouco de liberdade.　　私には少しの自由がある。
Tenho pouca liberdade.　　　　　私にはほとんど自由がない。

　もうずいぶんと前になりますが,あるポルトガル人からum pouco deもpoucoも基本的には同じこと,大きな違いがあるわけではないと説明されたことがあるのですが,微妙な違いなのでしょう。もちろん,違いはあるわけですからきちんと使い分けないといけませんよ。

定冠詞の具体的な使い方

前項で，不定冠詞に「総称」の機能があることを見ました。名詞単数形に定冠詞を付けて，やはりある種類，範疇，集団の全体を表すことができます。

O homem não é propriedade do homem. 人間は人間の所有物ではない。

でも，名詞が抽象名詞の場合は定冠詞を省くことができます。

Pobreza não é vileza. 貧しさはいやしさではない。

ポルトガル語の定冠詞の用法で混乱しがちなのが，所有代名詞の前での使用，不使用です。

Eu estava com o teu irmão. 私は君の兄弟と一緒にいた。
Eu estava com teu irmão.

この2つの文は同じ意味ですが，では何が違うのでしょうか？ 違いは定冠詞が付くのはだいたいポルトガル用法で，ブラジルでは付かないのが普通です。ニュアンスが変わってくるというわけでもないので，あまり大きな問題ではないかもしれませんね。

しかし，所有形容詞（この場合はteu）ですでに限定されているのにさらに定冠詞を付けるのはずいぶんと余計なことをしているようにも思えます。英語にすれば，*the your brother*と言っているのですから。ただし，em minha opinião「私の意見では」，por minha vontade「私自身の意思で」というようなすでに固定された表現ではポルトガルでも定冠詞は使われません。

ですが，所有代名詞の場合はちょっと話が違ってきます。次の2つの文を比較してみましょう。

Este livro é meu. / Este livro é o meu.

これはポルトガルとブラジルの違いでもなく，文体の違いでもありません。はっきりと意味上の違いがあるのです。

定冠詞のない最初の文では，単に「所有」の意味が表されます。「この本は私のものだ」ということです。それに対し，o meu という右の文は，所有される物に注意が向けられ，「本全体」の中から「私」が所有している本が強調されます。あえて訳せば，「この本が私のもの」という感じでしょうか？

また，時間の表現との関わりでも定冠詞の用法を確認しておきましょう。まず，四季の名称ですが，定冠詞が付きます。

Acabou o verão. 夏は終わった。

ところが，前置詞 de の後で名詞補語のようにして使われる時は定冠詞を省いてもかまいません。

horário de verão 夏時間

逆に月の名前は定冠詞が不要ですが，修飾語句を伴うと冠詞が使われます。

Estarei em Lisboa em fins de junho. 6月末にリスボンにいます。
no abril de Lisboa リスボンの4月に

曜日の場合は冠詞が使われるのが普通です（特に複数形の場合）。

Vou para a missa aos domingos. 毎週日曜日ミサに行く。

ですが，「昨日」(ontem) と同じような使い方になると，冠詞も前置詞も必要ありません。

Sexta-feira fui ao cinema. 金曜日，映画に行った。

時刻の場合，「何時に」と副詞的になると定冠詞が前置詞と一緒に使われますが，「何時」だけなら無冠詞です。

Cheguei aqui às dez horas. 私は10時に着いた。
São dez horas. 10時です。

定冠詞の特別な用法

　同一の句の中で冠詞の前に置ける単語が2つだけあります。ambos「両方の」とtodo「すべての」です。

Ele segurou a bola com ambas as mãos.　彼は両手でボールをつかんだ。

　この文で，ambosはmãosの性に一致してambasとなっていますが，その後ろに定冠詞asが使われていることがわかるでしょう。なぜ定冠詞があるのか。理由は言うまでもないかもしれませんが，どの「手」か限定されているからです。つまり，彼の右手と左手とはっきりわかるので，定冠詞が付けられるのです。無知をさらすようですが，実は私は長い間ambosの後は必ず定冠詞が使われるものだと思い込んでいました。しかし，実際には定冠詞がない用法ももちろんあるのです。

Ambas as pessoas têm 18 anos.　両者とも18歳である。

　この場合の「両者」は誰だかわかっています。

Ambas pessoas precisam de ter 18 anos.　両者は18歳である必要がある。

　ここではどの「2人」かが限定されていないので，定冠詞は使われないのです。
　todoの場合はもう少し複雑です。とはいえ，まず簡単な複数形の場合から言うと，todos, todasの後には定冠詞が付きます。

Conheço todos os estudantes.　私は全学生を知っている。

　なぜ定冠詞が付くかと言えば，「すべての学生」ということで範囲が限定されるからでしょう。
　もちろん，別の限定詞が来れば定冠詞は省かれますが…。

Conheço todos estes estudantes.　私はこれらの学生を皆知っている。

単数形の時はちょっと話が複雑になります。まずは定冠詞を伴う用法から見ましょう。

Estava acordado toda a noite. 一晩中起きていた。

この場合，夜のさまざまな部分の全体を意味します。なので「一晩中」なのです。なお，todas as noites と複数形にすれば「毎晩」となりますね。

しかし，「全体」というより「全員」という意味になると，定冠詞はあってもなくてもよくなります。

Todo o homem é bicho. すべての人間は動物である。
Fala bem como todo francês. すべてのフランス人のように上手に話す。

ただし，ポルトガルでは定冠詞の有無で意味を変えることがあるので要注意です。

Toda casa foi destruída. どの家も破壊された。
Toda a casa foi destruída. その家全体が破壊された。

次の文では todo は形容詞を修飾する副詞として用いられていますから，もちろん定冠詞は不要です。

Vi um homem todo molhado. 全身ずぶ濡れの男を見た。

これは定冠詞ではなく，不定冠詞との組み合わせになりますが，そのときは「全体の」「隅々まで」という意味になります。

Tentei cobrir toda uma geração. 一世代全体をカバーしようと試みた。

冠詞は見た目は小さいですが，大きな役割を果たしていることがわかります。

不定冠詞か数詞か

ポルトガル語の不定冠詞um, umaはもともとは数詞（基数）の「1」です。そこで、ポルトガル語の文を読んだりしていると、ときに悩みが生まれます。つまり、このum, umaは不定冠詞なのだろうか。それとも不定冠詞なのだろうか。まずは次の文を見てください。

Uma escola ardeu.　ある学校が燃えた／1軒の学校が燃えた。

この文の冒頭のumaは不定冠詞なのでしょうか。それとも数詞の「1」なのでしょうか。簡単なようでいて、なかなか答えにくい問いです。で、その答えを言うと、両方ありうる、というものです。つまり、文脈次第で、「特定されているが同定はされていない」＝不定冠詞としても取れますし、「1軒」ということであれば、数詞です。そして、もしumaが数詞なら、その後さらに学校が燃えてしまえば、duas escolas, três escolas（arderam）と増えていきますね。似たような例をもう1つ。

Um cismo causou muitos mortos.
地震によってたくさんの死者が出た。

これも先の文と同じで、不定冠詞でも解釈できますし、数詞ともなりえます。

Um cismo causou muitos mortos na China e dois provocaram muitos danos materiais no Japão.
1つの地震が中国で多数の死者を出し、2度の地震が日本で物的被害を引き起こした。

この文では数詞としてのumが用いられています。umとdoisの対比からそれがわかりますね。しかし、繰り返しますが、不定冠詞なのか定冠詞なのかは文脈を考慮しなければわからないのです。

また、不定冠詞は文の明瞭さを損なうことなく省略できるという側面もあります。

Eu preparei um relatório para o chefe.
Eu preparei relatório para o chefe.

どちらも「私は上司のためにレポートを作成した」となります。
ちょっと視点を変えてみます。

um terço dos japoneses　日本人の3分の1

この場合のumはどうでしょうか。聞かれるまでもなく「数詞」だと答えられるでしょう。「3分の1」の「1」ですからね。

um dos japoneses ...

これは数詞でしょうか。実はこの場合は不定代名詞alguémで置き換えることができますから，数詞ではなく不定代名詞だと見なすべきかもしれません。「日本人のうち誰かは...」と訳すべきでしょうか。

Um dos japoneses presentes pode saber.
出席の日本人の誰かが知っているかもしれない。

しかし，ちょっと変えて，

Só sabe um dos japoneses.　日本人の1人だけが知っている。

となると，数詞ですね。
sóの代わりに，やはり同じような意味のapenasを使えるときも数詞です。

Apenas um japonês é suficiente.　日本人1人のみで十分だ。

最後に，これはどうでしょうか。

um em cada cem japoneses

「100につき1人の日本人は...」と言っていますから，これもまた不定冠詞ではなく数詞ですね。

語彙

　ある言語にいったいいくつの「語」が存在するのか、正確な数字を言い当てることは誰にもできません。一言語が持つ語の総和を語彙と呼ぶとして、語彙数を確定することは不可能なのです。その理由は、言語そのものが常に時の流れとともに変化するのと同じように、語彙も安定的、静的なものではないからです。どの言語の語彙も流動的なのです。もちろん、ポルトガル語の語彙も例外ではありません。

　したがって、もし「ポルトガル語にはいくつの語があるのですか？」と訊かれたとき、答えには必ず「およそ」とか「約」という修飾語がつかないわけにはいきません。確かに、近年になってポルトガルとブラジルで刊行された大型ポルトガル語辞典のそれぞれの収録語数を見ることは重要でしょう。しかし語彙数が完全に一致することはありません。ポルトガルとブラジルの違いもあるでしょうし、辞書編纂者の基準の違いも反映されているにちがいありません。

　などと言い訳を言い連ねて逃げていてばかりではいけませんね。そこで「およそ」の話をしますが、ポルトガル語の語彙数はおよそ50万語だと思ってよいでしょう。ものすごく大きな数字ですよね。新しい単語を1000語覚えるだけでも気が遠くなるような感じがしますが、50万語などと言われると挫折感が湧いてきそうです。

　しかし、安心してくださってけっこうです。どの言語でもそうですが、大辞典に登録される総語彙数と、平均的な話者が知っている語彙数の間には大きな開きがあります。ポルトガル語の母語話者がみんな50万語を知っていて、使いこなしているわけではないですから、ご安心してください。日本語の母語話者が誰でも『広辞苑』に掲載されている単語をすべて知っているわけではないのと同じです。

　ポルトガルで平均的な話者の知識は5000から8000語を越えることはないと言われます。また、高い教養を持つ人でも2万5000語と言います。私たち外国人はポルトガルの教養人と同じレベルまで到達する必要はないでしょ

うから(なってもいいですよ)、5000語くらいなら頑張れば何とかなるような気がしませんか。ぜひとも目指してみましょう。あくまでも興味本位の話ですが、SMS上で使われる語彙数は200以下だともいわれます。初級レベル、いやピジン・レベルですかね。いや、逆にこれだけ少ない数でコミュニケーションを図るのはかえって難しい気もします。

　以前、ポルトガル人とポルトガル語について話すと必ずと言ってよいくらい言われたことがあります。それはポルトガル語がむずかしい、そしてその理由の1つには同じ事や物を表現する語が2つあるからだと言うのです。確かに私にとってポルトガル語はいつになっても難しいのですが、それはさておき、同義語の問題が気になります。同じ意味を持つ同義語が確かに存在するでしょうけれど、あくまでも部分的なもので、どんな言語でも完璧な同義語は存在しないのではないでしょうか。ポルトガル語にsucessoとêxitoという語があります。どちらにも「成功」という意味が辞書に載っています。ならば、気分次第で入れ替えてよいかというと、やはり注意は必要なようです。

　つまり、ポジティブな結果とはいえ、sucessoの方は個人的なもの、それに対し、êxitoは集団的なものという違いがあるのです。個人的な成功にはsucesso、全体的な成功にはêxito、細かいことを言えば、この2つの同義語にも使い分けが必要なのです(あまり気にしなくてもいいようにも思えますが)。

　先に、語彙は静的ではなく(つまり動的)、いつも変化のプロセスにあると言いました。私がポルトガル語を学び始めてからすでに30年以上経つのですが、かつてはよく耳にして、最近はめっきり触れなくなってしまった語句というものがあります。外国人の私でも実感できるものがあるのです。それはたとえば、guerra fria「冷戦」、bloco do leste「東側ブロック」、terceiro mundo「第三世界」という語句であり、逆に最近ではpoliticamente correto「政治的に正しい」、sociedade civil「市民社会」などという語句を頻繁に目にするようになりました。もちろん、時代そして政治や社会が言葉を変化させていることがわかります。

語と形態素

　前項で当たり前のように「語」(palavra) の話をしましたが、「語」とは何かを考え始めると出口の見えない議論になりかねません。かといってまったく無視するのもよくないので、ここで少しだけ語とは何かについて論じておきたいと思います。

　「語」の定義なんて簡単、たとえばlivro「本」、gato「猫」、gostar「好き」…なんていうのが「語」だと言う方には、ではguarda-sol「日傘」はどうでしょう？　それぞれ独立した「語」ですが、1語です。いや、これは2つ以上の語を併せて1語にしてしまう複合語というのだ、という反論は予想済みです。いいでしょう。

　ならば、livrosをどう見ますか？　livroの複数形だ、というのは大正解ですが、ではlivrosを1語としますか？　もちろん、livrosは「語」です。でも、単数形livroとの関係をどうみたらよいでしょうか？　辞書にはlivroは必ず載っていますが、livrosという項目はありません。livrosは確かに独立した1語ですが、元の形すなわちlivroがあって初めて存在できる語なのです。

　では、livroとlivrosを分け隔てる語末の-sは何なのでしょうか？　音韻表記なら/s/ですが、この-sには意味があります。そう、「複数」であることを意味するのです。しかし、livroと言えば「本」のことだとポルトガル語話者にはわかってもらえますが、-sはそうもいきません。スースー言っても、怪訝な表情を見せられるのが関の山。確かに実在し、重要な役割を担っているのに何とも中途半端に思える存在なのです。

　そんなとき、形態素 (morfema) という概念が役に立ちます。あまり聞きなれない用語かもしれませんが、形態素とは言語単位の中で意味を持つ最小単位のことを言います。名詞や形容詞の語末に付される-sは「複数性」という意味を持ちますから、通常の感覚からすると「語」ではないですが、形態素ではあります。注意してほしいのは、livro自体も意味を持つ最小単位ですから形態素です。

　ということは、形態素には2種類あることになりますね。すなわち、それ

自身で独立性があるものと（これが「語」に当たりそう），なにかに寄生して姿を見せるもの。専門的には前者を自由形態素，後者を拘束形態素と言ったりします。livroは自由形態素，-sは拘束形態素ですね。

さて，先ほどlivroもlivrosもそれぞれ「語」であると言いました。となると，こう言えないでしょうか。「語」とは1つ以上の形態素から成る，自立し有意の最小単位である，と。livroは1つの形態素から成る語。livrosは2つの形態素から成る語。

と，ここまではわりと話は簡単ですが，ではgostar「好む」という動詞を考えてみましょう。もちろんこれで1語ですが，この動詞が人称や数や時制や法といった文法のカテゴリーによって形を変えることはもちろんご存知でしょう。gostei, gostaram, gostesという感じです。livroもlivrosも別の語だったように，どれも「語」なわけです。しかし，名詞の場合より，動詞の場合は活用変化が激しいぶん，話が複雑に見えます。

そこで今度は「語根」（radical）という概念が重要になってきます。語根とは，名詞なら語の不変化の部分のことであり，動詞ならその一般的な意味を含む部分のことです。たとえば，denteの語根はdent-が語根です。ならdenteでないかというと，たとえば「〜する人」を意味する派生辞-istaをつけるとdentistaとなり，語末の-eが落ちるからです。

動詞の場合，不定詞から最後の2文字を取ると語根が導き出されます。amar「愛する」ならam-，partir「出発する」ならpart-です。そして，実際に活用するとき，規則動詞は語根はけっして変わりません。amasse, amávamos, amemosといろいろと変化させてもam-は必ず残っていますね。

ところが，不規則動詞の場合は語根も変化してしまいます。dormir「眠る」の直説法現在1人称単数はdormoではなくdurmoですからね（ブラジル発音で考えてください）。pedir「求める」の語根はped-ですが，eu peçoとなり，/d/が/s/に変わっています。

造語法について

　どんな言語でもそうですが，外国語の学習で苦労するのが単語を覚えること。『○○○語3000語』とか，『△△△語単語帳』とかいった本が必要になる所以です。

　けれども，そのときに，教科書に掲載された順番にしたがってただやみくもに単語を記憶していくだけでは芸がないというものです。私はよく学生に言うのです。たとえば，lembrarという単語を辞書で引いたとき，「思い出す」という意味に出会うわけですが，それならばきっとその近くに「思い出」を意味する名詞があるに違いないから探して，そして一緒に覚えてしまいなさいと。すると，lembrançaという単語を見つけることができて，一挙両得（？）ということになるのです。

　あるいは，feliz「幸せな」という単語を調べたら，きっと「幸せ」「幸福」を意味する単語があるに違いないと信じ，felizの前後を眺めてみるのです。すると，felicidadeを見つけることができるはずです。こうしてまた語彙力がアップするわけです。そうですよね？

　さて，いま私がやったことはなんでしょうか。おわかりですか。そうです，最初のケースで言えば，-ançaという接尾辞（sufixo）を動詞に付けて名詞にしました。2番目では，-dadeという接尾辞を形容詞に付して名詞にしました。このように接尾辞（あるいは接頭辞prefixo）を付すことで品詞を変えることを派生（derivação）と言います。派生語のことはpalavras derivadasといいます。

　派生によって語彙を増加させるのはいいのですが，ならばポルトガル語にはどんな接頭辞そして接尾辞があるのでしょうか。そして，それぞれどんな役割を果たすのでしょうか。両方をまとめて「接辞」となりますが，その知識はポルトガル語学習で大いに有益でしょう。そこでまずは，代表的な接頭辞から見ていきましょう。

　a-, an-は「欠如」「否定」を意味します。moralに対するamoral「非道徳的な」，alfabetoに対するanalfabeto「読み書きのできない」がよい例でし

第5章　ポルトガル語の名詞　189

ょう。

co-, com-, con-は「連合」や「同伴」を表します。colaborar「協力する」,concorrer「競争する」があります。

de-, des-は「対立」「反対の行為」を意味しますが, descontente「不満な」やdecompor「分解する」があります。

混同しやすいのが, e-, em-, en-です。「内部への動き」の場合（encaixar「箱に入れる」）と,「状態の変化」の場合（importar「輸入する」）の両方があります。

「否定」を表すのは, i-, im-, -in-, ir-です。improvável「ありそうもない」, ilegal「不法な」, irreal「非現実的な」などがあります。

よく間違いやすいのが, per-とpre-。per-が「～を通した動き」を表し, pre-は「以前」を意味します。percorrer「歩き回る」, prever「予見する」。

次に接尾辞の話です。動詞を作る接尾辞と言えばもちろん-ar, -er, -irですが, -ecerは「行為の開始」「ある状態への移行」を意味します。amanhecer, envelhecer「年をとる」があります。

名詞を作る接尾辞はとても多くすべてを紹介しつくせません。その一部の紹介だけで我慢してください。

-ância-, ênciaは「性質」や「状態」を意味します。tolerância「寛容さ」やprudência「慎重さ」ですね。

-ariaは「店舗」のことを言います。livraria「書店」, papelaria「文房具」。

よく使われる-çãoは「行為」や「行為の結果」を意味します。たとえば, criação, formaçãoがあります。同じ意味を持つ接尾辞に-gemもありますね。lavagem「洗濯」やreportagem「ルポ」です。

最初に紹介した-dadeも「性質」や「状態」を表します。felicidade「幸福」。

-ismoはかなり多義的な接尾辞です。いわゆる「主義」なら, capitalismo「資本主義」, 行為の結果ならheroísmo「ヒロイズム」, 学術的名称としてはneologismo「新語」などがあります。

-istaは「職業」を表す接尾辞です。jornalista「ジャーナリスト」, dentista「歯医者」。futebolistaは「プロのサッカー選手」。

接中辞について

　派生の話の続きです。語学の上達には語彙の増加がありますが、やみくもに憶えようとすればよいというものでもないでしょう。前ページで見たように、1つの方法は、ある単語を引いたら、そこから派生して作られる別の語も調べ（近くにあるはずです）、一緒に憶えてしまうことです。たとえば、preferir「より好む」を調べたらついでにpreferência「選好」やpreferível「好ましい」も同時に身につけてしまうのです。

　さて今、「派生」という言葉を使いましたが、それはある語に接頭辞や接尾辞を付して新しい語を作ることです。語末に着く形態素のことを接尾辞、語頭なら接頭辞です。graça「恩恵」に対しdesgraça「不運」、feliz「幸せな」に対しinfeliz「不幸な」は接頭辞の例です。一方、vender「売る」からvendedor「売り手」、livro「本」からlivraria「書店」が接尾辞の例です。接頭辞や接尾辞をまとめて接辞（afixo）と総称します。なお、ポルトガル語では接頭辞より接尾辞の方が数は多いのです。

　ところで、前と後ろがあるのなら真ん中もあるのではないかと考えた方は正しいです。語中の語根に挿入するなら接中辞（infixo）と呼びます。ポルトガル語では接頭辞と接尾辞はいくらでも例が挙がりますが、真ん中に入れる接中辞の有無に関しては議論が分かれるところです。ちなみに、オーストロネシア語族の言語にはよく見られるそうです。

　手元にある*Dicionário da gramática da língua portuguesa*（2003年、António Matoso著）でinfixoを調べると、cafe(t)eriaやcafe(z)inhoに見られる-t-と-z-は音調を良くするために挿入される接中辞であると説明されています。これは100年も前からある見方です。しかし、cafezinhoのケースは母音で終わる語に付される縮小辞として-zinhoという接尾辞が認められており、わざわざ-z-を接中辞に加える必要はないと思われます。また、やはり接尾辞-eriaを付したがゆえに現れる-t-を接中辞とすべきなのかどうか見解が分かれそうです。語中音添加（epêntese）という現象もあるので、この-t-は接辞というよりは添加されたと見なしてよいようにも思われます。そもそ

もこれらの子音は語根に挿入されていませんし，固有の意味はないのです。

　この接中辞の問題にもう少し踏み込んでみましょう。ポルトガルの言語学者Herculano de Carvalhoという人がずいぶんと前に，fá-lo-ei（私はそれをするだろう）という文に見られる-lo-を接中辞の例として挙げたことがあります。動詞の活用語形の中に代名詞を入れるこの構造のことをmesócliseと呼ぶのですが，それは接中辞なのでしょうか。しかし，-lo-は代名詞であって動詞形態素ではないですし（つまり動詞そのものの意味を変えてはいませんね），fá-lo（彼はそれをする）という形もあることからして，-lo-を接中辞と見なすことには無理がありそうです。

　先ほど縮小辞-zinhoを例に出しましたが，-z-なしの-inhoを接中辞的な要素と見なす向きもあります。-sで終わる人名がたくさんありますが，それらに縮小辞をつけると，Carlos→Carlinhos, Lucas→Luquinhas, Marcos→Marquinhosとなります。このように-inho, -inhaを付けても語末に-sが残っていることから，この縮小辞は接中辞ではないかというのです。しかし，実際のところは，Carlinho, Luquinha, Marquinhoと-sを落としてしまう傾向の方が強いため，あくまでも接尾辞であって，やはり接中辞というのは無理があるのではないでしょうか。

　さらに，不規則動詞fazer「作る」のfaz, fez, fizという活用変化に見られるように，母音の変化を接中辞的現象だと主張する研究者もいます。f-zという語根を想定し，そこに異なる母音を挿入して意味を変えると言うことです。なんだかポルトガル語がアラビア語になったみたいですが，この見解はどうなのでしょうか？　しかし，f-zという語根を想定することは理論的には可能かもしれませんが，ポルトガル語ではまったく意味を成しません。やはり語根はfaz-であり，しかし不規則動詞fazerの場合は語根内の母音に交代が生じると考える方がよいと思われます。よって，この場合も接中辞の存在を考える必要はないでしょう。

　以上から判断して，ポルトガル語に接中辞が存在するとは今のところ断言できないと見なしてよいのではないでしょうか。

外来語の位置づけ

　たとえば日本語でラジオ，テレビ，コンピュータなど片仮名で書く語は「借用語」あるいは「外来語」と呼ばれます。借用語はポルトガル語でempréstimoと言い，まさに「借りたもの」なのですが，そもそも日本語話者にはいつか英語にコンピュータという語を返済するつもりなど毛頭ないのだから，きっと借りたという意識もなく，したがって「借用語」という用語は不適切という考えもあります。確かに私も「外来語」の方がふさわしいのではないかと考えます。

　ついでに言えば，estrangeirismo「外国風の言葉遣い」という用語もありますが，借用語がポルトガル語の体系に適応することなく本来の形を維持しているのに比べ，後者の方はポルトガル語の音韻や形態システムに適合させられています。

　最近の日本語にはいわゆるカタカナ語が氾濫し，汚染されているとして，一部の識者から批判の対象となったりもしますが，ポルトガル語にもやはり外来語は存在します。自分たちの母語に高い誇りを抱くポルトガル人の6割くらいが，外来語の過剰使用は避けるべきだと見なしているようです。そして，世界の多くの言語が同じ状況にあるでしょうけれど，ポルトガル語でも情報技術分野で英語から取り入れられる語が数多く見られます。

　たとえば，e-mailです。日本語では「Eメール」「電子メール」「メール」などと表現が定着しつつあるのでしょうか。私自身はもっとも簡素な「メール」を使うことが多いように思いますが，ポルトガル人もmailと書くことがあります。いや，ポルトガル語でも事情は似ているらしく，e-mailとする人もいれば，ハイフンを取ってしまいemailと書くこともあります。もとになる英語が揺れているのですから仕方ないでしょう。なお，英語のe-mailは言うまでもなくelectronic mailのことですから，そのままポルトガル語でcorreio eletrónicoと訳すべきでもありましょうし，e-mailをそのままポルトガル語にするならcorreio-eですが，この形を使う人にはお目にかかりませんね。いずれにしても，a internetの時代，o internetês「イン

ターネット語」が広がるのは避けられない事態なのでしょう。*Dicionário online de português*なるものもすでに存在するわけです（蛇足でしょうけれど，onlineも外来語です）。

　ポルトガル語が21世紀になっても活力を維持するためには外来語は不可欠です。外来要素を頭ごなしに拒否する言語純粋主義（purismo linguístico）は私も反対ですが，確かになんでも英語を使うという態度もどうかと思います。ポルトガル語で言えることは，ポルトガル語で表現しておけばよいというのが基本的な立場です。

　たとえば，ポルト・エディトーラ社の*Grande Dicionário Língua Portuguesa*には，fast foodが掲載されています。私が留学生だったころですからもう20年以上も前のことですが，すでにcomida rápidaという訳語がありました。これで十分だと思えるのに，わざわざfast foodを辞書に載せる必要があるのでしょうか。少し疑問です。同様に，sportswearという語も見られますが，説明にあるように，vestuário desportivoでよいのではないかと思います。

　さて，emailにしてもmailにしても，英語の綴りに変更は加えていません。発音もそのままです。*meil*という表記を目にしたことはありません。しかし，briefing「事前説明（ブリーフィング）」に関しては，そのまま書いてしまう場合と，brífingueというポルトガル語風の表記の両方が使われます。brífingueも悪くないと思います。

　これに対し，「サーフィン」はどうでしょう。英語で*surf*「サーフィンをする」。fで終われないポルトガル語ではsurfeとeを足すのが慣例ですが，でも素直に読んでしまうと，「スルフ」ですね。これだとオリジナルから離れてしまいます。では，sarfeとしたらよいかというと，これもまた変な感じがします。外来語をどう扱うのか，それは何とも悩ましい問題ですね。

　流行にのるためだけに外来語を使うのはあまりかっこいいとは思いませんが，自分たちの母語に相当する語がないからという技術的な問題だけではなく，表現の幅を広げるため，いやかっこいいから使ってみるという姿勢を全面的に否定したくもありません。言葉が生きている限り，外界に開かれていることは必要な姿勢なのですから。

外来語の受け入れ方

　前項では、時代や社会の必要に合わせて、ポルトガル語にも外来語が取り入れられてきたことを述べました。ポルトガル語以外の言語がすべてこの世からなくならない限り、ポルトガル語に外来語がなくなるという状況は来ないでしょう。言語は常に外部に開かれた体系ですし、語彙はとりわけ出入りが激しいカテゴリーですから。

　けれども、ポルトガル語がどうやって外来語を「消化」そして「吸収」するのか、その具体的なプロセスについては説明を保留してしまいました。本項では、そのあたりについて探求してみたいと思います。

　X語からY語へある単語が取り入れられる時、当然ですが、何らかの変化が伴います。X語とY語の間に見られる言語構造の違いが小さければその語がこうむる変化も小さく、大きければ大きいほど、こうむる変化も激しくなるでしょう。

　具体的な例を見ていきましょう。たとえば、フランス語の語彙が入ってきたとき、フランス語では開いている鼻母音がポルトガル語では閉じてしまいます。それはポルトガル語には開いた鼻母音がないからです。

　　chaperon　頭巾　　　　　　　chaper[ɔ̃]　→　chaper[õ]

　また、英語のように鼻母音を持たない言語から単語が入った時、語中の母音+nという音節はポルトガル語では母音が鼻音化します。

　　franchising　フランチャイズの　　fra[n]chising　→　fr[ɐ̃]chising
　　underground　地下　　　　　　　[ən]dergr[aun]d　→　[ɐ̃]dergr[ɐ̃w̃]d

　このundergroundの発音の変化なんて、ポルトガル語らしくて個人的にはいい感じです。ところがまた興味深いことに、母音+nが語末に出てくると、ポルトガル語でも最後の鼻子音が残るのです。

　　fashion　ファッション　　　　　fashio[n]　→　fashio[n]

なぜこうした違いが出てくるのか。考えられる理由は，語中か語末かによって，母音＋nという連続で，子音性（この場合は/n/）が保持されないのか，されるのかという違いが，ポルトガル語に存在するということなのかもしれません。

形の次は，普通名詞の「性」について考えてみましょう。ポルトガル語の名詞には「男」か「女」の違いがありますから，外来語もどちらかの区別を与えられなければなりません。そこで問題になるのは，性の区別を持たない英語から借用語ですが，通常（8割くらいでしょうか）ポルトガル語に入ると「男性」名詞の扱いを受けます。「男性」がデフォルトだということです。なので，o ketchup「ケチャップ」もo software「ソフトウェア」も男性名詞なのです。日本語から入ったo biombo「屏風」なんて，-oで終わっていて，当然のように男性名詞になりますね。

では，「女性」になる時はどんな場合なのでしょうか。1つは，たとえばフランス語起源の語でもともと女性名詞の場合です。もともと性を持っているのなら，わざわざ変える必要もないですね。ましてやポルトガル語とフランス語はロマンス諸語の中の姉妹語なのですから。

la valise（フランス語）→ **a valise**（ポルトガル語）手提げカバン

もともと性別がなくても，形の上で女性になりやすい語があります。たとえば，日本語から入ったa catana「刀」は，-aで終わっているので，ポルトガル語では女性名詞になるのです。

ところで，前項でa internetという外来語を紹介しましたが，aという定冠詞がついていることからお分かりのように，女性名詞なのです。なぜだかおわかりでしょうか。そうです，*net*という英語をポルトガル語に訳すと，redeになります。そしてそれは女性名詞なのです。同じ意味を持つ語の性別に影響されることによって男女が決められるケースというのもあるのですね。同じように，homepageも女性名詞なのですが，言うまでもなく，*page*に相当するpáginaが女性名詞だからです。

コラム　アンゴラのポルトガル語

　21世紀に入り，アフリカ大陸を代表する経済大国への道をひた走るアンゴラ共和国。その目覚ましい発展ぶりは，ポルトガル語を学ぶ新たな動機にもなりそうです。念のために言っておくと，モザンビーク同様，1975年に独立して以来，アンゴラもポルトガル語を公用語とする国なのです。

　確かにアンゴラのポルトガル語話者はまだ全人口の20パーセントに満たないという統計もあります。話者は主に沿岸地帯の都市部に集中しています。農村部ではまだバンツー系言語の使用が生活の中心です。けれども，ポルトガルのポルトガル語とは異なる特徴を持つ，アンゴラに"土着"と言ってもよいポルトガル語の変種が形成されつつあることもまた事実です。これがアンゴラのポルトガル語だ！と決めつけるには時期尚早かもしれませんが，アンゴラらしいとされる言語的特徴をいくつか指摘してみたいと思います。

　もし，as criança「子どもたち」，あるいはtrês filho「3人の息子」といった例を見せられたら，あなたはどう思いますか。そう，名詞語尾の部分に複数表示の-sが足りない，と指摘しますよね。ポルトガルにしてもブラジルにしても，教科書的には語尾に-sが足りず，文法的に誤りとされるはずです。なのですが，アンゴラの土着のポルトガル語ではこれが頻繁に使われる形なのです。注意すべきは，名詞語尾に-sを付していないとはいえ，定冠詞asと数詞trêsによって複数性はちゃんと表示されているという点です。したがって，余剰な部分は除外した合理的な表現方法と言うことも可能でしょう。なお，-sの欠如にバントゥー諸語の影響を考慮する説明もあります。

　数の一致の欠如だけでなく，数の一致が起こらない例も見られます。os palavra「語」というようなケースです。palavraの語尾に-sが足りないだけでなく，女性名詞palavraに対して定冠詞の男性形が使われてい

ます。教科書的にはやはり直したくなります。

でも、このケースはまだ問題がありません。もし、primeira filhoという語句を耳にしたら、どう判断しますか？　正直に言って、最初の「息子」なのか「娘」なのか、判断に苦しむことがあり得ます（ちなみに、このケースではprimeiroという男性形が期待されています）。

私たち日本人もなかなか直接目的格代名詞o, a, os, asを使いこなすのは難しいのですが、アンゴラのポルトガル語でもこれらの弱い代名詞の代わりに主格代名詞が用いられることがあります。たとえば、次の文を見てください。

Deixei ele comer.　彼に食べさせた。

もしこれをポルトガルのポルトガル語にするならば、

Deixei-o comer.

となりますね。

また、再帰代名詞が3人称seだけになってしまうという現象もあります。文法的には、次の文ではseの代わりにnosを使いたくなるところです。

Nós podemos se compreender.　私たちは理解し合える。

最後に念のために言っておきますが、以上に紹介した現象がアンゴラのポルトガル語話者すべてに見られるわけではないですよ。

第6章 ポルトガル語の形容詞と副詞

限定形容詞の位置

　名詞句の中で用いられる形容詞は「限定形容詞」(adjetivos atributivos)と呼ばれます。たとえば，um homem grande「大きな男」のgrandeがそうです。今さら言うなと叱られてしまうかもしれませんが，ポルトガル語の形容詞の位置は名詞の後ろという大原則があります。

um saco amarelo　黄色い袋　　**uma mesa branca**　白いテーブル

　ところが，これもまたよく指摘されることですが，いくつかの形容詞は名詞の後ろに置かれるか，それとも前に置かれるかで意味が変わってしまうことに注意が必要です。um homem grande「大男（一見して大きさを確認できる）」，um grande homem「偉大な男（背は低いかもしれない）」，um menino pobre「貧しい少年（お金がない）」，um pobre menino「哀れな少年（金持ちかもしれない）」，um carpinteiro velho「年老いた大工」，um velho carpinteiro「ベテランの大工（年齢は若くてもよい）」。

　こうした性質をもつ形容詞は他にもいくつかあります。antigo「古い」，caro「高い」，certo「確かな」，semelhante「同じような」，simples「単純な」，verdadeiro「本当の」などです。

um aluno antigo　昔の生徒　　　　**um antigo aluno**　以前教えた生徒
caro amigo　　　親愛なる友　　　　**um livro caro**　　値の張る本
certo dia　　　　ある日　　　　　　**resposta certa**　　正解
uma verdadeira obra de arte　芸術的な作品
uma obra de arte verdadeira　真の芸術作品

verdadeira obra de arteはたとえ芸術品でなくても，芸術品のように美しければよいのですが，そうするとこんな不思議な言い方も可能になります。

O João é uma verdadeira dama.　ジョアンは淑女のようにやさしい。

　つまり，名詞の前に置かれると，文字通りの物質的な意味から，より感情

的な意味に変わるのです。おわかりでしょうけれど，こうした特徴を持つ形容詞は何かを判断する意味を持っています。pobreの反対語ricoも同じような使われ方をします。このように，ポルトガル語において，限定形容詞の位置は，原則として名詞の右側（後）に立ちますが，左側（前）に来ることも十分に可能ですし，しかも以下のように意味を変えることがないケースもあるのです。

um livro interessante / um interessante livro	興味深い本
um profundo silêncio / um silêncio profundo	深い沈黙
uma mulher admirável / uma admirável mulher	賞賛すべき女性
o governo atual / o atual governo	現政府

以上の名詞節では，形容詞が名詞の前に来ても，後ろに来ても，意味に変化は生じていないと言ってよいでしょう。これらの例を見ると，ポルトガル語の語順は比較的自由，という言葉を思い出しますね。形容詞の位置も原則は後ろと言いつつも，名詞の前に置かれても文法的にまったく問題がないケースもあるわけです。

もう1つ注意しておきたい点があります。次の名詞句を見てください。

um companheiro fiel / um fiel companheiro　忠実な仲間

「忠実な」ということは常識で考えて，「誰か，あるいは何かに忠実な」わけですが，その「誰か，あるいは何か」を入れてみます。

um companheiro fiel à sua filosofia　自分の哲学に忠実な仲間

これは正しいポルトガル語句です。では，語順を変えるとどうでしょうか。

***um fiel companheiro à sua filosofia** / ***um fiel à sua filosofia companheiro**

この2つは文法的に認められません。なぜなら，fielに補語，つまりà sua filosofiaがあるからです。形容詞に補語がある時は，その形容詞は名詞の右側（後）にしか用いられないのです。

名詞に後置されたがる形容詞

　もう少し話を続けます。形容詞の位置は自由な部分もあるという話をしてきましたが，必ず後ろに置かないとだめという場合もやはりあるのです。それを以下に記しておきましょう。

　1980年代のことですが，自動車をはじめ日本製品が世界中の市場を席巻した時期がありました。そのころ盛んに耳にした表現にこんなものがあります。

　a invasão japonesa　　日本による侵略

　このjaponesaという形容詞には「日本的な」という意味はないですし，日本が被害者という意味にも取れません。日本は行為者なのです。そして，もし行為者を意味する場合，形容詞は必ず名詞の後ろでなければいけないという規則があるのです。ですから，*a japonesa invasãoは言えません。もちろん言うまでもなく，後置したからといって行為者を意味するわけではないですね。なお，「日本的な侵略」と言いたければ，a invasão à japonesaと言いましょう。

　行為者の逆，つまり受益者を意味するときもやはり後置される必要があります。

　desenvolvimento turístico　　観光開発
　* turístico desenvolvimento

　観光を開発させるわけで，よって観光は受益者です。その受益者が形容詞となった時，名詞の後に置かれるのです。

　形容詞が所有者を表す時も，後置されないといけません。

　O Palácio Imperial　　皇居
　*O Imperial Palácio

　実際は国有財産なのかもしれませんが，住むことができるのは皇室の方だ

けですから，imperador「天皇，皇帝」の所有物と見てよいでしょう。
　また，由来や起源も名詞の後ろです。

o café timorense　ティモール・コーヒー
***o timorense café**

o carro japonês　日本車
***o japonês carro**

　これもティモール的というわけではなく，ティモールで採れたコーヒーですから，ティモール産コーヒーで，その場合は名詞caféの後ろに置かれます。ちなみに，ティモール・コーヒーはとてもおいしいと個人的には思います。
　これは関係代名詞の省略という枠組みの中で論じるべきかもしれませんが，ときどきこんな表現に触れることがあります。

uma filha médica　女医である娘

　ここで話題になっているのは2人ではなく1人です。誰かはわかりませんが，医者になった娘を持つ方がいるわけです。語順をひっくり返すことができないのは，おそらくはuma filha que é médicaが元になっているのでしょう。
　もう1つ。昔も今もブラジルでは息子を大学教授にするのが誇りのようです。

É orgulho para os pais ter um filho professor.
両親にとって大学教授の息子を持つことは誇りである。

　なお，最近は政治家のイメージが悪いようで，um filho político「政治家である息子」は自慢するより隠したい存在のようです。

形容詞の位置を変えた場合

　この本はポルトガル語の文法を説明しているのですが，ここで皆さんが持つ英文法の知識の助けを借りさせてください。もちろん目的はポルトガル語のしくみを理解してもらうためです。

　英文法の時間で関係代名詞の「制限用法」と「非制限用法」を習ったことがあるでしょう。安藤貞雄著『現代英文法講義』から例を引かせていただきます。

He has two sons who became teachers.
彼には教師になった息子が2人いる。

He has two sons, who became teachers.
彼には息子が2人いるが，2人とも教師になった。

　最初の文では，彼の息子は教師になった2人に限られないという意味が含まれますが，2番目では息子は2人しかいません。そして，先行詞の意味を限定する関係詞の使い方を制限用法と呼び，追加的な説明をする用法を非制限用法と言うわけです。

　さて，ポルトガル語の形容詞の話に戻りますが，次の2つの文を比べてみましょう。

O jogador famoso está no relvado.　その有名な選手はピッチにいる。
O famoso jogador está no relvado.　その有名な選手はピッチにいる。

　日本語に訳しても英語に訳してもおそらくは同じような文になってしまうでしょうけれど，ポルトガル語では明らかにニュアンスの違いがあります。まず最初の文ですが，制限的な読み方と非制限的な解釈の両方が可能です。つまり，何人かの選手がいて，「有名な」と修飾することで，その中の1人を取り上げているのです（制限的用法）。さらにもう1つの解釈としては，たった1人だけ選手がいて，その人は有名だと補足しているのです（非制限用法）。

２番目の文は意味が狭まり，非制限的な意味，すなわち他の選手の中から１人の有名選手を取り上げるという働きはありません。あえて訳し分ければ，o jogador famosoは，「その有名選手」そして「その選手は有名なのだが」となり，o famoso jogadorは「その選手は有名なのだが」という解釈しか許さないのです。

　形容詞は名詞の後ろと教科書では規則を述べますが，それを補うと，もし形容詞が名詞の前に置かれた場合は，非制限的に使われていると見なしてよさそうです。こんなことを言うと，突っ込みが入るかもしれません。最上級のmelhorやmais bonitoは名詞の前に置かれても，制限的な意味をもちますから。

o melhor recorde de sempre　　過去最高の記録
o mais bonito livro desta editora　この出版社で最も美しい本

　制限用法になるのは当然で，なにしろ「比較」しているということは，他に比較の対象になるものがあるということです。したがって，いくつか（というよりもたくさん？）ある記録あるいは本の中で「一番よい，美しい」とならざるを得ないわけですね。なお，２番目の文の「最も美しい本」はo livro mais bonitoと言ってももちろんかまいません。

　形容詞は名詞の前に置かれると非制限的，一方名詞の後ですと非制限的あるいは制限的な用法となるのです。

　実は，こうした意味の複合性はこの章の最初に紹介したgrandeにも見られ，uma grande cidadeは「偉大な都市」という意味だけでなく，「大都市」という意味にもなります。

所有形容詞の使い方

　ポルトガル語圏以外の諸外国で出版されているポルトガル語の教科書類を読んでいると，なるほど，ヨーロッパ諸語（とりわけロマンス諸語）の中でこういうところがポルトガル語に特徴的なのだと納得させられることがあります。ポルトガル語が欧州諸語の中の変わり者というわけではないですが，これはポルトガル語的と思わせるような現象がいくつかあるようです。

　そんななかで，ここでは所有形容詞の使われ方を見てみましょう。英語やフランス語の知識をお持ちの方からすると，ポルトガル語って面白いな，と思ってもらえそうな現象です。具体的に言うと，次の例文に見られるように，所有形容詞が省略されるのです。

Carlos perdeu o livro.　カルロスは本をなくした。
João descobriu a casa destruída.　ジョアンは家が破壊されたのを目撃した。
Paula partiu o braço.　パウラは腕を折った。
Paulo chamou o pai.　パウロは父を呼んだ。

　以上の4つの文で，目的語となっている名詞は「彼の本」であったり，「彼の家」であったり，「彼女の腕」であったり，「彼の父親」であったりするわけで，「彼の」あるいは「彼女の」に当たる所有形容詞 seu, sua を使いたくなるところです。ところが，ポルトガル語では seu, sua という所有形容詞を使ってしまうと逆に，解釈するうえで誤解を生みやすいので，使用するときに注意が必要になります。

Carlos perdeu o seu livro.
João descobriu a sua casa destruída.
Paula partiu o seu braço.
Paulo chamou o seu pai.

　以上4つの文で用いられる所有形容詞 seu, sua が多義的であるため，たとえば最初の文ならカルロスがなくしたのが彼自身の本なのか，第三者の本な

のか，それともこの文の話者にとっての聞き手（あなた）なのか曖昧なのです。よって，所有形容詞の使用は避ける方がベターです。

さて，英語やフランス語と比べて特徴的と言いましたが，ここでは英語と実際に対比させてみましょう。

次のように，英語では定冠詞だけの文は認められません。

Paulo chamou o pai.
Paul called his father.
*Paul called the father.

ポルトガル語で所有形容詞を省略できるのは，文脈から見て誤解される可能性がない（低い）からです。この意味で，ポルトガル語は英語やフランス語より文脈依存度の高い言語と言ってもよいのかもしれません。

また，ポルトガル語は所有の概念を目的格人称代名詞で補うことがあります。

O professor observava-me os gestos. 先生は私の仕草を観察していた。
(= O professor observava os meu gestos.)

「私に仕草を観察する」が「私の仕草を観察」になるところが面白いですね。もう少し例を出します。

Ele me bateu no rosto.（= Ele bateu no meu rosto.）
彼は私の頬を叩いた。
Ela me salvou a vida.（= Ela salvou a minha vida.）
彼女は私の命を救ってくれた。

ポルトガル語の特徴がよく出ていませんか。なお，これらの例文でmeを取ってしまい，所有形容詞（meus, meu, minha）を入れても全く同じ意味です。

最上級について

　比較，なかでも最上級の話をします。比較級と言えば，ポルトガル語では次の3つがあります。つまり，同等比較（comparativo de igualdade），優等比較（comparativo de superioridade），そして劣等比較（comparativo de inferioridade）です。

O Pedro é tão alto como(quanto) o Mário.　ペドロはマリオと同じくらい背が高い。
O Pedro é mais alto do que o Carlos.　ペドロはカルロスより長身だ。
O Pedro é menos alto do que o João.　ペドロはジョアンほど長身ではない。

　比較級では，ある特質を表すために比較の対象がありますが，次の最上級ではその特質が最大限まで強化されます。ただし，程度の差は許容されるのです。

a pessoa mais alta　　最も長身の人
pessoa altíssima　　　とても長身の人
pessoa muito alta　　とても長身の人

　最初のa pessoa mais altaは「相対最上級」と言います。「クラスの中で一番背が高い」のように誰かと比べているからです。2番目のpessoa altíssimaは誰かと比較しているわけではなく，とにかく背が高いわけで，「絶対最上級」と呼ばれます。しかも，altíssimaという1語だけで「最上」の概念が表されるので，統合的最上級という名称が使われます。3番目のpessoa muito altaも絶対最上級ですが，2語に分かれているので分析的最上級です。
　ここまでは初級文法の復習といってもよいでしょう。ここでは絶対最上級の言い方をさらに詳しく見ていきます。altíssimaに使われる -íssimo, -íssimaだけが絶対最上級を作る要素ではないのです。

feioso　　← feio+-oso　　とても醜い
felizardo　← feliz+-ardo　とても幸福な（人）

逆に接頭辞をつけることもあります。

supersimpático	← super+simpático	超感じのよい
hiper-resistente	← hiper+resistente	超抵抗力のある
ultraconservador	← ultra+conservador	超保守的な

あまり取り上げられることはないですが，語彙の意味の強度によって最上級を表すことも可能です。右に行くに従って，意味が強くなります。

fresco 涼しい	→	frio 寒い	→	gelado 氷つくような
querido 愛しい	→	amado 愛されている	→	adorado 熱愛される
parvo 愚かな	→	estúpido 馬鹿な	→	bronco 無知な
cheio 満ちた	→	farto 豊富な	→	saturado 充満した
enjoado 吐き気のする	→	agoniado 苦しい		

分析的最上級というと，muitoを思い浮かびますが，他にも使える語はあります。

bastante forte　十分に強い
assaz feliz　　　かなり幸せな
extremamente bonito　きわめて美しい
excecionalmente alto　際立って長身の
deveras difícil　非常に難しい

などです。

また，形容詞を繰り返すのも最上級の1つです。

menina linda linda　とてもきれいな少女
olhos azuis azuis　　とても青い目

なお，「白雪姫」のことをbranca de neveといいますが，このde neve「雪の」というのも強調辞の一種で，最上級といってもよいでしょう。

副詞の位置 1

　名詞を修飾するのが形容詞，動詞を修飾するのが副詞。副詞はポルトガル語でadvérbioと言いますが，動詞のそばに寄り添うものという意味です。このように一言で言ってしまうと話は楽なのですが，副詞は形の上でも，文法的な機能の面でも，また意味から見ても，まとまりがなく，特徴づけるのがむずかしい範疇です。もしかしたら，副詞と聞いたとき，形容詞の女性形に-menteをつけて派生させる語（たとえば，rapidamente「急いで」）を思い出す方も多いかもしれませんが，一方で，派生語ではないシンプルな形の副詞もあります（たとえば，aqui「ここ」，talvez「たぶん」，mal「悪く」）。

　また，副詞とは，前置詞や接続詞と同様に，不変化の品詞ですから，男女の「性」とか，単複といった「数」によって形を変えることもありません。とはいえ，これは言っておくべきかもしれません。たとえばmalという副詞は比較級になると，piorと形を変えます。したがって，完全に不変化の品詞と言っては語弊があるのかもしれませんね。

Ele está mal.　彼は調子が悪い。
Ele está pior.　彼はさらに調子が悪い。

　先ほど，動詞を修飾するのが副詞だと言いましたが，副詞は他に形容詞も，他の副詞も，さらには文全体を修飾したりすることもあります。本当に多機能なのです。

　また，動詞に寄り添う，とも言いましたが，副詞を使うときは，とりあえず動詞の脇に置いておけば問題なしかというと，そうともいきません。だいたい，脇に置くと言っても，動詞の前なのか（左なのか），後なのか（右側なのか）ということも考えないといけません。文頭，文末ということもありますね。ですから，副詞の位置というものも考慮する必要があるのです。

　けれども，最初に断っておくと，実は文中における副詞の位置に関しては絶対的なルールというものは存在しないのです。ならば，どこでもかまわないかというとそうでもなくて，どこに置くかによってその本来持っている意

味を発揮できるかどうかが変わってくるのです。したがって，使っているうちに次第に決まってきたという場所はあります。

　たとえば，形容詞や別の副詞を修飾するとき，副詞はたいていその前に姿を見せます。私なら，性格が前向きですから（本当か？），Muito bom!「とてもよい！」という例が真っ先に思い浮かびますね。これはbom「よい」という形容詞をmuito「とても」という副詞で強めた例ですが，Muito bem!「とても上手！」というように，副詞が副詞を修飾する例ももちろんあります。言うまでもなく，bemがmuitoを飾っているわけではないですよ。このmuitoの他に，mais, menos, tãoといった副詞も同様に被修飾語の前に置かれます。比較の文を思い出せばよいですね。

O João é mais alto do que o Manuel.
ジョアンはマヌエルより背が高い。

否定の副詞nãoも必ず動詞の前ですね。

Não falo alemão.　　私はドイツ語を話せません。
＊**Falo não alemão.**

これに対し，動詞を修飾する副詞は通常，動詞の後に置かれます。しかし，あくまでも「通常は」です。

A Paula chorou sentidamente a morte do pai.
パウラは父の死に心から涙した。

　上の文では通常通り，動詞chorouを直後から副詞sentidamenteが修飾しています。
　もう少し続けます。

副詞の位置 2

　先に見たmuitoやnãoといった副詞は位置が固定された語でした。同様に，いくつかの動詞の補語として用いられるとき，副詞の使用が義務となり，しかも位置が固定される場合があります。

Carlos mora aqui.　　＊Carlos aqui mora.　　＊Carlos mora.
カルロスはここに住む。

O correio fica perto.　＊O correio perto fica.　＊O correio fica.
郵便局はそばにある。

　ところで，このaquiについては注意が必要です。A minha residência é conhecida aqui. と言えば「ここでは私がどこに住んでいるか知られている」という意味で，A minha residência aqui é conhecida.では「私がここに住んでいることを誰もが知っている」という意味になります。

　次の文のbemとmalも位置は固定されていますし，使用が義務づけられています。

Pedro porta-se bem.　ペドロは行儀よく振る舞う。
＊Pedro bem porta-se.
＊Pedro porta-se.

Paulo trata mal a namorada.　パウロは恋人を邪険に扱う。
＊Paulo trata a namorada mal.
＊Paulo trata a namorada.

　けれども，位置を変える副詞もあり，その中には位置の変化によって意味を変えるものも変えないものもあります。なかなか厄介なものなのです。
　たとえば，ontem「昨日」のような時の副詞はかなり自由に位置を変えることができます。時間や場所を表す副詞は動詞の前でも後でも，いや，どこでもかまいません。そして，意味は変わりません。「私が昨日ケーキを食

べた」という事実は次のどの文を見ても伝わります。皆さんならどこに置きますか。

> Eu comi um bolo ontem.　私は昨日ケーキを食べた。
> Eu comi ontem um bolo.
> Eu ontem comi um bolo.
> Ontem eu comi um bolo.

しかし一方で、意味が変化してしまう副詞もあります。

> A aula acabou felizmente.　　授業はよい感じで終わった。
> Felizmente, a aula acabou.　　幸いなことに授業は終わった。

私の授業は前者であって欲しいと思いますが、前者の副詞がacabar「終わる」を修飾しているのに比べ、後者では終わったという事実そのものを評価しています。授業がどう終わったかを表しているわけではないのです。

前者の文は言い換えれば、A aula acabou de modo feliz.あるいは、A aula acabou bem.としてもよいでしょう。そして、後者は、Ainda bem que a aula acabou.あるいは、Estou feliz por a aula ter acabado.としてもけっこうです。

なお、同じ-menteで終わる副詞provavelmente「おそらく」は、felizmenteと異なり、位置によって意味を変えることはありません。

> Provavelmente, o Benfica ganhou o jogo.
> おそらくベンフィカは試合に勝利したろう。
>
> O Benfica provavelmente ganhou o jogo.
> おそらくベンフィカは試合に勝利したろう。

意味を変える副詞

　副詞の位置には注意しないといけないことが理解してもらえたでしょう。ですが，副詞には通常使用される意味とは異なる使われ方をする場合があるので，そちらも要注意なのです。

　文法書や辞書では副詞にある一定の意味をあてがっていますが，本来の意味をけっこう変えてしまうことが話し言葉でも書き言葉でも起こります。

　Ora esta!　あら，まあ！

　oraは時間の副詞であり，「今」「現時点」という意味がありますが，このOra esta!という表現においては，驚き，不満，疑いなどの感情的な意味合いを帯びています。そして，「今」を意味する副詞と言えばagoraですが，この副詞も疑問を表したりもします。

　Agora!　ええっ？

　時間の副詞に起こることは，場所の副詞にもあり得ます。たとえば，cáとláです。「ここ」と「あそこ」だけでなく，強調辞になります。

　Eu cá não sei nada disso.　それについては何も知らない。
　Diga lá, está preparado para o teste?　テストの準備はできているのか。

　ところで，láに関して，こんなフレーズをよく耳にしますが，意味をご存知でしょうか。

　Lá isso é verdade.　それについては本当だ。

　実はこの文のláはもちろん場所を表しているわけではなくて，置き換えれば，「〜に関しては」を意味するquanto aに等しいのです。つまり，Quanto a isso é verdade.と同じなのです。こんなのもあります。

　Lá me escapei.　なんとか逃げることができた。

この文では,「何とかして」「大いに苦労して」という意味があります。つまり,なんとかかんとかして逃げることができた,と言っているのです。
　láと来たら次はもちろんjáです,というのはほとんど意味を成しませんが,この語にも注意して欲しい用法がいくつかあります。
　まずは位置についての注意点。Já adormeceram.と言うと「ついに」という意味ですが,Adormeceram já.と言うと「今も寝ている」という含意があります。続けます。

Carlos trabalha muito, já o irmão é preguiçoso.

　この文で使われるjáは「すぐに」という意味ではなく,「その分(を補って)」という意味です。「カルロスがたくさん働く分,兄弟は怠け者だ」ということです。
　また,jáには「しかし」という逆説の意味もあります。

Acho que ele é bonito, já os meus amigos não são da mesma opinião.

「私は彼をハンサムだと思う」としても,「私の友人たちは同じ意見の持ち主ではない」のです。
　さて,sempreと言えば「いつも」と訳したくなりますが,いつもそうだとは限りません。「確かに」とか「実際」という意味でも用いられるのです。

Afinal sempre voltaste hoje de África.
やっぱり本当に,今日アフリカから戻ったんだ。

　最後になりますが,depoisには「さらに」という意味があることを指摘しておきます。

Não vou sair, pois, estou cansado, depois faz frio e chove.
私は外出しない。というのは,疲れているし,さらに寒くて雨も降っている。

　疲労しているだけでなく,さらに寒くて雨も降っているので,外出したくないわけです。

aquiとcáの違いについて

　日常的によく使い，すぐに覚えてしまう単語に限って，実は使い方がむずかしかったりします。ポルトガル語の場所の副詞もけっこう頭を悩まされるところがあります。

　教科書を見ると，場所の副詞に関しては2つの系列があることがわかります。

aqui（ここ）	**aí**（そこ）	**ali**（あそこ）
cá（ここ）	**lá**（そこ，あそこ［見えるが遠い］）	**acolá**（向こう［見えない］）

　最初のaqui, aí, aliは日本人にはさほど難しくないでしょう。日本語も3項対立ですから。

O seu livro está aqui.　　あなたの本はここにある。
O seu livro está aí.　　あなたの本はそこにある。
O seu livro está ali.　　あなたの本はあそこにある。

　けれども，2段目を見ると，はたと考え込んでしまうわけです。aquiとcáはどう違うのだろうか。どう使い分けたらよいのだろうか。同じように，aí, aliとlá, acoláはどうなのだろう。こんな疑問が当然湧いてくるはずです。この違いは辞書的に調べるよりは，実際の用法の違いによって捕まえた方がよさそうです。

　たとえば，aquiとcáは同義語であり，「ここ，この場所で，この地点で」を意味します。しかし，完璧な同義語というものはないわけで，やはり違うのです。つまり，異なる文脈で用いられるのです。aquiの方はかなり特定できる「ここ」という感じがします。

A sua carteira ficou aqui.　あなたの財布はここにあった。
Está aqui o primeiro-ministro do Japão.　ここに日本の首相がいる。

　cáの意味としては，「ここ」とはいえ，ある空間，つまり，この家，この

土地，この国というように広がりを持ちます。つまり，cáの方がaquiより厳密でない，漠然と広がった空間を前提として使われるようです。あえて言えば，「この辺り」となるのでしょうか。aquiの方は第三者が近くにいる時，cáは第三者が遠くにいる時という違いも指摘できるかもしれません。

でも，そうした漠然さも主観的なものですから，絶対的なルール化というのは不可能なようです。また，Vem cá. Chega aqui.「こっちに来なさい」とも言えますから，こうした場合では，ニュアンスの違いは消えてしまっていると言ってもよさそうです。

Cá no Japão não cozinhamos assim. ここ日本ではそうは料理しない。
Há bons hotéis lá na tua terra. 君の故郷にはよいホテルがある。
O casaco do professor está acolá em qualquer sítio.
先生の上着はあのあたりのどこかにある。

ブラジルではポルトガルほどcáを使わず，ブラジル人がaquiを使う時でも，ポルトガル人がcáを使う時があります。

Eles não moram mais aqui. （ブラジル）彼らはもうここには住んでいない。
Eles já não cá vivem. （ポルトガル）

最後にもう1つ補足します。láとacoláの違いですが，láは遠いですが視界に入っているような感じもします。一方，acoláは遠くてさらに見えないというニュアンスもあります。

O ônibus veio de lá. バスはあちらから来た。
O ônibus veio de acolá. バスははるかかなたから来た。

コラム　カボ・ベルデのポルトガル語

　西アフリカの沿岸部から大西洋上をずっと視線で追っていくと，カボ・ベルデ共和国という島国を見つけることができます。1975年7月5日にポルトガルから独立したこの国は，かつては奴隷貿易の中継地点として大いに利用されていました。住民たちの多くはポルトガル人とアフリカ人の混血。国民の母語はポルトガル語とアフリカ諸語の接触から生まれたクレオール語です。

　とはいえ，カボ・ベルデの公用語はポルトガル語。カボ・ベルデ人なら誰でも話せるというわけではないですが，カボ・ベルデのポルトガル語に特徴的と言える現象もすでに存在します。カボ・ベルデらしさが生まれる一方で，ポルトガルのポルトガル語というモデルが元に戻そうとする。現在は2つの変種が綱引きをしているわけですが，ここではカボ・ベルデらしさの一部を見ていくことにしましょう。なお，カボ・ベルデは面積の狭い国であり，まだ地理的方言と呼べるものは形成されていません。

　音の面で言うと，muitoの /ui/ にある鼻母音性が失われ，二重口母音になってしまうということに気がつくかもしれません。ポルトガルやブラジルのポルトガル語でも /ũỹ/ という二重鼻母音はこの単語にしか出てこないのですから，失われてしまうのも当然なのかもしれません。

　また，ポルトガルでは [ɨ] という音がストレスのないeに用いられますが，カボ・ベルデ人はこの音を発音するのに困難を覚え，2通りの方法で代えます。1つは [i] と発音すること（南部方言），もう1つは母音を発音しないことです（北部方言）。

　以前，カボ・ベルデ人からこんな話を聞かされました。カボ・ベルデ人の母語であるクレオール語の基本語順は主語・動詞・間接目的語・直接目的語ですが，ポルトガルのポルトガル語は目的語の順番が直接→間接と，逆なのです。けれども，カボ・ベルデ人はクレオール語の影響で

ポルトガル語を話すときも間接目的語そして直接目的語という語順を用いてしまい，たとえばポルトガルの小中学校に通うカボ・ベルデ人移民の子供たちが教師から叱られてしまうのだというのです。母語の干渉という現象ですね。

　母語の干渉と思われる現象は他にもあります。クレオール語には動詞の活用がほとんどないので，主語の省略はできません。おそらくはその影響だと思われますが，カボ・ベルデ人のポルトガル語では，ポルトガルのポルトガル語に比べると，主語の省略は少ないです。Falo português. ではなく，Eu falo português.「私はポルトガル語を話す」というように。ブラジル的と言ってもよいかもしれませんね。

　動詞の活用がほとんどないため，語順が固定されているという点も，ポルトガルのポルトガル語と異なる点でしょう。

　また，ポルトガルのポルトガル語で複雑に発展している２人称の呼び方ですが，カボ・ベルデのポルトガル語ではo senhor, a senhoraがないので，親しみを込めたtuと尊敬を込めるvocêの２つの対立に単純化されています。ポルトガル人と付き合っていると，相手をどう呼んだらよいのか迷うときがままありますが，これならシンプルでいいですね。

第7章　ポルトガル語の代名詞

代名詞とは何か？

　代名詞のことをポルトガル語ではpronomeと言います。この語は2つに分解できますが，proは「～の代わり」，nomeは「名詞」ですから，「代名詞」という訳語は見事にできた直訳語ですね。もちろん，日本語の「代名詞」はポルトガル語のpronomeを訳した言葉ではないでしょうけれど。

　代名詞と言っても，実はいろいろな種類がありますね。その種類としては，

主格代名詞	eu, tu, nós...
所有代名詞	meu, teu, nosso...
指示代名詞	este, esse, aquele...
不定代名詞	algum, nenhum, outro...
関係代名詞	que, quem, quanto, qual....
疑問代名詞	quem?, qual?, quanto?....

　このように，代名詞にもけっこうたくさんの下位区分があるわけです。

　さて，代名詞は名詞の代わりをするわけですから，言及する対象となるものに関しては「可能性は無限大」と言ってもよいでしょう。

comprei-os　　　os=casacos, livros, computadores.....

　ちなみに，このosは直接目的格代名詞の3人称複数形ですが，変わりうる名詞の数はたくさんあって，「...」のところには候補者が数えきれないくらいあるわけです。

　ところで，代名詞が取って代わる名詞のことを先行詞と言います。その名の通り，代名詞よりも前に現れるのが普通です。その先行詞は，まず名詞の場合があります

O jogador é muito bom. Ele marcou um grande golo.
その選手はとてもよい。見事なゴールを決めた。

A causa, sim, ignoro-a. / Ignoro-a, sim, a causa.
理由，ええ，私は知らない。　　私は知らない，そう，理由を。

前ページの最後の例では2つの文を出しましたが, 最初の文が通常の語順。2番目の文は語順を転倒させています。なので, 代名詞が先に現れ, 先行詞が後になるという矛盾した配列になっていますが, こうしたことも不可能ではありません。

意外な感じもしますが, 先行詞が形容詞の場合もあります。

És inteligente, eu não o sou.　君は頭がいいが私はそうではない。

この文のoは形容詞inteligenteに代わる代名詞です。ただし, 中性の代名詞なので, 性数変化はしませんよ。

これもちょっと変な感じがするかもしれませんが, 代名詞を先行詞とする代名詞もあります。

Faz tudo quanto digo.　　　　私が言うすべてのことをしなさい。
Esta é a (aquela) que aprecio.　これは私が評価することです。

tudoという不定代名詞をquantoという関係代名詞で受けています。Faz tudo digo.では文になりません。また, 下の文はestaが指示代名詞, それをaあるいはaquelaという代名詞で, そしてさらに関係代名詞queで受けていますね。代名詞だらけの文という感じです。不定詞の代わりもできます。

Dormir, isso faz bem à saúde.　たくさん寝ること, それは健康に良い。

issoという指示代名詞がdormirという不定詞を先行詞としています。これはeleでは受けられません。

不定詞だけでなく, 節(文)を先行詞とすることもできますね。

Andas triste. Isto choca-me.　君はずっと悲しそうだ。これが私にはつらい。

以上, 思い浮かぶ代名詞の使い方を見ましたが, 思った以上に代名詞って使われていると思いませんか。

Deixa-me dizer. か Deixa que eu diga. か？

「私に言わせてくれ」と言いたいとき，標題にある２つの文のうちあなたはどちらを言いますか。私は前者の Deixa-me dizer. を言ってしまいますが，理由はご想像通り。やはり接続法の使用を避けたいからです（もちろん，接続法も使えますよ，念のため）。

この２文は同じことを言っていますが，動詞 deixar の目的語は，que eu diga という節の場合と，不定詞 dizer を伴う目的格代名詞 me の場合があることがわかります。que によって導かれる節の場合は eu ははっきりと diga の主格代名詞だとわかりますが，-me dizer の場合は me は deixa の目的語です。なのに同じ意味を表すというところが"みそ"なのです。そうです，この me は目的格代名詞であるにもかかわらず，dizer の主語の役割もしているのです。

さて，que＋接続法の構文は脇に置いて，上記の文で用いられる me, te, nos などの目的格代名詞を伝統文法では「対格主語」と呼んだりします。対格とは直接目的格のことですから，me, te, nos という目的格の形を取っているけれど，意味は主語だということです。形は小さいですが，重要な機能を果たしているわけです。なので呼び名が「対格主語」なのです。この対格主語を導く動詞というと，mandar「命じる」, deixar「させる」, fazer「させる」がありますが，さらに sentir「感じる」, ouvir「聞く」, ver「見る」などのいわゆる知覚動詞もそうです。

さて，形は目的格でありながらも主語の意味を持つ。すると，意味の方が優勢になって，形も主格になってしまうという現象は十分に予想されます。そして，実際にそういう現象が少なくともブラジルの庶民レベルでは起こっています。

Deixa-me dizer o que penso.　思っていることを言わせてくれ。
Deixa eu dizer o que penso.

最初の文は伝統文法にのっとった対格主語を用いた文ですが，２番目の方

は話者の直感により"忠実"と思われる構文で，meではなくeuという主格の形を取っています。なにしろ意味は主語なんですから。でも，こうなると，対格主語という名称はよくなくて，主格目的語とでも呼ぶべきなのかもしれません。さて，ここで1つ疑問が湧きます。

Mando-os entrar.　私は彼らが中に入るよう命じる。

この文で，osという目的格をelesという主格にするとどうなるでしょうか。

Mando eles entrar.

これでいいでしょうか。確かに，たくさんの人が言います。でも，これは本当はよろしくないですよ。entrarの主語elesが明示されたので，人称代名詞の出番です。

Mando eles entrarem.

これが正しい形になります。osよりelesの方が簡単に思えますが，人称不定詞という「落とし穴」が待っていましたね。要注意です。

ところで，目的格代名詞が消え，主格代名詞が用いられるこの現象は，ブラジルのポルトガル語に見られる1つの傾向の反映でもあります。ポルトガルのポルトガル語は逆で，主格代名詞を省略することが多く，目的格代名詞を省略することはあまりありません。同じポルトガル語でもまったく逆の方向を向いているわけです。

ポルトガル人とブラジル人の違いをよく表す事例としてこんな状況を想像することができるようです。

Acabo de ver o Carlos no cinema.　映画館でカルロスを見たばかりだ。

このように言われたら，ブラジル人はEu também vi.「私も見た」と言い，ポルトガル人はTambém o vi.「私も彼を見た」と反応するのだというのです。主語を言うか言わないか，目的語を言うか言わないか。大西洋を挟んでけっこう違うものです。もちろん通じ合いますが。

este と isto

　非常に頻繁に使われるのに，いざとなると使い分けに困ってしまうのが，istoとeste, issoとesse, aquiloとaqueleです。isto...の方は指示代名詞であり，este....の方は指示形容詞ですが，文法用語の違いだけではわかりにくいことも事実です。este, esse, aqueleは基本的に指示「形容詞」であって，その後に名詞が来るわけです。つまり，日本語で言えば，「この」「その」「あの」ということで，その後になにか名詞が求められます。

　しかし，話題になっているものが何か確定された後は，名詞はもはやこれらの指示詞の後でわざわざ言う必要がなくなるのです。だから，文中でeste, esse, aqueleが単独で姿を見せても，本来はその後ろにそれらの性と数を決める名詞があるので，あくまでも指示形容詞なのです。

De quem são esses livros? それらの本は誰のものですか。
Este é meu e aquele é do João. これは私ので，あれはジョアンのです。

　質問文では名詞とともに使われており，まさに指示形容詞ですが，答えの文ではすでに本のことを話題にしていることがわかりきっているので，指示詞だけで文を作っています。それに対し，isto, isso, aquiloは指示「代名詞」で，分解すると，esta(s) coisa(s), essa(s) coisa(s), aquela(s) coisa(s)となり，こんな言い方可能になります。

Tenho o meu livro, mas prefiro este. 自分の本があるが私はこっちがいい。
Tenho um livro e uma caneta, mas prefiro isto(este presente) que me ofereceram.
本一冊とペン一本があるが，もらったこっちの（プレゼントの）方がいい。

　また，その性や数について確定できない，あるいはしたくないもの全般に言及するときに使用されます。これは何ですか？あれは何ですか？という基本的な質問文にeste, esse, aqueleではなく，こちらのisto, isso, aquiloの方が使われる理由もこれでわかりますね。何だかわからないわけですから，性も数も決められず，したがって中立の指示詞を使わないわけにはいきません。

O que é isto? これは何ですか。　**É um computador.** コンピューターです。
Não sei o que é aquilo. あれが何だかわからない。

最後の「あれが何だかわからない」というケースでも，何だかわからないのですから，性と数に関して中立なaquiloを使うことになります。日本語にするときは，「これ」「それ」「あれ」でよいでしょうけれど，「このこと」「そのこと」「あのこと」という場合もあります。また，isto...には侮辱的なニュアンスを込めて「人」に対しても使うことがありますが，それなどは，もともとの用法にある「このこと」という意味がそもそも人にはふさわしくないから生じるものなのでしょう。基本的にはisto....は人に言及するときは使用できません。

Este é um trabalhador. こいつは働き者だ。　***Isto é um trabalhador.**

ところで，isto...にはistos...という複数形はありません。しかし，それはこれらの指示詞が複数形の述語を取りえないという意味ではありません。というよりも，述語が複数形の場合は，コピュラ動詞serも複数形になると覚えておいてください。

Isto são factos. これは事実である。
Aquilo são só confusões! あれは混乱だけだ！

この文は正しい文です。ちなみに，tudoやo queも同様で，述語が複数形なら，serも複数になります。

O que vocês dizem são disparates. 君たちが言うことはでたらめだ。
Tudo são flores. すべてが花である。

isto, isso, aquiloにしてもo que, tudoにしても，単複同形なのだと考えれば，違和感は薄れるかもしれません。最後に，este....とisto.....の使い分けを再確認しましょう。中性の方は，「無生物」で，しかもその名前がわからない時に使われるのです。

「所有」する際の注意

　ポルトガル語では所有代名詞と所有形容詞が同じ形をしています。それはよいのですが，ポルトガルでは所有形容詞の前に定冠詞が付きますが，ブラジルでは稀にしか付けられないことにまず注意しましょう。

(O) meu cão está aqui. Onde é que está (o) seu?
私の犬はここにいます。あなたの（犬）はどこですか？

　（　）内の定冠詞oがあるのがポルトガル，ないのがブラジル式です。
　ただしポルトガルでも，不定冠詞や数詞が先行するとき，指示詞と共に使われる時は定冠詞は使われません。

Apresento-lhes um amigo meu(um meu amigo).
あなた方に友人の1人を紹介します。

Três meus irmãos moram em Moçambique.
兄弟のうちの3人がモザンビークに住んでいます。

Meu computador é este. Este é meu computador.
私のコンピュータはこれです。これが私のコンピュータです。

　また呼びかける格，呼格の場合も定冠詞は使われません。

Não digas isso, meu filho!　そんなこと言うなよ，我が息子。

　述部でser動詞の後でも定冠詞は省かれます。

Esta casa é minha.　これは私の家です。

　Esta escola é a minha.のように定冠詞を付けると，所有ではなく，所属，つまり「私が通っている学校」という意味になります。
　今度は逆に所有形容詞を使わずに「所有」を表す方法を確認しましょう。当たり前かもしれませんが，文脈から見て所有者が誰かがはっきりしている場合は定冠詞だけで済ませてしまいます。特に身体部位，親族，衣類などの

場合がそうなります。

A Maria fechou os olhos. マリアは両眼を閉じた。
Vou com a esposa. 妻と行きます。

os seus olhos, a minha esposaと所有形容詞を付けて話してももちろん問題ないですが，なくても誰の眼なのか，誰の妻なのかわかるなら省略が可能なのです。やはり，身体部位や所有物を表す時に，目的格人称代名詞を使った語句で所有形容詞を代用してしまう時があることはすでに見ました。

Dê-me o livro. 私の本をとってください。
Viram-me o rosto. 彼らは私の顔を見た。

o meu livro, o meu rostoと言う代わりに，所有形容詞を省き，代わりにmeという間接目的格代名詞を使っています。

所有形容詞を使ったちょっと面白い表現を紹介します。1つは，習慣的行為を表します。

Ele serenou o ambiente da sala com uma brincadeira das suas.
いつものジョークで彼は部屋の雰囲気を和ませた。

もう1つは，数詞と共に使われ，「およそ」を意味します。特に年齢を表す場合が多いでしょうか。

Chegou um homem de seus cinquenta anos.
50歳くらいの男性が着いた。

最後になりますが，ポルトガルでは2人称複数の主格代名詞にvósの代わりにvocêsを使うようになったわけですが，vocêsの所有格はvosso, vossa, vossos, vossasを使います。

厄介な目的格人称代名詞 1

目的格人称代名詞には「直接」と「間接」があり，復習するとそれぞれ以下のようになります。

	直接目的格		間接目的格	
	単数	複数	単数	複数
1人称	**me**	**nos**	**me**	**nos**
2人称	**te**	**vos**	**te**	**vos**
3人称	**o/a**	**os/as**	**lhe**	**lhes**

おわかりのように，3人称の形が違うだけで，1人称と2人称は単数も複数も共通しています。「直接」はだいたい日本語の「～を」を意味し，「間接」は「～に」を意味すると理解しておいてよいのですが，むしろ問題はどこに置くかなのです。すなわち，動詞の前（左側）に置くか（前接辞的＝proclítico），後（右側）に置くか（後接辞的＝enclítico），ルールを知らないと迷うことになるのです。

また，助動詞が使われた場合はどうなるのか，頭をひねりそうです。すなわち，助動詞＋動詞の前なのか，後ろなのか，それとも両方の間なのか，知っておかないといけません。

ところが，すでに想像されているとおり，これがなかなかやっかいなのです。なぜやっかいかというと，1つはポルトガルとブラジルの間で位置に関するルールが違うからで，今でも両国の文法学者の間で熱い議論のネタにもなっています。さらにまた，位置を決める際，文法と意味を考慮する必要もあるからです。文中における語順が文法と意味の規則に従うことは言うまでもないですね。

しかし，かなり荒っぽい言い方が許されるならば，ポルトガルでもブラジルでも基本的には目的代名詞は動詞の前に置かれるのです。つまり前接辞的なのです。文法書を見ると，さまざまな注意点が指摘されていますが，原則として動詞の前に置いておけば概ね正解となります。

Eu não o conheço. 私は彼を知らない。

　この文はポルトガルでもブラジルでも正しいものとして受け入れられます。

　ところが，私たちの悩みの種となるのがポルトガルの用法なのです（ブラジルも揺れがあって困るのですが）。1971年の出版ですからずいぶんと古い本の部類になるのかもしれませんが，スペインのクエスタとルスが書いた『ポルトガル語文法』という本には，ポルトガルの人称代名詞弱形の配置はポルトガル語統語論の中でも最も厄介な部分の1つという類のことを記しています。それに対し，ブラジルの方は古いポルトガル語に先例があるとも述べています。

　さて，ポルトガル側の厄介な点ですが，なにしろ最も基本的だと言えるいわゆる平叙文で（特別なイントネーションはなし），他の構文と異なり，目的格代名詞を動詞の後ろに置きます。

(Ele) amou-me. 彼は私を愛した。

　この文からeleを取ってしまっても，Amou-me.は正しい文になります。なお，念のために言っておくと，ブラジルでは，Ele me amou.あるいは主語を取ってMe amou.となることが多いです。

　重文においても動詞の後ろに置きます。

Visitei a Festa do Avante e achei-a bem organizada.
アバンテ祭を見学し，よく準備できていると思った。

　不定詞の目的語の場合も動詞の後ろです。

Muito prazer em conhecê-lo.
知り合えて光栄です。

厄介な目的格人称代名詞 2

前ページの続きですが，ここからは動詞の前に置くケースです。

まず，否定辞não, nunca, nem, jamaisが使われれば，ポルトガルでもブラジルでも動詞の前に置かれます。

Não o conheço.　私は彼を知らない。
*Não conheço-o.

apenas, até, já, sempre, talvezというタイプの副詞によって始められる文では前に置かれます。

Apenas a Maria os encontrou.　マリアだけが彼らに会った。
*Apenas a Maria encontrou-os.

主語が不定代名詞の場合はやはり前に置かれます。

Alguém me chamou?　誰か私を呼んだか。
*Alguém chamou-me?

従属節の中ではやはり動詞の前に置かれます。

Sei que você a visitou.　あなたが彼女を訪ねたことを知っている。
o homem que me visitou　私を訪ねた男
Quando me telefonaste, eu não estava em casa.
君が電話をくれたとき，家にいなかった。

また，焦点が当てられる要素が文頭に置かれたときも前に置かれます。

Por esta razão me chamou de longe.　この理由で遠くから私を呼んだ。

助動詞terが用いられる動詞句では中間に置かれるのがふつうです。

Eu tenho-a visitado todos os dias.　私は毎日，彼女を訪ねている。

これは正しい文ですが，次の2つの文は容認されません。

*Eu a tenho visitado todos os dias.
*Eu tenho visitado-a todos os dias.

なお，上記の文を否定する場合，前に置かれます。

Eu não o tenho visitado todos os dias.
私は毎日，彼女を訪ねてはいない。

弱い代名詞の位置で一番頭を悩ますのが，助動詞＋不定詞の目的語となる場合でしょう。最初の動詞の目的語の場合はその直後に付けますが，不定詞の目的語の場合は2つの可能性があります。

Deixei-te falar à vontade.
思いのままに話させた。

Pode deitar-se. / Pode-se deitar.
横になってもいいよ。

2番目の文を否定すると，Não pode deitar-se. と Não se pode deitar. の2つ可能性があります。

ter や haver を使った複合時制の場合は，この助動詞の方に付けられます。

O senhor tinha-me dito que...
あなたは私に...と言いましたが

ただしブラジルでは，ハイフンを使用しません。ブラジル人は代名詞は後の動詞に付けられていると見なしているのです。

目的語としての彼，彼女

　英語を学び始めたころ，*I love you.* の目的格代名詞である *you* が主格代名詞の *you* と同じ形だとわかった時，憶える形が1つ減ったと思い，少しだけ得をしたように感じた人はいないでしょうか。語順にあまり自由が利かない言葉なら，*You love me.* ではなくて，*You love I.* でもよいのではないかと思ったりはしなかったでしょうか。まあ，こういう横着なことを考えているような人間は文法の学習に大きな進歩を成し遂げることができないのかもしれないので，余計なことは考えない方がよいのかもしれません。

　さて，今度はブラジル側の話をしようと思います。ポルトガルとブラジルの間で文法面に違いがあることがわかる象徴的な現象です。もしかしたらすでにブラジル人と実際に話したことがある，それともブラジルの映画をよく見たりすると言う方なら経験があるかもしれません。直接目的格代名詞3人称の形に，o, a, os, as という弱い形ではなく，主格形と同じ ele, ela, eles, elas という形が使われることがよくあるのです。

　フォーマルな書き言葉ではまだ目にすることはないでしょうけれど，ブラジルの子供たち，非識字者たちはみんな強い代名詞を使うでしょうし，高等教育を受けた人でも弱い代名詞を使うことはあまりないのではないでしょうか。つまり，ブラジル人は「母語」として，o, a, os, as を身につけることはないのです。興味深いのは，同じ直接目的格代名詞でも，1人称と2人称はブラジル人も弱い形を使っていることです。

Ele me chamou. 彼は私を呼んだ。
Ela me viu. 私は彼を見た。

という人も，彼や彼女はこうなります。

Eu chamou ele. 私は彼を呼んだ。
Eu vi ela. 私は彼女を見た。

　また，助動詞との組み合わせを見てみましょう。

Eu vou chamar ele.
Eu vou chamá-lo.

　Eu vou chamar ele. は普通ですが，Eu vou chamá-lo. という形はブラジルでは「千載一隅」なのです，は大げさですけれど，教養ある人がフォーマルな場面にあることを強く意識した時などでしか聞けないでしょう。

　こうした現象に対し，言語学者は，言語は変化するもの，現在の規範から逸脱するからといってすべてに「誤り」というレッテルを貼ったりはしませんが，頭のかたい文筆家や作家などは「ブラジル人は正しいポルトガル語を話せない」という勝手な思い込みと偏見に基づき，厳しい批判を浴びせます。いや，ポルトガル語の文法書の中で最も定評のある『新現代ポルトガル語文法（*Nova gramática do português contemporâneo*)』（Celso Cunha & Lindley Cintra 著）を見ると，言語学者も直接目的語としての ele, ela の使用を戒めていますから，この用法は評判が悪いようです。

　ただ，この2人の碩学は，この用法は13，14世紀のポルトガル人作家の文書にも見られるという貴重な指摘を残しており，この事実は忘れずに置きたいものです。現時点で，あまり教養のない人々が使う用法が実は規範変種では使われなくなったものの，かつてはけっして負の烙印を押されるような言い方ではなかったことがあり得るということは覚えておいてよいでしょう。

　日本もそうですが，ブラジルでも言語に関する偏見をなくすために言語学者はもっと積極的に社会に向かって発言すべきなのかもしれません。

itに相当する ele

expletivoという用語があります。「助辞」とか「虚辞」と訳されます。英語で *It is raining.* と言うときの *it*, あるいは *There is...* と言うときの *there* のように, それ自身は意味を持たず, 何物にも言及しない語（形は3人称単数代名詞）を指します。こうした語がないとされるのがポルトガル語です。たとえば, 英語のこんな文を見てみましょう。

It is necessary to choose good friends.
良い友人を選ぶ必要がある。

この文をポルトガル語にすると,

É necessário escolher bons amigos.

となって, 英語の *it* に相当する代名詞はポルトガル語にないわけです。いや, *it* に相当するのはeleだと思えますが, 通常は使われませんね。

ですが, よく調べてみると口にされる状況があるのもまた事実なのです。たとえば, こんな文です。

Ele está calor. 暑い。

教科書的にはもちろんEstá calor. です。
さらにまたこんな文もあります。

Ele estava a nevar. 雪が降っていた。

英語だったら, *It was snowing.* となりますが, ポルトガル語ではeleは不要どころか, 普通は入れたら非文法的として叱られます。Estava a nevar. ですよね。

また時間を表すのに,

Ele já é tarde. もう遅い。

なんていう表現も使われますが、もちろん、Já é tarde. でいいのです。

ポルトガル語の虚辞 ele は非規範変種と結びつけられることが多いですが、文学作品などにも出てきますから、ポルトガル語に虚辞の *it* や *there* に相当する語はない、なんて決めつけてはいけないのかもしれません。定評ある文法書『新現代ポルトガル語文法』を見ても、フランス語の *il* のように ele が虚辞としてポルトガルの庶民階層の言葉遣いに用いられることがあると記されていますが、文学作品からの例も引用されています。次の文は現代作家フェルナンド・ナモラから取られています。

Ele há tanta mulher por aí....
そこらにたくさん女がいる…

私たちが習う文法にのっとれば、最初の Ele は取って、

Há tanta mulher por aí....

で、いいですよね。
haver に対して虚辞の ele を使うのは作家の専売特許などではもちろんなくて、庶民の言葉にも出てきます。

Ele há várias estrelas.
星がいくつか出ている。

さらにまた、非人称の diz-se que あるいは dizem que「と言われる」の代わりに、Ele diz que という形が使われることもあります。

Ele diz que já chegou o João.
ジョアンはもう着いたらしい。

英語やフランス語と異なり、ポルトガル語は主語がなくてもよい言語です。ですから、*it* や *il* とまったく同じ機能を果たす語はないのでしょうけれど、やはり主語を言いたくなる気持ちは話者の間に働くのかもしれません。

不可分のse

　再帰代名詞のseというものがあります。これが厄介な代物であることは既習者は実感されていると思いますが，何よりもまず「自身を〜する」という再帰の用法があります。

O Carlos lava-se.
カルロスは自分（の体）を洗う。

　動詞が表す行為や動作が主語に帰ってくる，あるいは主語に反射，反映される，この再帰性はa si próprio「自分自身を」という語句を付け足すことができるかどうかで確認できます。

O Carlos lava-se a si próprio.
カルロスは自分自身（の体）を洗う。

　一方で，再帰代名詞には相互的用法というのもありますが，これはum ao outro「お互いに」という語句を補えるかどうかが分かれ目です。

Paulo e Maria amam-se. パウロとマリアは愛し合っている。
Paulo e Maria amam-se um ao outro.

　ところが，PauloとMariaをinglêsとfrancêsに，amarをfalarに換えて，

*Inglês e francês falam-se um ao outro.
英語とフランス語は互いに話す。

というのは変ですね。
　でもum ao outroを取って少し変更を加えてみます。

Falam-se inglês e francês aqui.
ここでは英語とフランス語が話される。

　ここでは，seは受動態の意味で使われていますね。もちろん正しい文です。

さて、再帰的用法、相互的用法、受動態としての用法、これらとは別にseが重要な役割を果たすケースがあります。たとえば、

O Canal 1 atreveu-se a entrevistar o suspeito.
1チャンネルはあえて容疑者にインタビューした。

ここで使われるatrever-seの意味は「あえて〜する」であり、そのseは受け身でも相互的でもありません。atreverの動作、行為はo Canal 1には反射されて帰ってくるわけではありません。では、何かというと、se inerente、あえて訳せば「不可分のse」と呼ばれます。動詞に統合されたseと言ってもよいかもしれません。私が学生時代にポルトガル語を教わった恩師は「se付き自動詞」と呼んでいました。

したがって、seを取った次のような文は非文法的になります。

*O Canal 1 atreveu a entrevistar o suspeito.

どうやら、「不可分のse」はそれ自身は再帰代名詞本来の意味を持たず、単に文法的に存在しているだけなのかもしれません。

再帰的用法と、統合されたseの区別が微妙の時もあります。そんな時は、先ほど紹介したa si próprioテストが役立ちます。

Os barcos movimentaram-se devagar.
船はゆっくりと動いた。

この文のseは再帰的な意味を持つのか、それとも意味もなく動詞movimentarに統合されているのでしょうか。

*Os barcos movimentaram-se a si próprios devagar.

船が自らの意思を持って自らを動かすというのは考えにくいですから、この文のseは統合されており、movimentar-seで「動く」と解釈した方がよさそうです。

非人称表現

英語では主語が特定の誰かではない時でも主語を言わないと文法的に成立しないので,*one*とか,*they*とか,*you*などと言ったりしますね。たとえば,*They say that...*「～と言われている」という表現に見られます。

こんなときポルトガル語ではどうするのでしょうか。1つは,英語の*They say that...*を思い起こさせる言い方です。つまり,3人称複数形を使うのです。

Dizem que Pedro desapareceu. ペドロが行方不明らしい。
Ainda fumam muito em Portugal. まだポルトガルでは喫煙者が多い。

ただし,英語と違って,ポルトガル語では代名詞elesを言ってはいけません。Eles dizem que....とした場合は,「彼らは言っている」というように不特定ではない「彼ら」が登場してしまいます。fumarの場合も同じです。Eles ainda fumam.では「彼ら」がまだ吸っていることになってしまいます。

3人称複数形のほかに,a gente「人々,われわれ」を使う手もあります。英語の*people*に当たるのでしょうか。

A gente não faz coisas assim. そんなふうにはしない。

余談ですが,a genteが「われわれ」の意味で使われるとき,動詞が形ではなくその意味に一致して1人称複数形を取ることもありますが (A gente não fazemos coisas assim.),規範文法ではまだ認められない形のようです。

英語になくて,ポルトガル語にあるものに,不特定主語を表すseがあります。再帰代名詞がここで出てくるのも不思議な気もしますが,動詞の3人称単数形と組み合わされて,*they*とか*people*の意味を表します。

Come-se bem neste restaurant. このレストランの料理はおいしい。
Estuda-se muito nesta escola. この学校ではみんなよく勉強する。
Como se chega ao parque? 公園にはどうやったら行けますか。

さて,ポルトガル語の受動態(受け身)については詳しくは次の章で見ま

すが、このseを使って受動態の文を作ることができます。動作の行為者をはっきりとさせる本当の（と言うのも変かもしれませんが）受動態はser + 過去分詞で作りますが、逆に行為者をはっきりさせない（あるいはわからない）ときは偽の（と言うのもまた変ですが）受動態を使います。この「偽の受動態」で登場するのがseなのです。

Vende-se cerveja nesta loja. この店ではビールが売られている。
Fecharam-se as janelas. 窓が閉められた。

受動態の場合は、動詞は3人称ですが、主語によって単数形になる（cerveja）か複数形になる（as janelas）ので、この点で不特定主語のケースとは違ってきます。ところが、ポルトガルの町を歩いていると次の2つの文の両方を目にします。

Arrendam-se apartamentos. / Arrenda-se apartamentos.
貸しアパートあり。

arrendarは「賃貸する」という意味の動詞ですが、「賃貸される」のが複数形のapartamentosですから、最初の文が正しそうです。というよりも実際に正しいとされるのですが、では右の文はどう判断したらよいでしょうか。伝統的な考えでは一致を欠いているので「誤り」とされるでしょう。少し物分かりがよい方ですと、数の一致を要求する名詞が動詞の後に出てくるので単数形になるのも理解できる、でもやっぱり誤りだね、と言うかもしれません。ですが、もう1つの解釈はseを不特定主語を表す要素だと見なすのです。「人々はアパートを貸す」のです。

ただし、語順を変えて、os apartamentosを文頭つまり主語の位置に移動させた場合は必ず複数形にしないといけませんよ。

Oa apartamentos arrendam-se.

tudo と todo

　形も似ている，意味も似ている2語のペアがときどきあります。となると，その使い分けを覚えるのは至難の業となります。たとえば，ここで扱うtudoとtodoです。uとoの違いだけですから，耳には非常によく似た単語に聞こえますし，しかも意味もとても近いです。けれども，この2語は交換不可能ですから，使い分けをしっかりと身につけないといけません。こういうケースはかなりやっかいです。

　tudoとtodo，形がよく似ていると言いましたが，形式的にはまったく違います。というのも，tudoは不変化，つまりtudoという形しか持たないのに対し，todoの方は形容詞であり，修飾する名詞の性と数に合わせてtoda, todos, todasというように形を変えます。これだけでも大きな違いですが，それだけでは何もわかったことにはなりません。
「すべてのこと」「すべてのもの」「すべての人」を意味するtudoは代名詞であり，したがって名詞の前に立つことはできません。tudo livroは言えないわけです。けれども，o, isto, isso, aquiloという指示詞の前で使用することは可能です。このoは定冠詞や目的格代名詞ではなく，指示詞としてのoですから注意してください。

Tudo isso é verdade.　　　　　そのことすべては真実である。
Tudo o que digo é verdade.　私が言うことはすべて真実である。

ところで次の文を見てください。

Aquilo que ele diz é verdade.　彼が言うことは真実である。
O que ele diz é verdade.　　　　彼が言うことは真実である。

　この2つの文を比べてわかるのは，oとaquiloは交換可能，つまり同じ機能を持つということです。しかし，単音節で自立性のないoは他の3つの中性の指示代名詞と同じようには使えず，常にqueが必要になるのです。

　さて，tudoが代名詞であるのなら，todoは形容詞です。意味は「すべての」

「全体の」という感じです。複数で使われる時は「毎」の意味でしょうか。todoはisto, isso, aquiloの前に立つことはできません。中性の指示詞を形容詞で修飾することはできないのでしょう。

Eu li todo o livro.　私は本全体を読んだ。
Vou ao cinema todas as semanas.　私は毎週，映画に行く。

なお，todoとtudoの前で使われる否定辞はnãoではなくnemです。

Nem tudo correu bem.　すべてがうまくいったわけではなかった。

isto…などもそうですが，tudoの場合も，述語が複数の場合は動詞も複数形を取ります。

Nem tudo são constrangimentos.　すべてが圧迫というわけでもない。
Isto são as situações difíceis.　　　これは困難な状況である。
O que me interessa são as razões de queixa.　興味を引くのは不満の原因である。

isto, tudo, o queは形が1つしかないので，なんとなく男性単数というという印象を持ちがちですが，性に関しては中立ですし，数に関しては単複同形というように考えるべきなのでしょう。

また，todoが「とても」の意味に使われることがありますが，その時は形容詞の性と数に一致します。代わりにtudoを使うことはできません。

Ela chegou toda molhada.　　彼女はずぶ濡れで着いた。
Eles voltaram todos alegres.　彼らはみな大喜びで戻ってきた。

ただしこれはありです。

Ele chegou, com tudo, molhado. / Ela chegou, com tudo, molhada.

この場合は，「彼（女）は何から何まで持って，ずぶ濡れで着いた」という意味で，体は濡れていても，持っていた物は大丈夫でした。

qualquerの意味

qualquerという不定形容詞，代名詞は「どんな...でも」「誰でも」という意味を持つので，なんとなくどうでもいいような言葉に思えがちですが（そんなことはないか？），なかなか興味深い問題を含んだ単語です。ここでは誰でもわかるように，どんな扱いでもよくはない語qualquerについて論じてみましょう。同時に，誰でもわかるようにしたいと思います。

この語，まず形からしてユニークなのですが，qualquerの複数形は語尾が変わらずに（*qualqueres*ではありません），語中で表示されます。つまり，quaisquerとなるのです。複合語のそれぞれの要素qualとquerのうち前者だけが変化するわけです。これはもしかしたら，querがどこかまだ動詞として意識されていて，-esを付加して複数形にするという名詞のルールが適用されにくいからかもしれません。なお，これはポルトガル語の中でも極めてまれなケースですね。ネイティブ・スピーカーでも間違う人が多いのも無理はないのかもしれません。

通常は名詞の前に置かれますが，名詞に不定冠詞のum, umaが付くときは後置されます。

Posso fazer qualquer coisa. 　　私は何でもできる。
Vou a um restaurante qualquer aqui perto.
私はこの近くのどんなレストランでも行く。

ですが，qualquerの面白さはそこでとどまりません。以下の文を見てください。

Todos os combatentes têm uma arma. 全兵士が武器を1つ持っている。
Cada combatente tem uma arma. 　　それぞれの兵士が武器を1つ持っている。
Qualquer combatente tem uma arma. いかなる兵士も武器を1つ持っている。

これら3つの文は，算数のレベルでは同じことを言っています。もし全部で10人の兵士がいるとして，今ここにある兵器は全部で10個です。主語は

変わっても，兵器の数は同じになります。

　算数的には同じでも，異なる文であることは確かです。todosを使うのか，cadaで言うのか，それともqualquerにするのかによって，意味が違ってくるのです。

　最初のtodos os combatentes têmの文ですが，4つの語から複数性が感じられます。と言っても，バラバラではなくて，兵士たちが1つのまとまりを成している姿が想像できるのです。もちろん，その時には，兵士それぞれに武器が1つ備わっているわけですが。

　ところが，cada combatenteと言ってしまうと，先ほどのまとまり感が失われます。兵士たちをバラバラに見ていると言ってもよいかもしれません。もしかしたら，この文を発する人は，兵士たち1人1人を見て回り，武器を持っているのかチェックしているのかもしれません。10人なら10人の兵士がまとまっている姿は想像しにくくなりますね。

　最後のqualquer combatenteになると，「いかなる」あるいは「どの」兵士もですから，もしかしたら，兵士に対する軽蔑の念が感じ取れるかもしれません。でもそれは文脈次第ですから，絶対にそう取れると言うわけではありません。

　ところで，qualquerを否定の文脈で使ってよいのか否かに関しては意見が分かれるようです。と言うよりも，伝統的かつ規範的な見解では，その使用は認められず，nenhumを使わなければなりません。

Não quero que nenhum acidente ocorra.　ひとつも事故は起こってほしくない。

伝統文法ではこうすべきなのですが，実際の用法は異なっているようです。

Não quero que qualquer acidente ocorra.

　いずれは伝統文法が敗れることになるでしょう（と言うよりもすでに敗退しているのかもしれません）。そして，それはけっして悪いことではないはずです。

コラム　ギニア・ビサウとサントメ・プリンシペのポルトガル語

　西アフリカの小さな国ギニア・ビサウはしばしばポルトガル語普及政策の失敗ケースとして紹介されることがあります。実際，国民の1割くらいしかポルトガル語を話せないという統計もあります。けれども，近年はポルトガル語学習熱も上がり，普及が始まるにつれ，ギニア・ビサウのポルトガル語と呼べる変種も誕生しつつあります。その特徴をいくつか紹介しておきましょう（私の友人でもある言語学者インカニャ・イントゥンボ氏の御教示による）。

　カボベルデのポルトガル語もそうでしたが，ギニア・ビサウでのクレオール語からの影響がポルトガル語に見てとれます。

　音韻面ではたとえば二重鼻母音の単母音化が指摘できます。

camião　トラック　→　camion

　統語面ではやはり，クレオール語には性や数がないため，その影響が見て取れます。

Tenho dois irmão que estuda na escola dos padre.
神学校で学ぶ2人の兄弟がいる。
A minha namorada não é gordo.　私の恋人は太っていない。

　名詞のirmãoとpadre，動詞estudaが複数形になっていないこと，形容詞gordoが女性形になっていないがわかりますね。

　もう1つ面白い例を紹介します。

Fábio, vai lavar a tua cabeça.

　直訳すると，「頭を洗いなさい」ですが，これは「体を洗いなさい」なのです。クレオール語では「自分の頭を～する」は再帰の意味を持つのです。

さて，次はサントメ・プリンシペのポルトガル語です。こちらもまだ研究はあまり進んでいません。社会言語学的に１つ言えることは，カボベルデと異なり，サントメ・プリンシペではクレオール語の威信が低く，その分ポルトガル語が重用され今では全島民に話されるようになったという点です。いや，ここでは「しくみ」として言えることをいくつか指摘しておきましょう。

　まず，ポルトガルやブラジルのポルトガル語なら必要とされる前置詞が省略される傾向があります。

　Atirava muitas pedras tudo.　　（サントメ・プリンシペのポルトガル語）
　Atirava muitas pedras a tudo.　（ポルトガルやブラジルのポルトガル語）

　お気づきのように，間接目的語tudoの前で前置詞aが省略されています（意味は「ありとあらゆる物にたくさんの石を投げつけた」）。サントメ・プリンシペのポルトガル語の特徴の１つと言ってよいでしょう。

　もう１つ。前置詞のdeあるいはemが省略されることもしばしば見られます。

　Estava assim a querer saltar janela do quarto para a rua.
　Estava assim a querer saltar da janela do quarto para a rua.
　そうして部屋の窓から通りへと跳び出そうとした。

　Moro Água Arroz.
　Moro em Água Arroz.
　私はアグア・アロスに住んでいる。

　なお，サントメ・プリンシペの例文はすべてリタ・ゴンサルベスさんの修士論文から引用しました。

第8章 ポルトガル語の態

態とは何か？

　能動態，受動態。英語を習った時に覚えた用語でしょう。それぞれを英語とポルトガル語で言うと，能動態は *active voice*, voz ativa, そして受動態は *passive voice*, voz passiva となります。このうち *voice* と voz が「態」を表します。お気づきでしょうけれど，*voice* にしても voz にしても「声」という意味があります。なぜ「声」が「態」なのかすごく不思議な気がしませんか。その理由はどうやら，声の調子を変えることによって伝達内容も変えることができるという認識があり，視点を変えると表現形式も変更が加えられるという意味につながって，「声」が「態」になったということのようです。ずいぶんと飛躍していますね。いや，それはともかく「態」とは何かあらためて確認しておきましょう。

　「態」とはあくまでも動詞の形式の話です。「法」と「時制」などと同様，動詞の範疇です。その形式によって何を表すかというと，動詞が使われる文の話題が動作主あるいは行為者なのか，それとも受動者なのかを示すのです。その話題が，というよりも主語がと言った方がよいかもしれませんが，動作主（エージェント）か行為者（アクター）である場合，動詞の形はアクティブ・ボイスつまり能動態となります。アクターが主語になるとアクティブ・ボイスというのはわかりやすい気がします。

Camões escreveu Os Lusíadas.
　カモンイスは『ルジアダス』を書いた。

　「書く」行為を実行した，つまり「書く」主体はカモンイス（16世紀ポルトガルの大詩人です）。そのカモンイスが主語の位置に置かれ，よって動詞 escrever は能動態の形 escreveu をとっています。これとは逆に，「書く」行為の対象となる『ルジアダス』を主語に位置に持ってくると，受動態（日本語の文法ではよく「受け身」と言われます）が使用されます。日本語だと動詞の語幹に「られ」がつけられますね。他動詞の目的語の意味的役割をペーシェントと呼びますが，「されるもの」という意味です。英語では受動態の

形はbe＋過去分詞でしたが，ポルトガル語の受動態はser＋過去分詞で示されます。作り方の根本は同じです。

Os Lusíadas foi escrito por Camões.
『ルジアダス』はカモンイスによって書かれた。

以上，2つの文を私たちは同じ意味を持つと考えています。確かにカモンイスと『ルジアダス』の間の関係，さらに時制や法なども同じです。escreveuも（foi）escritoもともにescreverを基にしていることが想定されています。語順は変わってもカモンイスは動作者であり，『ルジアダス』は被動者です。受動態の文があったら，必ずそこから能動態の文を作ることができるのです。

実はポルトガル語にはもう1つ受動態の作り方があるのですが，それは次に見ることにして，まずはこの「ser＋過去分詞＋por＋動作主」という形を身につけましょう。

注意を喚起しておきたいのは，このserを用いた受動態は英語の *to be* を使った受動態ほどは頻繁に使用されないということです。ser＋過去分詞の形はおおよそ単純時制の文で使われ（現在，過去，そして頻度は落ちて未来），通常は動作主が明示されます。

Muitas cidades foram destruídas por um incêndio.
火事でたくさんの町が破壊された。

Os artistas serão condecorados pelo Presidente da República.
芸術家たちは共和国大統領によって勲章を授与されるだろう。

余談ですが，受動態になりうる動詞を他動詞といい，それをポルトガル語ではverbo transitivoと言います。これは直訳すると「移行する動詞」ということですが，なぜそんな言い方をするかというと，すでに述べましたが，能動態から受動態へ移行することができる動詞だからだそうです。

受動態にならない動詞

　前項で，受動態の文は能動態に直せると言いましたが，逆もまた真なりというわけにはいきません。能動態のすべての動詞が受動態になるわけではないのです。先ほど見た動詞escreverは目的語を取る他動詞ですが，たとえば「出る」を意味する動詞sairは目的語を取れない自動詞ですから受動態を作れません。

O Carlos saiu da escola.　カルロスは学校から出た。
*O Carlos foi saído da escola.
*A escola foi saída pelo Carlos.

　他動詞には「～を」を意味する直接目的語だけでなく前置詞を伴う間接目的語が現れることもあります。たとえば「与える」を意味する動詞darです。

Eu dei muitos livros à Paula.　私はたくさんの本をパウラにあげた。

　この能動文からPaulaを主語とした次の文は作れません。受動文で主語になるのは直接目的語だけなのです。*Paula foi dada muitos livros por mim. 英語なら *I gave many books to Paula.* から *Paula was given many books by me.* が作れるのですが，このあたりは英語とポルトガル語が違うところですね。このように，英語とポルトガル語の間で，受け身ができる動詞とできない動詞の違いがあります。ポルトガル語の受動態の文に現れることができるのは，他動詞および二重他動詞（verbos ditransitivos）です。後者は聞きなれない用語かもしれませんが，他動詞の一部で，目的語を2つ取れるものです。「～を～に...する」というタイプの動詞のことです。まず前者の例ですと，

O rato comeu o bolo. → O bolo foi comido pelo rato.
ネズミがケーキを食べた　　　ケーキがネズミによって食べられた

ですが, Eu dei muitos livros à Paula.「私はたくさんの本をパウラにあげた」

という文を受動態にする時，Muitos livros foram dados à Paula.「たくさんの本がパウラに与えられた」は言えても，*A Paula foi dada muitos livros.は非文法的になります。ポルトガル語では間接目的語は受け身文の主語になれないのです。ここが英語との違いでした。

　他動詞から受け身の文が作られると言っても無制限ではないことがわかりました。しかし，目的語を取らない自動詞の場合は受け身が作れないことでは一貫性があります。まずは，前置詞を必要とする自動詞，たとえばgostarです。Gostaram do filme.「みんなその映画が気にいった」を受け身にして，

*O filme foi gostado.

は言えるかというと，非文法的になるわけです。同じく，前置詞aを求めるtelefonarのような動詞も受動態になり得ません。

*Eu fui telefonado.

　ちょっと専門用語を用いますが，自動詞の主語が意味上の主語（あるいは動作主）である「非能格動詞」（tossir「咳をする」，trabalhar「働く」など）も受動態になり得ません。「咳」も「仕事」も自らの意思ですることができますね。

*O Carlos foi tossido.　カルロスは咳をされた。
*Fomos trabalhados pelos empregados.　我々は使用人によって働かれた。

　さらにまた，自動詞の主語が意味上の目的語である「非対格動詞」（cair「落ちる」，fugir「逃げる」など）も受け身になれません。

*Os pratos foram caídos.　皿は落とされた。
*Fui fugido pela esposa.　妻に逃げられた。

「妻に逃げられた」は悲惨な状況とはいえ日本語ではまったく問題ない文ですが，ポルトガル語*Fui fugido pela esposa.は非文法的な文となります。両言語の違いを感じますね。

受け身も表せる代名詞 se

　受動態と言えば，私はやはり ser + 過去分詞という形式を真っ先に思い浮かべますが，ポルトガル語にはさらに，過去分詞を使わずに，代名詞 se を用いる受け身形もあります。実は，ポルトガル語ではこちらの se を用いる受動態の方が多く使われます。といっても，文法の教科書などでは受動態の項目に含められていないこともありますから要注意です。

　この構文で使われる se のことは，se passivo（受け身の se），partícula apassivante（受動化の小辞），pronome apassivador（受動化の代名詞）などと呼んだりします。注意すべき点は，se の受動態では行為者は通常，表面化されないということです。もし行為者を明示したいなら，能動態を使いましょう。再帰代名詞とは違うので，動詞は必ず3人称の単数か複数形です。

Prendeu-se o criminoso.　犯罪者が逮捕された。

　この文で主語が o criminoso「犯罪者」であることは，次の文のように主語を複数形にした時，動詞がやはり複数形を取ることからわかります。

Prenderam-se os criminosos.　犯罪者たちが逮捕された。

　受動態の文では目的語が主語になりますが，上記の2つの文はその条件を満たしています。なお，このタイプの文では主語は動詞の後に置かれることが好まれます。以下の文は「×」ではありませんが，何かと対照するなどの文脈がなければ不自然です。

? Os criminosos prenderam-se.

　また，先に指摘したように，このタイプの構文は多くの場合は動作主を明確にすることができません。

*Prendeu-se o criminoso pelos polícias.
犯罪者は警察官たちによって逮捕された。

でも、ser + 過去分詞 + porのように表現すれば話は別です。

O criminoso foi preso pelos polícias. 犯罪者は警察官たちによって逮捕された。
Os criminosos foram presos pelos polícias.
犯罪者たちは警察官たちによって逮捕された。

ただし、左のページで使われるseは再帰代名詞ではないので、3人称単数と3人称複数でしか使えません。

さて、よく迷うのが、この受動化のseと非人称代名詞のseの使い分けです。ここでその点を確認しておきましょう。まず、受動化のseは他動詞とともに使われ、主語の数に一致します。主語といっても、能動態の文でしたら目的語になっています。以下の文ではcarroがそうです。

Comprou-se um carro. 1台の車が購入された。
Compraram-se vários carros. 数台の車が購入された。

これに対して非人称代名詞seを用いた文を見てみましょう。

Vive-se bem neste país. この国は暮らし向きがよい。
Ouve-se ruídos durante a noite. 夜じゅう騒音が聞こえる。

ご覧のように、非人称代名詞の場合は動詞は単数でしか使われません。また、viverのような自動詞とともに使える点でも受動化のseとは違いますね。

ところで、Ouve-se ruídos durante a noite. という文に関しては、非文法的と見なす人たちもおり、Ouvem-se ruídos durante a noite. と、受動化のseを使うべしと言います。これに関しては意見が分かれるところですが、実際に単数形で言う話者もいるのです。いずれにしても、動詞が複数形だったら受動化のseが使われます。また自動詞でしたら、非人称のseです。

Comprou-se um carro. 1台の車が購入された。

すでに見たこの文も、受動態なのか、非人称なのかあいまいですが、車1台の購入という意味では同じですから、あまり悩まなくてもよいかもしれません。

Vende-se casas. について

　標題になっている文，Vende-se casas.「売り家あり」を見てどう思われますか。何の疑問もなく受け入れられたでしょうか。それとも，文法の本なのにこんな間違ったポルトガル語文を標題に使うな！と憤りを覚えられたでしょうか。このタイプの構文に関しては，ブラジルでもポルトガルでも長く議論されてきました。

　間違った文だと主張する方は（かなりポルトガル語文法に詳しい方のはずです），この文のどこに怒っているかというと，あくまでもこの文の主語はcasasなのだから，動詞vender「売る」は複数形のvendemになっていなければならないというのです。確かに，大学時代，ポルトガル語を学んでいる頃，私もそう習った記憶があります。

　しかし，教科書の中のポルトガル語と，実際に社会の中で使用されるポルトガル語の間に違いがあるのも当然のことでしょう。日本語だって英語だって，同じようなことは確認できます。規範派と記述派の対立はどこでもいつでもあるのでしょう。

　さて，Vende-se casas. なのか，Vendem-se casas. なのか，という問題をもう少し詳しく見ていきましょう。ですが，その前に，ありふれた次の例文を見てください。

Fala-se inglês aqui.

「ここでは英語が話される」と言っているわけで，このseは受動態化の機能を有していると考えられます。したがって，あくまでもこの文の主語はinglêsなのです。ということは，もし英語とフランス語が話されているとしたら，このように，falarは複数形falamに活用されるのが正しいわけです。

Falam-se inglês e francês aqui.

　しかし，実際の使用現場では，次のタイプの文が発せられることは頻繁と言ってもよいのです。

Vende-se carros.　自動車販売中。

すでに言いましたが、規範文法を重んじる人は、この文を許容しないわけですが、実は生きた文法はもっと進化しているのです。次の2つの文を比べてみましょう。

Mistura-se a água com a farinha.　水を小麦粉と混ぜる。
A água mistura-se com a farinha.　水が小麦粉と混ざる。

語順が変わっただけではありません。ブラジルのある言語学者によれば、最初の文は能動態で、不特定主語（seのこと）が水を小麦粉と混ぜるのです（つまり水が目的語です）。それに対し2番目の文は水が主語でseは再帰なのです。どうやら、いつの頃からか、ブラジル人話者がこのような使い分けをしているようです。

Muita gente demitiu-se da GM.　たくさんの人がGM（ゼネラルモーターズ）を辞めた。
Demitiu-se muita gente da GM.　たくさんの人をGMから辞めさせた。

最初の文では辞めたのは自発的、2番目ではおそらくは不本意な解雇でしょう。ちなみに、本当の受け身文はMuita gente foi dimitida da GM.です。ブラジルでは、受動態化のseは役目を終えたということなのかもしれません。少なくとも、話し言葉では。いや、この変化はブラジルだけの現象ではないようにも見えます。ポルトガルの町を歩いていても、

Arrenda-se casas.　貸し家あり。

という広告文をよく目にします。これなども、伝統的な文法ならArrendam-se casas.なのでしょうけれど、今では単数形の文が頻繁に使われます。ポルトガルでもseが受動態化ではなく不特定主語を表すため（だけ）に用いられるようになってきているのかもしれません。言葉は生き物です。変化に対しては柔軟であった方がよいとは思いますが、まだまだ議論は続くのでしょうか。

不定詞の受け身

以下のような不定詞が使われる文では，ser + 過去分詞も se も使われていませんが，受動態だとみなす研究者もいます。つまり，動詞の目的語が主語になっていると考えるのです。私の記憶では，こうした構文は受動態の枠内で扱われていなかったと思います。

Paulo é uma pessoa difícil de convencer.　　パウロは説得困難な人物だ。
Paulo é uma pessoa impossível de convencer.　　パウロは説得不可能な人物だ。
Paulo é uma pessoa fácil de convencer.　　パウロは説得容易な人物だ。

この文で，de の後の convencer の意味は本来「納得させる」で他動詞ですが，ここでは「彼は納得させるのがうまい人だ」と言っているわけではありません。パウロは動詞 convencer の主語ではなく目的語ですね。「納得させられる」と言っているので，確かに意味は受け身になります。

いや，以下のように言ってみれば，パウロが目的語であることがよりわかりやすくなるでしょうか。

É difícil convencer Paulo.　　パウロを説得するのは難しい。
É impossível convencer Paulo.　　パウロを説得するのは不可能だ。
É fácil convencer Paulo.　　パウロを説得するのは容易だ。

なお，É difícil de convencer Paulo. のように前置詞 de を挿入するのは誤りですが，É difícil de convencer, o João! のように強調する文脈なら可能でしょう。これら3つの文を見て，そしてさらに上の3つの文を比べると，convencer の目的語 Paulo を主語の位置まで引っ張り出してきたのだということに気がつくかもしれません。そして，Paulo が目的語であるからこそ，受動態になることができ，意味的にそうした解釈が可能になると考えることができるのではないでしょうか。

É difícil este assunto subsistir.　　この件が残るのは困難だ。

試しに上の文のeste assuntoを主語の位置まで上げてみましょう。

*Este assunto é difícil de subsistir.

この文は非文法的になります。なぜでしょうか。考えられる理由は，最初の文でeste assuntoは主語の役割を果たしており，したがって受動態を作れない，ということでしょう。逆に言えば，deという前置詞が受動態であることの表示になっているということですね。

*Esta pergunta é fácil de Paulo responder.
この質問はパウロが答えるのは簡単だ。

Pauloはresponder「答える」という動詞の主語ですが，この動詞の主語は実は文頭に引っ張り上げられたesta perguntaですから，この文は非文法的になるわけです。視点を変えれば，次の文は正しくなります。

Esta pergunta é fácil de responder por quem quer que seja.
この質問は誰によって答えられるのも簡単だ。

ここで疑問を感じられた方は鋭いです。急にPauloが消えたのはなぜかですね。実は不特定の意味を持つquem quer que sejaの代わりにPauloを入れると文が成立しなくなります。このde以下の動詞の受動態は不特定の主語だけを認めるようです。

*Esta pergunta é fácil de responder por Paulo.

Esta pergunta é fácil de responder.が受動態であることは次の2つの文と同じ価値を持つことからも明らかです。

Esta pergunta é fácil de ser respondida.
Esta pergunta é fácil de se responder.

また，Há muitas coisas para ver.「見るべきものがたくさんある」はHá muitas coisas para serem vistas.と見なすことができます。

estarを使う過去分詞

ポルトガル語の受動態と言えば，ser＋過去分詞でしょう。

Ele fechou as janelas. 彼は窓を閉めた。

この能動態の文を受動態にすると，こうなります。

As janelas foram fechadas por ele.

さて，ポルトガル語にはserとペアとも言ってよいもう1つのbe動詞，estarがあります。そして，用法は異なりますが，estar＋過去分詞という形の受動態も存在します。では，どのように異なるのでしょうか。

estar＋過去分詞を使った文を2つほど見てみましょう。

A porta está aberta. ドアは開いている。
Os sapatos estão limpos. シューズはきれいだ。

もしいまドアが開いているとしたら，以前はドアは閉まっていて，それを誰かが開けたわけです。つまり，A porta estava fechada.と言える状況があって，Alguém abriu a porta.と呼べる出来事があって，いまその結果としてA porta está aberta.と言えるわけです。

また，同じように，もし今シューズがきれいだとしたら，以前はシューズは汚れていて，それを誰かがきれいにしたわけです。すなわち，Os sapatos estavam sujos.と言える状況があって，Alguém limpou os sapatos.と呼べる出来事があって，いまその結果としてOs sapatos estão limpos.と言えるわけです。つまり，どういうことかというと，行為の「結果」を表すのが，このestar＋過去分詞という受動態の意味なのです。

もう少し例を見ます。

O jantar está pago. 夕食の支払いは済んだ。
A reunião está marcada. 会議の開催が決まった。

夕食の支払いは済んでいるわけですが，それは誰かが支払ったからです。それはペドロかもしれないので，O Pedro pagou o jantar. と言えるでしょう。会議の開催が決定されているわけですが，みんなでそのように決めたわけです。なので，Marcaram a reunião. と言えるでしょう。こうした出来事の結果として上記の2つの文が生まれるわけです。

ところで，ここで ser + 過去分詞の構文との関連が気になりませんか。ser + 過去分詞の受動態は「結果」を意味しません。むしろ，ser + 過去分詞の受動態は能動態の文とペアで，つまり同じ意味だと考えるべきでしょう。

O Pedro pagou o jantar. = O jantar foi pago pelo Pedro.
ペドロは夕食代を払った。

Marcaram a reunião. = A reunião foi marcada.
会議を設定した。

行為者を主語とするのか，目的語を主語とするのかの違いはあれど，能動文と受動文を同じと見てよいでしょう。そして，その文で表される出来事の結果として，estar + 過去分詞を用いる受動態文ができるのです。

ところで，2つの過去分詞形を持つ動詞がいくつかありますが，ser と estar と用いられるのは不規則形の方です。

Os polícias tinham salvado as pessoas. 警察官たちは人々を救った。

上の文では，salvar の過去分詞は規則形です。この文を受動態にすると，

As pessoas tinham sido salvas pelos polícias.
人々は警察官たちによって救われた。

となり，salvas (salvo) が用いられます。そして，この出来事の結果として，

As pessoas estavam salvas. 人々は救われていた。

と言えるわけです。元が過去完了の文なので，estar も現在形ではなく，未完了過去形を取っています。

使役態

ポルトガル語で「使役」といった時、真っ先に思い浮かべるのは動詞fazerではないでしょうか。「作る」ではなく「させる」という意味で使われます。このfazerのように、通常の構文での使用とは別に、独特かつ予想外の意味で動詞＋目的語（あるいは補語）の連続で使用される動詞のことを「軽動詞」（*light verb*）と呼びます。「作る」を意味する動詞が「させる」という使役になるのは、英語の動詞*make*を思い出させますね。

O Carlos fez chorar a namorada.
カルロスは恋人を泣かせた。

O filme me fez chorar.
その映画には泣かされた。

最初の文はけしからん男の話ですが、カルロスは恋人が泣くという行為を引き起こした張本人です。それはそれとして、fazerの後にもう1つ動詞の原形が続くと「使役」の意味になるのです。使役動詞は常に他動詞です。

この程度の文を作るのはさほど難しいことではないかもしれません。しかし、横道にそれるかもしれませんが、ちょっと考えてみましょう。fezの主語はカルロスです。そして、chorarの主語は恋人ですが、この恋人はfezの目的語でもありますね。それで、a namoradaを代名詞化して見るとどうなるでしょうか？「彼女を」ならaとなりますし、「彼女が」ならelaですが、問題はどちらも可能なのか、そして可能な場合、文の中のどこに置くかです。

O Carlos fê-la chorar. （ポルトガル式）
O Carlos a fez chorar. （ブラジル式）
O Carlos fez ela chorar. （ブラジルの口語式）

最初のポルトガル式の文はあまり目にしないかもしれませんね。fazerの完了過去形fezに目的格代名詞aが後置されるとfez-aではなく、fê-laという形になるのです（126-127ページのコラムを参照してください）。eにアク

セント記号［＾］が付される点に要注意でしょうか。

　ブラジルでは，目的格代名詞は動詞の前に置かれるという規則を思い出してください。また，ブラジルの口語レベルでは，目的格代名詞 o, a, os, as の代わりに主格代名詞 ele, ela, eles, elas が用いられることもすでに述べました。

　さて，chorar という動詞は自動詞で，O Carlos chora. と言うと，泣くのはカルロス自身です。fazer を使って初めて使役の意味が出てきます。しかし，動詞によっては，fazer を使わずとも使役の意味を持つものがあります。

A Maria fez o balão rebentar.
A Maria rebentou o balão.
マリアは風船を破裂させた。

この2つの文は日本語にすると「マリアは風船を破裂させた」となりますが，やはり違う意味を持ちます。使役動詞 fazer を使った文はマリアが風船を割るという明確な意図があったことが含意されるのですが，単に rebentou といった文は，そこに意図を読み取ることは必ずしもできません。もちろん，rebentar という動詞を使い，主語を風船にしても同じ状況を表すことは可能です。

O balão rebentou.　風船が破裂した。

　ただし，この場合は誰が風船を破裂させたかに関しては何も述べてくれませんが...。

コラム　マカオのポルトガル語

　1999年12月20日にポルトガルから中国へ返還されたマカオ。16世紀からポルトガルの植民地でしたが，その日を境にポルトガル国旗は降ろされ，以来，マカオ特別行政地区と呼ばれます。

　私はこれまで3回マカオを訪れたことがありますが，ポルトガル語はほとんど普及していないんだなあ，というのが率直な感想です。中国語（広東語および北京語）と並び，ポルトガル語はマカオ特別行政地区の公用語なのですが，かなりマイノリティの言語であることは否定できないでしょう。マカオでは通りの名称や商店の名前は中国語とポルトガル語の2言語併記が原則ですが，最近は中国語だけの商店も目にするようになりました。

　マカオのポルトガル語と言うとき，2種類のポルトガル語を考えねばなりません。母語として話されるポルトガル語と第2言語として用いられるポルトガル語のことです。前者はポルトガル系住民が使う変種で，4000人くらいの話者を考えればよいでしょうか。後者はいわゆるマカオ人（マカエンセ），ポルトガル人と中国人の混血の人々が話すポルトガル語変種のことで，2500人ほどの話者を見込めばよいでしょう。

　マカオのポルトガル語と言ったとき，ポルトガル系住民が話すポルトガル語ではなく，マカオ人のポルトガル語が興味の対象となるでしょうけれど，まだ研究も乏しく，詳しいことを言えそうもありません。ここでは，わかっている範囲のことを紹介します。

　ある研究によれば，マカオ在住ポルトガル人とマカエンセが2つのポルトガル語変種の違いはどこにあるかという点に関し，多くの話者が「発音」に最も大きな違いを感じており，語彙面や文法面での違いを感じる人はそれほど多くはないのです。

　音韻面での違いと言えば，摩擦音 /ʃ/ と破擦音 /tʃ/ の間の揺れが指摘できるでしょう。たとえば，tacho「平鍋」という単語が /taʃu/ あるいは

/tatʃu/ と発音されるのです。

また、鼻母音が母音＋ŋに代わることも認められます。/ẽ/ が /eŋ/ となることが確認できます。日本人もやってしまいそうですね。

日本人でも苦労する人がいる-rr-の発音が、-r-と同じになってしまうこともあります。ということは、carro「車」とcaro「高い」が同じ発音になってしまうということですね。

次に形態面での特徴をあげますが、これはアンゴラやモザンビークのポルトガル語にも見られるものです。

名詞句で複数を表示するときに、冒頭の要素だけに複数表示形-sを付し、その他は単数形のままにするのです。essas coisa「それらのもの」というような形が使用されるのです。

さらに、主語が複数なのに、動詞が単数のままという例も見られます。Os meus pais fazia...「私の両親は...したものだが」という例があります。

そのほか、定冠詞が省略されてしまうなどの特徴も指摘されていますが、今後まだまだ調査されないといけない分野でしょう。

第9章　ポルトガル語の前置詞

前置詞の必要性

　ポルトガル語を学べば学ぶほど、前置詞の使い方は難しいと実感させられます。また、文法のテストの答案を採点していても、前置詞の間違いが多いことにも気がつきます。aにしてもdeにしても前置詞は音節数の少ない短い語ばかりですが、それぞれに課された意味や用法が多岐にわたるため、学習者には使い分けがむずかしいのです。私にとって今なお頭痛の種でもあります。前置詞は確かに名詞や動詞などに比べると自立性は弱いですが、接辞と異なり、語として認められます。

　隣接する形態素と融合することがしばしばあるとはいえ、前置詞とは基本的にはそれ自身は変化せずに、場所や時間や方法など2つの語の関係を築く語のことです。そして、前置詞の前に来る語が後に来る語によって説明されたり、補足されたりするのです（稀に例外ありますが）。ただし、名詞や動詞のように必要に応じて新語が形成される品詞とは異なり、閉ざされた語類だと言ってよいでしょう。

　形の上から見ると、前置詞は大きく2つのグループに分けることが可能だと思います。

　1語だけから成る単純前置詞（a, de, em, para, porなど）と、2語以上から作られるけれど1つの前置詞であるかのように機能する群前置詞です（antes de, depois de, por causa deなど）。どちらも使いこなせないとポルトガル語は話せないでしょう。

　前置詞の目的語には名詞、代名詞が用いられるだけでなく、動詞も使われますが、その時、ポルトガル語では不定詞が使われます。英語ですと、動名詞が使われるので最初は違和感を抱く学習者もいるようですが、前置詞の後には名詞が来ることを思い出せば、不思議ではありません。ポルトガル語で動詞を名詞的に解釈できるのは不定詞です。

　このほか、特定の動詞や形容詞が義務として要求する前置詞というものがあります。たとえば、gostarという動詞でしたら、gostar deと、deという前置詞と一緒になって初めて「〜が好き」という意味で用いられます。

Eu gosto de futebol.　私はサッカーが好きだ。

逆に言うと，deの代わりにemとして，gostar emと言ったらおかしい文になってしまいます。

*Eu gosto em futebol.

gostarと来たらdeなので，ある意味，楽ですが，たとえばcomeçar「始める」という動詞の場合は，aが来るかporが来るかで意味が異なってきますから要注意です。

Eu comecei a cantar.　私は歌い始めた。
Eu comecei por cantar.　私は歌うことから始めた。

　aという前置詞もそうですが，前置詞には2つ以上の意味があり，どの意味で用いられているかが決めにくいケースもしばしばあります。前置詞の使用がむずかしい所以です。しかし，どの前置詞も基本的な意味というものはありますから，それをまず確認しておきましょう。

　世界のさまざまな言語を眺めてみると，一般的に前置詞を用いる言語（前置詞言語）と，逆に後置詞を主に使用する言語（後置詞言語）に分けることができます。興味深いことに，この区分が当該言語の語順と関係が深いことが明らかにされています。つまり，いわゆるOV（目的語・動詞）言語では後置詞を用いる傾向が強く（日本語がそうでしょうか），一方でVO言語では前置詞が用いられるのです。ポルトガル語はVO言語で，予想通り前置詞言語ですね。

　なお，日本語の助詞は名詞の後に置かれるので「後置詞」と呼ばれることもありますが，これに関しては議論が分かれるようです。

　この本は「中級」ですから，それぞれの前置詞の用法を列挙しながら説明するのではなく，興味深い使用方法をいくつか取り上げ，検討してみたいと思います。

aについて

ポルトガル語においてaはとても重要な文字にして語です。なにしろアルファベットの最初の文字ですから、辞書で最初に出てくる文字ですし、定冠詞の女性単数形であり、直接目的格代名詞女性形であり、そして代表的な前置詞だからです。ここで話題にするのはもちろん前置詞aのことです。

aという前置詞で私が最初に例を出したくなるのは、「方向」の意味です。つまり「〜へ」「〜に」という意味です。「家に帰る」「学校へ行く」という時に使われるのが、aという前置詞ですね。

Vou a casa jantar. 私は夕食をとりに家に帰る。

Vou à escola. 私は学校へ行く。

ちょっと見ただけだと、なんということはない2つの文ですが、やはり文法好きとなれば、気になることがありますね。そうです、「家に」と「学校へ」は、ともに「方向」を表しているにもかかわらず、最初の文では前置詞aだけなのに比べ、2番目の文ではàつまり前置詞aと定冠詞aが縮合して用いられているのです。この違いはどこから来るのでしょうか？

実は、定冠詞の有無の理由は、casaという名詞の特性によるのです。冠詞を持たず、前置詞に伴われるcasaを含む表現には所有の意味があるのです。したがって、以下のような言い方になります。

Eu vou a casa. = Eu vou à minha casa. 私は（私の）家に行く。

最初の文では単に「私は家に行く」と言っていますが、その含意するところは「私の家に行く」ということなのです。もし、主語が私たち（nós）なら、Nós vamos a casa. となりますが、行く先はもちろん「私たちの家」（a nossa casa）となります。つまり、Nós vamos à nossa casa. と言い換えることができます。このように、「誰の」と特定しなくとも、母語話者は当たり前のように理解しているのです。

「〜に」に到達するとき、「〜」は必ずしも場所でなくてもかまいません。

たとえば，こんな表現も可能です。

chegar a uma conclusão　結論に至る

方向が逆かもしれませんが，aはある基点からの距離を表します。

Há uma escola daqui a cem metros.
ここから100メートルのところに学校がある。

さらに，aという前置詞は，手段や道具を表すこともできます。

quadro pintado a óleo　油彩画
O ladrão fugiu a correr.　泥棒は走って逃げた。

「油彩画」は直訳すれば，「油で描いた絵」ということです。
寸法や価格を意味することもできます。

Esta fruta é em geral vendida a peso.　このフルーツは通常，目方で売られる。
refeição a 10 dólares　10ドルの食事

時間や空間内の位置づけもaで表現されます。

Eu almoço sempre ao meio-dia e meia.　私はいつも12時半に昼食をとります。
Minha terra fica ao sul de Porto Alegre.
私の故郷はポルトアレグレの南側にある。

次に表現mês a mês, linha a linhaに見られるaは連続の概念を意味します。

Os pais devem acompanhar o desenvolvimento do bebê mês a mês.
両親は赤ちゃんの成長を月々見守るべきである。
É preciso ler linha a linha.　1行ずつ読む必要がある。

前置詞aは，たった1音節の小さな語ですが，情報量はかなり多い語なのですね。

deについて

　前置詞deに関しては、あるとても鮮明な記憶があります。まだ大学でポルトガル語を専攻し始めたばかりの頃の文法の授業で、教授が私たち学生にこう質問したのです。「前置詞deと人称代名詞eleの縮合形deleの最初のeはdeのeなのか、それともeleのeなのか、わかるか？」

　残念ながら私は答えられなかったのですが、答えは簡単で、eleの最初のeが残っていると考えるべきなのです。なぜかと言えば、deと定冠詞oの縮合形はdoで、したがってdeのeが落ちていることがわかります。また、実はポルトガルならdeの発音は/də/、ブラジルなら/dʒi/ですから、/e/は別の語から来ないといけないわけです。よって、deleのeは前置詞のものではないのです。いずれにしても、私のこの説明を聞いた時、ただ教科書に書かれた事項を記憶するだけの文法の授業の中に、言語を体系的に分析する楽しさというものを見出したような気がして、深い感銘を受けたものでした。

　というのは余談なのですが、このdeという前置詞も出番が多くて、便利と言えば便利ですが、その使い道をマスターするのはなかなか大変です。なにしろ、deはポルトガル語で最もありふれた前置詞で、だからこそ最も複雑であると書く文法書もありますし、ある辞書の説明には、単語間の数えきれない関係を表し、他の前置詞の代わりにもなる、と書いてあるのです。つまりかなりオールマイティな前置詞ということのようです。ただ、その意味と用例をだらだらと列挙するだけの辞書よりは、ずっと正直な説明だと好感を抱きました。ここでは教科書的な説明にはあまり触れられない用法をいくつか見てみましょう。

　deが英語の前置詞 *of* や *from* に相当する意味で使われることは今さら説明不要でしょう。ですが、*with* の意味で使える時があるのはご存知でしょうか。といっても、同伴を表すのはやはりcomですが。

*Eu vou da Maria.

Eu vou com a Maria.　　私はマリアと一緒に行く。

ですが，手段の場合はdeが使われます。

Eles bateram-me de martelo. 彼らはハンマーで私を殴った。

この文でdeは手段を表していますね（ブラジル人はあまり使わない表現手段のようです）。ところが，興味深いことに，deの後ろの名詞に冠詞が付されると，それは使えなくなってしまい，より*with*に近いcomという前置詞の使用が義務づけられるのです。

Eles bateram-me com um martelo. 彼らはハンマーで私を殴った。

さて，受動態で使われる前置詞と言えば，英語の*by*に当たるporですが，serが使われない場合はdeが用いられることがあります（porでももちろんかまいません）。

O embaixador chegou acompanhado da esposa. 大使は夫人同伴で到着した。

このdeに関して１つ不思議に感じるのが，悪口に使われる時や憐れみを表す時の用法です。

ingratidão do tuga 恩知らずのポルトガル人
o pobre do Sr. Branco かわいそうなブランコ氏

通常，o livro do Carlosと言った時，私たちは本を問題にしているのですが，上記の表現では，deの後のtuga，あるいはsenhor Brancoに言及しているのです。言いかえれば，通常は前置詞の前が主部（被修飾部），その後が付加部（修飾部）なのですが，この場合では逆になっているのです。悪口や憐れみを言うためにあえて語順を変えるのか定かではないのですが，注意しておいてよい用法だと思います。

また，不定冠詞の前で感嘆を表すこともあります。

Paula é de uma simpatia! パウラはすごく感じがよい！

desde と há について

　desde と há ですが，desde は前置詞，há は動詞 haver の 3 人称現在形です。どちらも現在と関わる時間を表しますが，だからと言って同じように使えるわけではありません。しっかりと違いを認識していないといけないのです。
　まずは例文を見てください。

Hoje é quinta-feira.　今日は木曜日だ。
Não vejo o Carlos desde domingo.　日曜日からカルロスを見ていない。

となったら，この語り手は次のように結論づけます。

Não o vejo há cinco dias.　私は 5 日間彼を見ていない。

　さて，ここで desde と há の使い分けを確認する前に，気になる点がなかったでしょうか。そうです。最後に私は「5 日間」彼を見ていないと言っていますが，そうでしょうか？　今日が木曜日で，日曜日から見ていないのですから，日本語式では「4 日間」見ていないと考えるのではないでしょうか。
　しかし，ポルトガル語では日数の数え方が日本語とは異なります。「日」「月」「火」「水」そして「木」と数え，5 日間と見なすのです。
　ということは，逆にこういうこともあり得ます。

Estive no Brasil há cinco dias.

「5 日前にブラジルに行った」と言っていますが，もし今日が木曜日だとして，日本人ならおそらくブラジルに行ったのは先週の土曜日だと考えるでしょう。しかし，ポルトガル語の母語話者は違います。今日の木曜日も「1」とカウントするので，多くの場合は日曜日にブラジルに行ったと述べているはずなのです。
　次に，há uma semana という表現を使ってみます。「1 週間前」ですから日本式には，もし今日が 1 月 27 日なら 1 月 20 日のことを考えるでしょう。ですが，ブラジル人は日本人と同じように考えるかもしれませんが，人によ

っては1月21日のことを考えるかもしれません。「27」を「1」とカウントする人がいるからです。

また、よくDaqui a oito dias.という言い方を聞きますが、これは「8日後に」と訳せるとはいえ、日本語式の「1週間後」にという意味です。つまり、もし今日が7月1日なら、7月8日のことを言っています。

余談ばかりが長くなりましたが、話を元に戻します。

なぜこのようなことになるかというと、háは単に「何分間」とか「何時間」とか「何日間」とか「何年間」など、「期間」を表すだけで、いつから始まるのかを明示しないからでしょう。

Andamos a tirar o curso há quatro anos.
私たちは4年間コースを取っている。

もし2012年にこの文を発したとしたら、あなたはコース入学はいつだと思いますか。4を引いて2008年? いや、2009年入学が正しいのです。09, 10, 11そして12。つまり4年目ということなのです。

こうした誤解を避けるためにどうしたらよいでしょうか。そこでお勧めなのが、前置詞desdeを使うことです。「～以来」を意味するこの前置詞は「期間の開始」を明示してくれるので、以上のような勘違いを避けるのに役立ちます。

もし2008年からコースを取っているのなら、

Andamos a tirar o curso desde 2008.

とすれば誤解はされないでしょう。

háの後には「期間」を表す語句（1日、5日間、2か月間など）が使われますが、desdeの後では曜日、時刻、年号などが用いられます。háの表現の曖昧さに日本人は戸惑うかもしれませんが、日本語でもけっこうルーズなところはあるようにも思えます。

場所を表す em

　場所に関する「〜で」「〜に」を意味する前置詞はemですね。意味も発音も英語の *in* に近いので，わりと憶えやすい前置詞かもしれません。確かに，「〜に暮らす」という文などでこの前置詞を使うのは非常になじみやすいでしょう。

Moro em Lisboa.　私はリスボンに住んでいる。

　こうした文は初級文法のレベルで作れるようになりそうです。また，次のような一連の文も違和感なく作文できるでしょうね。

Os meus amigos estão na escola.　私の友人たちは学校にいる。
Ele cuspiu no chão.　彼は地面につばを吐いた。

　ところで，到達点を表す前置詞はaあるいはparaだと習いますが，実は口語レベルではブラジルではemが普通に用いられます。これはアフリカやインド（ゴア）のポルトガル語などでも見られる特徴で，古いポルトガル語の用法が残っているのだと思われます。

Eles foram no restaurante.　彼らはレストランへ行った。

　ところが，以上のように瞬間的な移動ならemで問題なくても，引越しの場合となるとemは使えなくなるので要注意です。

*A Paula mudou no Rio de Janeiro.
パウラはリオデジャネイロへ引越した。

　これはよろしくなくて，次のように言いましょう。

A Paula mudou para o Rio de Janeiro.

　最初の文の感じでは，パウラはリオ市内で，引っ越したではなく，動いたというくらいの意味にしかなりそうもありません。

空間と時間の関係などと言うと哲学的な議論になってしまいそうですが，emは時間に関しても使うことができます。

A minha esposa nasceu em 10 de maio de 1974.
私の妻は1974年5月10日に生まれた。

　これは「時点」を表す用法ですね。けれども，これと違って，時間の「経過」を意味する用法もあります。

Ele fez a tradução em 10 dias.
彼は10日間で翻訳を行なった。

　この文は「10日間かけて」と解釈することができます。
　この「経過」に関して，思い出すのが，dentro de という前置詞句です。

Chagaremos a Lisboa dentro de dez minutos.
私たちは10分以内でリスボンに着くだろう。

Chagaremos a Lisboa em dez minutos.
私たちは10分以内でリスボンに着くだろう。

　この2つの文は違うのでしょうか。
　その発話の状況による違いがあるようです。もし出発が発話の直後なら（あるいはすでに出発して途上にあるなら），どちらも同じ意味で使えます。ところが，出発が明日以降となると，em dez minutos の方だけが正しくなります。dentro de の方は「今」との結びつきが強いということでしょうか？「今から～以内で」という感じかもしれません。
　最後にふと思いつきましたが，pedir em casamento「プロポーズする」という表現があります。この文のemは「目的，目標」を意味していますね。成就を祈りたいものです。

paraとporの使い分け

　この2つの前置詞，日本語の母語話者にとって，混同しやすいもののようです。その原因としては形が類似しているということがあるのでしょうけれど，どちらも時間と空間に関して用いられることによると思われます。

Vou para o parque. 私は公園に行く。
Vou pelo parque. 　私は公園を通って行く。

　この2つの文からわかるのは，paraは「行き先」あるいは「到達点」を表す前置詞であるのに比べ，porの方は「通過点」や「周辺」を意味するということです。それは時間に関しても同じことが言えそうです。

A reunião está marcada para as seis horas. 会合は6時に設定された。
Vi-o pelas oito horas. 私は彼を8時ごろに見た。

　paraが「行き先」や「到達点」を意味し，porが「周辺」を表すことが，これら時間に関する表現でも同じであることがわかるでしょう。
　前置詞というのは大抵の場合，多義的なものですが，porも例外ではなく，時間や空間以外の概念を表すためにも使用されます。「手段」「単位」「動機や理由」などです。多くの場合は文脈からどの意味で使っているのか判断がつきますが，どう訳したらよいのか迷うケースもしばしばあります。

Façam tudo por nós. 我々のために何でもしてくれ。

「〜のために」と訳しましたが，実はもう1つ意味があります。それは「〜の代わりに」です。したがって，上の文は「我々の代わりに」と解釈することも可能なのです。
　さて，このあたりまでなら，それほど難しくなく，paraとporという2つの前置詞を使いこなせそうな気がするかもしれません。しかし，そうは問屋が卸さないわけです。
　なぜ，こんなことを言うかというと，なんといっても，辞書の両方の語義

に「〜のために」とあるからだと思われます。たとえば，ちょっと物騒ですが，「祖国のために死ぬ」と言ってみたいのですけれど，どちらが正しいかわかりますか？

morrer para a pátria
morrer pela pátria

2番目の文ではporが定冠詞aと縮合してpelaとなっていますが，要はparaとporの使い分けが大切なわけです。答えを言ってしまえば，porを使った2番目の方が正解で，paraの方は初習者にありがちなミスだとして訂正されてしまうでしょう。paraは「到達点」を意味しますから，「死ぬ」という動詞との相性があまりよくありません。一方，porは「動機や理由」を表しますから，「祖国のために死ぬ」と言うためにはふさわしい前置詞ですね。

注意していないとうっかり語訳してしまいそうなケースがほかにもあります。

Deram-me dez mil euros para o carro.
Deram-me dez mil euros pelo carro.

どちらの文も，「彼らは私に自動車のために1万ユーロくれた」と訳してもよさそうですが，意味はまったく違います。porを使った2番目の方は「1万ユーロで買ってくれた」というニュアンスが込められますが，paraを用いる文はたとえば「修理するために」という意味が感じられます。曖昧なケースも見られます。

Trabalho pela família. 　私は家族のために働く。
Trabalho para a família. 　私は家族のために働く。

最初の文は家族をモチベーションにして働く感じですが，2番目の方は仕事の成果が家族に届くようにという感じでしょうか？

前置詞が異なり，意味が変わる

　それではそろそろ前置詞の話を締めくくりましょう。ポルトガル語を学び始めてすぐに覚えるような基本的な動詞，そして基本的な前置詞があります。では，それらを組み合わせると，ひと目で意味がわかるような動詞句になるかと言うと，そうでもありません。意味が取れる場合もありますが，知らないとどうにもならないケースもあります。以下ではそんな例をいくつか見ておきましょう。

　動詞acabarは「終わる，終える」という意味ですが，前置詞との組み合わせで異なる意味を持ちます。しかも最初に見る前置詞comとの組み合わせはそれだけでも4種類の意味があります。

Acabei com os bolos em pouco tempo.
短時間でケーキを食べしまった。（完全な消費）

O novo governo tenta acabar com a corrupção.
新政権は汚職を根絶しようと試みる。（やめさせる）

Acabei com a namorada.　恋人と別れた。（関係断絶）

Quase acabei com ele.　彼を危うく殺すところだった。（殺人）

次にacabar deだとこうなります。

O comboio acaba de chegar.　電車は着いたばかりだ。（終わったばかりの行為）

さらに，deをemにすると，

Ele acabou em alcoólico.　彼は結局アル中になってしまった。（迎えた終末）

となりますが，acabar porだと「最終的な決断を下す」という感じです。

Acabei por aceitar o convite.
最後は招待を受けることに決めた。（最終的な決断）

　acabarという動詞の基本的意味から大きくは逸れていないとはいえ，前

置詞の違いによってずいぶんと細かいニュアンスを表現しわけることができることに驚きます。

さて，次はやはりよく使う動詞estarのケースを見てみましょう。estar emが所在を表すのは言うまでもないですが，「感じる」という意味を持っていることはよろしいでしょうか。

Parece-me que estás num grande conflito interno.
君は心のうちで大きな葛藤を感じているように見える。

paraとporの違いはすでに見ましたが，estarとの組み合わせでも微妙な違いがあります。paraだと「まもなく実現される行為」を表し，porだと「本来ならすでに実現されているはずだがまだ実現していない行為」を意味します。

O comboio está para chegar. 電車はまもなく到着する。
A camisa está por passar. シャツはまだアイロンをかけていない。

ficarというきわめて多義的な動詞もさまざまな前置詞との組み合わせが可能ですが，そのうちのいくつかを見ておきましょう。

Ele ficou de acabar o trabalho até às 9 horas.
彼は9時までに仕事を終えると約束した。

おわかりのように，ficar deには「約束する」という意味があります。これに対し，ficar porはこれ自体が多義的です。

O Pedro fica sempre pelas mulheres. ペドロはいつも女性の味方をする。
O meu amigo ficou por mim na reunião. 友人が会議で私の代わりを務めた。
Esta roupa ficou por dois mil euros. この服は2000ユーロした。
A cama ficou por fazer. ベッドメーキングはされないままであった。

上から順に「支持する」「代わりを果たす」「値がはる」「実現されない行為」を意味します。

コラム　東ティモールのポルトガル語

　21世紀に最初に独立した国と言えばアジアの東ティモール民主共和国。その国の公用語はポルトガル語とテトゥン語です。1975年から1999年まで続いたインドネシア軍による占領下ではポルトガル語はその使用を禁じられましたが，2002年5月に独立を果たすと同時に公用語に選定されました。いや，24年間も続いた受難の時代でも，軍事占領に反対する人々が抵抗のシンボルとしてポルトガル語を公然と使用することがありました。ポルトガル語そのものが戦ったのだというのは言いすぎでしょうか？

　確かに，独立前にポルトガル語を話せた人の数は非常に限られていましたし，独立後10年が過ぎても，その普及に尽力している数多くの人々がいるにもかかわらず，ポルトガル語話者の数が順調に増加しているわけではありません。けれども一方で，東ティモールのポルトガルに固有の特徴が形成されつつあることもまた事実なのです。あらたに形成されつつある変種の一断面だけでもここで紹介しておきたいと思います。

　補足しておくと，ポルトガル語の東ティモール変種と言っても，1つの統一体が存在するわけではなく，ポルトガルで話されるポルトガルに近い変種から（主に都市部で使われる），地方変種まで緩やかな連続体が形成されているということです。したがって，これこそが東ティモールのポルトガル語であると提示することは今のところできません。

　では，具体的に東ティモールの特徴を見ていきましょう。まずは音韻面ですが，たとえば，/ʃ/の音が/s/に代わってしまう現象が指摘できます。ポルトガル語でcha「お茶」は/ʃa/ですが，/sa/になってしまうのです。また，/f/が/p/になるのは東ティモールを含む地域の諸言語でよく見られる現象ですね。força「力」がporçaになってしまうのです。日本語でも，ポルトガル語のconfeitoが金平糖（コンペイトウ）になっていることを思い出したりもします。

文法面での特徴を指摘すると，名詞と形容詞の性と数の"不"一致があります。

a língua português　ポルトガル語
a língua oficiais　公用語

正しさという観点からは，portuguesaという女性形，そしてas línguasという複数形が求められるところです。
定詞の代わりに不定詞が用いられることもあります。

O parlamento nascional tomar uma deçisão ...
国民議会は決定を下した ...

ここでは，tomarの代わりにtomouが求められるでしょう。また，nacionalには-s-は不要ですが，こうした誤り（誤植？）も起こりえます。
　東ティモールのポルトガル語の特徴を考えるには，言語接触という現象がキーワードになります。現地で今も話される民族諸語，あるいはアジアのポルトガル語クレオール語の影響も無視できません。東ティモールのポルトガル語の未来の姿は研究者にとって注目しないわけにはいかないでしょう。
　なお，このコラムの執筆にはダヴィ・アルブケルキ氏の論文を参照しました。

第10章 文と文をつなぐ言葉

重文とさまざまな接続詞

　複文（frase complexa）というものがあります。1つの文の中に2つ以上の文が含まれている文です。1つの文だけでできていれば単文（frase simples）ですが，世界はそれほど単純ではありません。話を複雑にするつもりはないですが，私たちは日ごろから複文を使っています。ちなみに，この直前の文も複文です。

　この複文には2つの種類があって，重文と従属文です。前者ではそれぞれの文は独立した関係にありますが，後者では1つの文がもう一方の文に従属するという関係にあります。ここではまず重文を見ておきたいのですが，そのとき大切になるのが文と文をつなぐ接続詞です。そして，つなぎ方によって接続詞の種類も異なってくるわけです。なお，重文の中ではそれぞれの単文は独立して存在します。

O Carlos acabou o trabalho e a Paula entrou no escritório.
カルロスは仕事を終え，パウラは事務所に入った。

　接続詞eによって，O Carlos acabou o trabalho. という単文と，A Paula entrou no escritório. という単文が結びつけられていますが，どちらの文も内部で語順が変わったりというような現象が認められません。2つの文が互いに独立しており，一方が他方に従属していないので，そのようなことが起こらないのです。

　このeと似たような意味を表すグループにnão só ... mas também ... があります。また，ちょっと変わったところでは，息の休止（ポーズ）だけでつなぐ文もあります（書くときはヴィルグラ［,］です）。

Não só trabalharam, mas também estudaram.
彼らは働いただけでなく勉強もした。

Ele foi ao cinema, apanhou consitipação.
彼は映画に行き，風邪を引いた。

さて、eの場合は「両方」の話ですが、ouは「代替」ですね。つまり「あるいは」です。

Ficas em casa ou sais.　君は家にいるか外出するかだ。

重文で「対比」を表す接続詞と言えば、mas, todavia, contudo, porém など、さまざまあります。

Ele não é rico mas é feliz.　彼は金持ちではないが幸福だ。
Estou em casa, no entanto, não estudo.　私は家にいるけれども勉強はしない。

最初の文は美談になり得ますが、2番目の文はあまり褒められたものではありません。
「説明」のための接続詞もありますが、それは最初の文の内容を正当化するために2番目の文の前で使われます。ここではqueの使い方に注意してください。単につなぐだけでなく、説明もしているのです。Eu acho que...のqueとは機能が異なります。注意したい点です。

Não saio de casa, pois estou cansada.
私は外出しない、というのも疲れているので。
Quero comer que estou com fome.　空腹なので食べたい。

このほか、porqueもありますね。
2番目の文で「結論」へと導く接続詞もあります。portanto, logo, assim, por isso などです。

Perdi a chave, portanto não posso entrar em casa.
鍵をなくしてしまったので家に入れない。
Penso, logo existo.　我思う故に我あり。

最後は有名な哲学者の言葉ですが、これもまた重文なのですね。これまでも十分に聞かされてきた言葉ではありますが…。

従属文

2つ以上の文から成るという意味では複文ですが，従属文はある節（主節）に対し，もう1つの文（従属節）が従属（依存）するという意味で重文とは異なります。従属するということは主節の支配を受けるということ，つまり主節の影響で姿を変えることがあるという意味です。

Eu sei que ele se chama Pedro. 彼の名前がペドロだと知っている。

この文は，eu seiとele se chama Pedroという2つの文からなりますが，もし後半の文がeu seiに従属せず，単文として用いられたら，少なくともポルトガルでは，Ele chama-se Pedro.となり，代名詞の位置が変わってきます（ブラジルではEle se chama Pedro）。しかし，上の例文ではeu sei queに従属するので，代名詞の語順が変化するのです。主節に従属することの影響がはっきりと見てとれますね。また，従属節の表し方もさまざまです。たとえば，名詞的従属節が主語になる例です。

Passear ao frio estraga a saúde. 寒いなか散歩することは健康を損なう。

このように，主語が不定詞の場合もありますが，次の文のように，定詞のケースもあり得ます。注意して欲しいのは，queによって導かれる節の中で動詞serが接続法になっていることです。この文で，fossemを直説法未完了過去のeramに変えることはできません。

Que os alunos não fossem obedientes ofendeu o professor.
生徒たちが従順でなかったことは，教師を不快にさせた。

従属節を導く接続詞と言えば，確かにqueを思い浮かべるかもしれませんね。そこで，queが用いられる従属節を見ていきましょう。

É verdade que Pedro fala bem japonês.
ペドロが日本語を上手に話すのは真実である。

この文で従属節は名詞（verdade）によって導かれています。ですが，次は形容詞ですね。

É bom que estudes mais.　君はもっと勉強する方がよい。

queの後で動詞は定詞になりますが，bomという形容詞が使われているので接続法になります。ですが，接続詞を用いずに不定詞を用いることも可能です。

É bom estudar mais.　もっと勉強する方がよい。

なお，ポルトガル語にはこの構文で従属節に主語を用い人称不定詞が使われるという特徴がありますよね。

É bom (tu) estudares mais.　君はもっと勉強するのがよい。

従属節が動詞の目的語になる構文もあります。この場合もqueの出番です。

Toda a gente sabe que a Terra é redonda.
地球が丸いとみんな知っている。

主節の動詞saberの目的語としてque以下の節が機能しています。もちろん，不定詞節が使われることもあります。

Ele quer conhecer Portugal.
彼はポルトガルを知りたがっている（行きたい）。

この文には，ele quererとele conhecerの2つの節が含まれていますね。この2つのeleが同一人物を指している場合は，conhecerは不定詞になりますが，もしそれぞれが別人であれば，que＋接続法となることはご存知のとおりです。

Pedro quer que Carlos conheça Portugal.
ペドロはカルロスがポルトガルを知ることを望んでいる。

制限用法と非制限用法

　ポルトガル語の関係代名詞と言えば，最も基本的と言えるqueをまず思い浮かべるでしょうけれど，このqueには制限用法（限定用法）と非制限用法（説明用法）があります。制限用法は，ある特性を持つものの領域を同定あるいは制限するために使われます。

As cidades que têm rio são mais lindas.　川のある町はより美しい。
As roupas que estavam no armário desapareceram.
タンスにあった服は消えてしまった。

　これに対し，非制限用法は書く場合にはコンマ（ヴィルグラ），話す場合にはポーズが入りますが，話者が情報あるいは説明をつけ足すために使います。または，カッコ内にコメントを補足するような感じと言えるかもしれません。

O José, que era o melhor aluno da turma, ainda não arranjou emprego.　クラスで一番だったジョゼはまだ就職が見つからない。

　この制限用法と非制限用法の意味の違いを次の2つの文で確認しておきましょう。

As amigas do meu filho que gostam de rock foram ao concerto.
As amigas do meu filho, que gostam de rock, foram ao concerto.

　上が制限用法の文，下が非制限用法の文です。違う意味を持つ文であることがおわかりでしょうか。上の方は制限的で，ロックが好きな女友達たちだけがコンサートに行ったのです（他にも女友達はいます）。それに対し，下の文では，息子の女友達たちがコンサートに行き，彼女たちはロックが好きだと言っているのです。つまり説明的なわけです。

　制限用法の先行詞はおおよそ限定された普通名詞（句）です。一方，言及されるものが唯一である固有名詞あるいは代名詞の場合は制限用法は使えま

せん。ですから，次の文では非制限用法となります。

Lisboa, que é a capital de Portugal, fica à beira do rio Tejo.
*Lisboa que é a capital de Portugal fica à beira do rio Tejo.
ポルトガルの首都であるリスボンはテージョ川沿いにある。

もしかしたら次のような例文を出して反論される方がいるかもしれません。

A Lisboa que eu prefiro é o Bairro Alto.
私が好きなリスボンはバイロアルトだ。

しかし，この場合はリスボンという固有名詞を同定するために関係代名詞が使われているわけではなく，リスボンのある側面を指示するので制限用法が可能なのです。

さて，非制限用法の先行詞が名詞の時，queは別の関係代名詞，o qual（a qual, os quais, as quais）で置き換えることが可能です。この置き換えの理由はわかりやすさだけでなくリズムや語調も関与しているようです。

O José, o qual era o melhor aluno da turma, ainda não arranjou emprego.

このo qual....という関係代名詞は，先行詞の性と数が一致するので，どれが先行詞なのかがわかりやすくて便利でいいですね。

逆に，制限用法のqueをo qual....で置き換えることはできません。

Vi a mulher que roubou a sua bicicleta. あなたの自転車を盗んだ女性を見た。

これはよいのですが，このqueをa qualにすることはできないのです。

*Vi a mulher a qual roubou a sua bicicleta.

関係代名詞も詳しく見ると細かい規則があるものですね。

o qualの用法

前のページでo qual... という関係代名詞について触れました。以下ではもう少しこの関係代名詞の用法について説明しておきましょう。普通，文法書には，ポルトガル語にはque以外に，先行詞に性と数を一致させる関係代名詞があると書かれています。もちろんそれで正しいのですが，もう少し補足説明しておいた方がよさそうです。いつでもqueをo qual... で交換できるわけではないのですから。

この先行詞の性と数を一致させる関係代名詞は，次の文脈では使用が義務付けられます。durante, entre, mediante, para, perante, segundo, sob, sobreという前置詞の後ではo qual....が使われるのです。

O tempo durante o qual pode falar, é limitado.
話ができる時間は限られている。

Dez pessoas foram detidas, entre as quais um polícia, na região de Coimbra.
コインブラ地方で警官1人を含む10人が逮捕された。

Os estudos, segundo os quais o Japão está em crise financeira, são verdadeiros.
日本が財政危機にあるという研究は本当である。

逆に言うと，それ以外のa, com, de, em, porという単音節の前置詞との組み合わせでは，queが用いられます（例外的にsobreは，o qualだけでなくqueを認める人もいます）。

Há situações em que me zango. 私が怒る状況がいくつかある。

A colher com que comi sopa estava limpa.
スープを飲んだスプーンはきれいだった。

O tema sobre que (o qual) ele falou foi interessante.
彼が話したテーマは面白かった。

前置詞の形によって関係代名詞を使い分けるのは興味深い現象だと思います。

aやdeの後ろではqueだと言いましたが，それらが含まれる前置詞句 ao lado de「〜の脇に」，em relação a「〜に関して」，através de「〜を通して」の場合はまたしてもo qual....の出番となります。

Os computadores ao lado dos quais estão livros são antigos.
本が脇にあるコンピュータは古い。

O futebol é um desporto através do qual os povos se compreendem.
サッカーは諸国民が理解し合うスポーツである。

o qual....はさらに，いくつかの不定代名詞（algum, nenhum, muitos, poucos, vários, qualquer），数詞，最上級の後にも使われます。

Tenho cinco carros, alguns dos quais em péssimo estado.
私は5台自動車を持っているが，そのうち数台はコンディションが最悪である。

Teve dez dias de férias, dos quais sete foram passados em casa.
彼は10日間休暇を取ったが，そのうち7日間は家で過ごした。

Foram apresentadas ótimas cervejas, das quais a Sagres foi a mais vendida.
最高のビールが紹介され，その中ではサグレスが一番よく売れた。

cujoは死語となるのか？

かつてポルトガル人言語学者から，「ポルトガル人は外国人のポルトガル語力をはかるとき2つの基準を使う。1つは接続法，1つは関係代名詞所有格のcujo/cuja/cujos/cujasを使えるかどうかである」と聞かされたことがあります。

確かにどちらも使いこなすのが難しいですが，とくに後者は会話で使うのが困難を極めます。ですが，その困難は母語話者にもあるらしく，特にブラジルではcujoの使用頻度がかなり落ちてきています。

まず，復習の意味を兼ねて，cujoを使った例文を確認しましょう。

Conheço um rapaz cujo pai é carpinteiro.
父親が大工の少年を知っている。

Conheço um rapaz cuja mãe é professora.
母親が教師の少年を知っている。

o autor cujos livros fizeram grande sucesso no estrangeiro
海外で本がたくさん売れた作家

o pintor cujas pinturas fizeram grande sucesso no estrangeiro
海外で絵がたくさん売れた画家

おわかりのように，関係代名詞cujoの性と数を決めるのは所有するものではなく，所有されるものの方です。先行詞ではなく，所有されるものの性と数に一致するというのは，なかなか難しいらしく，その使用を避けて，他の言い方をする傾向がどんどん強まっているようです。その傾向は，地方差，話者の社会階層，学歴を問わずに見られます。逆に言うと，cujoの使用は，厳密にチェックされる書き言葉，きわめてフォーマルな口語使用場面に限られるようです。要は，「私は正しいポルトガル語を身につけた立派な人間ですよ」と示すために用いられるのです。

さて，通常の言語生活ではcujoを使わないとなると，どのような表現をするかというと，たとえば，

o rapaz que o pai dele é carpinteiro
父親が大工の青年

というのが1つのパターンです。

　queというもっとも一般的な関係代名詞が使われ，「その青年の」という部分が前置詞＋代名詞で代用されています。つまり，統合性が弱まり，より分析的になっていると言えるでしょう。なお，ブラジル人言語学者の間では，このような関係代名詞の用法は，relativa copiadora（「コピー型関係詞」と訳しておきます）と呼ばれます。代名詞eleが関係詞をコピーしているということから来る名称です。

　ところが，これでもまだ口にしにくいのか，もっとシンプルな表現もあります。

o rapaz que o pai é carpinteiro

　所有を表す部分が消えてしまい，本来なら所有の意味を持たない関係代名詞queにその役割を押しつけてしまっています。これですと外国人にも口にしやすいですが，queの負担が大きくなってしまう点が気にならないわけでもありません。なお，こちらはrelativa cortadora（「消去型関係詞」と訳しましょうか）です。代名詞eleをカットしてしまっていますからね。

o rapaz que o pai dele é carpinteiro
o rapaz que o pai é carpinteiro

　どちらもいわゆる規範文法では「誤り」と見なされています。したがって，文法の授業では「×」を付けられるでしょうが，実際の会話の中では当たり前のように使われるのです。この2つのタイプの構文がいずれ承認されるのか否かは，ブラジル社会の変容に大きく依存するのでしょう。

まとめる関係詞，分解する関係詞

東京はさまざまな問題を抱える美しい都市だ，という文を作ってみます。関係代名詞を使いますよね。

Tóquio é uma cidade bonita que tem problemas.

教科書的に正しい文はこれでいいでしょう。しかし，ブラジルの口語では次のような文が話者の口をついて出てきます。

Tóquio é uma cidade bonita que ela tem problemas.

この文のどこに問題があるか，おわかりですよね。関係代名詞の後ろにもう一度人称代名詞elaが使われていることがまずいのです。少なくとも規範文法としては「×」が付きます。

でもここで関係代名詞の原点に戻ってみましょう。その名前の通り，関係代名詞は，代名詞であり，さらに2つの文を結びつける（関係づける）機能があるわけです。代名詞であり，そして2つの文を1つにまとめる働きを持つのですね。一石二鳥というか，一粒で二度おいしいというか，確かに便利なカテゴリーです。上記の最初の文でqueは動詞temの主語であり，同時に2つの文をまとめ上げる役割を果たしています。

話は変わりますが，ポルトガル語の母親となる言語はラテン語です。ポルトガル語はラテン語（厳密には民衆が話していたラテン語の変種）が時代の流れの中で他の諸言語と言語接触を繰り返しながら変化し形成された言語です。母親であるラテン語の特徴に，統合度の高さがあります。つまり，1語の中でさまざまな文法カテゴリーを盛り込めるという特徴があります。逆に，複数の要素を使ってさまざまな文法カテゴリーを表すこともありますが，その場合は分析度が高いと言います。

確かにポルトガル語の動詞の活用を見ると，そこにさまざまな文法カテゴリーがこめられていますが，名詞を見ると，格を表すのに前置詞が必要になるなど，統合度が下がる一方で，分析度が高まっていることがわかるでしょ

う。ラテン語からの長い流れを見ると、ポルトガル語は統合型の言語から分析型の言語へと変化してきたことがわかるはずです。

すると、こうは言えませんか？　分析型の言語になったポルトガル語にとって、まとめるタイプの関係代名詞は流れに逆行するカテゴリーではないのかと。ラテン語がポルトガル語に残した統合型の要素である関係代名詞はポルトガル語にとって異端児のような存在になっているのではないかと。

そう考えてみると、関係代名詞queの後にelaという主格の代名詞を用いる2番目の、通常は誤りとされる文に異なる光を当てることができるように思えてきます。つまり、queは関係代名詞の「関係」（接続）の部分だけが残され、代名詞の部分は分解されて人称代名詞が直後に使われるようになってきたのではないかと。que ela...とする文は確かにまだ誤りとされるわけですが、ポルトガル語の大きな変化の流れからしてみると、きわめて合理的で論理的な変化の一例なのではないでしょうか。

queが2つの文を結びつける接続詞のようになってきたということは、次のようにしてもよくわかります。

Tóquio é uma cidade bonita mas ela tem problemas.

逆接の接続詞masをqueの代わりに使ってもまったく問題ないですよね。関係代名詞がただの（？）関係詞（接続詞）になりつつあることがわかるでしょう。そして、この変化はまた、従属構文が重文になるという変化も反映しています。

一見、ただの誤りに見える構文にも、実は言語の長い歴史を貫く変化の流れが映し出されているということがあるのですね。誤りはただの誤りではないということなのでしょう。

関係代名詞と前置詞

　関係代名詞の使い方は難しいと思います。前置詞もやっかいです。その両方が組み合わされるとしたら？　困難が倍増するのか，二乗されるのかはわかりませんが，とにかく気をつかわないといけなくなりますね。たとえば，

　Este é o livro de que te falei ontem.　これが昨日話した本だ。

という文です。「～について話す」はfalar de...となりますが，前置詞が関係代名詞queに引っ張られて，前方（左方）に移動しています。通常あるべき位置からだいぶ離れた位置に姿を見せています。書くときにこの操作を行なうのはそれほど難しくはないかもしれませんが，話している最中にこの作業を実施するのはかなり高度な技と言ってよいでしょう。でも，これが正しいとされる文ですね。

　前のページで，ポルトガル語はラテン語の統合的性質を少しずつ脱して，分析的な言語に変わりつつある。その１つの代表が関係代名詞の関係詞化（接続詞化）であると言いました。ここでは，ポルトガル語の"自然な"語順からは逸脱しながらも文法的には正しいとされる語順が，人々の会話の中であらためて自然さを取り戻しつつあるケースを見てみます。

　最初に見た正しい文に対し，こう口にする人がブラジルに数多く存在します。

　Este é o livro que te falei dele ontem.

　関係代名詞queに引っ張られて前に出てきた前置詞deが元に戻り，さらに「本」を代名詞化したeleを支配しています。もちろん現在のポルトガル語文法では誤りとされる構文です。しかし，falar de...という語順が回復されていますね。この方がより"自然な"感じがしませんか。

　ただし，この上の文はある意味では文法的に正しいのです。ポルトガル語では前置詞はその後に支配する語が必ず来ないといけないわけですが，そのルールは守られていることがわかるでしょう。deで終わらず，しっかりと，

deleとなっていますね。この点で，前置詞で終わることができる英語とポルトガル語は異なっています。

　もう1つ言っておくべきは，この上の文でも関係代名詞は代名詞としての役割を失い（eleがその役割を果たしていますね），つなぎとしてのみ機能していることがわかるでしょう。

　もう1つ例文を見てください。

Este é o filme que gostamos muito.　これは私たちのお気に入りの映画だ。

　この文もブラジル人の口からは当たり前のように発せられるものです。けれども，規範文法的には誤りですよね。正しくは，

Este é o filme de que gostamos muito.

ですから。

　ブラジル人は誰だって，「〜が好き」というときはgostar de...とするべきであることを知っています。Gostamos deste filme.「私たちはこの映画が気に入った」とみんな口にするのです。けれども，関係代名詞を使った時にdeが「省略」されてしまうのはなぜか。また，Este é o filme que gostamos muito dele.とも言っていません。このどちらにもなっていませんが，そうならない合理的な説明は可能です。

　1つはすでに述べたように，前置詞の語順を大きく変える"不自然さ"に逆らっていること。あまりに正しいことから離れたいとも言えます。さらに，gostarと言えばdeなのであえてもう言わなくても大丈夫だということ，そして，Este é o filme que gostamos muito dele.とまで言ってしまうと，規範主義者からの圧力が強くかかるからです。いわば妥協点として，Este é o filme que gostamos muito.が好まれるのです。

　前の項でも言いましたが，誤りとされる構文の中にこそ，その言語の本質が反映されて出てくると言っても過言ではないでしょう。

分裂構文について

　関係節に近い構文に分裂構文（construção de clivagem）があります。なんだか仰々しくて破壊的な印象を抱かせる名称ですが、心配は要りません。何かに「焦点」を合わせるために使われる構文です。「焦点」が当てられると、その要素は他の要素とのコントラストが明確になります。

　この分裂構文では、焦点が合わされた要素が登場しますが、さらに ser、そして que（あるいは o que）が用いられます。分裂構文と言っても、ポルトガル語にはさまざまなタイプがあり、しかも他のロマンス諸語では見られないものもあります。1つずつ確認してみましょう。

　ベースとなる文は、O vento levou o meu lenço.「風が私のハンカチを飛ばした」です。この文の中で、目的語の o meu lenço に焦点を当てて、

Foi o meu lenço que o vento levou. 風が飛ばしたのは私のハンカチだ。

とすることができます。ser と que で焦点化される要素を挟む強調構文ですね。ser の時制は、levou に一致して、完了過去形になっています。

　que ではなく、o que を使う構文もあり得ます。

Foi o meu lenço o que o vento levou.

　que だけでよいのなら、o que なんて言わなくてもよさそうですが、この文には次の文が前提として存在するのでしょう。

O que o vento levou foi o meu lenço.

　この文を倒置すれば、上記の文 Foi o meu lenço o que o vento levou. になりますね。文頭の o que は先行詞を含む関係代名詞です。

　この o que を使った分裂構文にはもう1つのバージョンがあります。

O meu lenço foi o que o vento levou.

　「私のハンカチ」を文頭に移動することも可能なのです。

さて，ポルトガル語の焦点化ということでは，é que を強調する要素に後置するという手段を思い出すのではないでしょうか。もちろん，それも可能です。

O meu lenço é que o vento levou.

　この é que は固定された表現なので，時制の一致は不要なのです。

　最後に，これは文法的に間違いではないのか，と言いたくなる構文を紹介します。しかし，文法的に認められる分裂構文です。o que の省略と見なしてよいでしょう。

Tu não queres é estudar.
君がいやなのは勉強だ。

　queres という現在時制なので，ser も é という現在形をとります。

O vento levou foi o meu lenço.

　この文では，levou が完了過去時制なので，ser も同じ時制となっています。ということは，

Eu gostava era de conhecer o Brasil.
私の望みはブラジルを知ることだった。

のように，gostava が使われると，ser も未完了過去の時制をとることになります。なお，era は1人称ではなく3人称の単数形です。念のために言っておきますが，強調されているのは ser 動詞の後の要素，それぞれ o meu lenço であり conhecer o Brasil の部分です。

　定形の従属文がそのまま主語の位置に置かれるというのは違和感を覚えますが，ポルトガル語では非文ではありません。ポルトガル語文法の興味深い点の1つでしょう。

コラム　クレオール語の時間表現

　ポルトガル語のしくみの本なのにクレオール語の話題が出てくるのは変だと思う方もいるかもしれません。クレオール語とは複数の言語が接触して形成される諸言語の総称です。しかし，ポルトガル語は15世紀以降アフリカやアジアの言語と接触し，数多くのクレオール語を生み出した言語です。日本の近くですと，マカオでポルトガル語クレオールが使われていました（もう話者はほとんどいないでしょう）。ここでクレオール語がどうやって時間を表現するのか見ておくのも悪くはないと思うのです。

　私はマカオのクレオール語はよく知らないので，専門のギニア・ビサウのポルトガル語クレオールを例にとらせてください。ギニア・ビサウとは聞きなれない国名かもしれませんが，西アフリカに位置する小さな国で，かつてはポルトガルの植民地でした。ポルトガル語が公用語ですが，数多く話される言語の間を橋渡しするのはクレオール語なのです（現地ではクリオル語と呼ばれます）。ここでは「行く」を意味する動詞baiを例にとりながら説明します。お気づきでしょうけれど，baiはポルトガル語のirを活用したvaiに由来します。

　　I bai Japon.　彼は日本へ行った。

　最初のIは「イ」と呼んで，「彼／彼女」を意味します。ポルトガル語のeleに由来すると言われます。この文で違和感を覚えるのはおそらく訳が「行った」と過去になっていることでしょう。そうなのです。クレオール語では動詞がそのままの形で使われると「過去」あるいは「完了」の意味になるのです。いきなりポルトガル語との違いを実感したのではないでしょうか。

　では，現在をどうやって表現するかというと，動詞の前にtaという小辞を置きます。taはestarが語源でしょう。

I ta bai skola.　彼は学校に行く（通っている）。

このtaは「習慣的行為」を表し，ポルトガル語の現在形の意味に近いでしょう。でも，動詞の語尾が変化するわけではなく，動詞の前に小辞を置いて時間の変化を表すわけです。文法の「単純化」という言葉を使いたくなりますね。いつも「～する」わけではなく，「今～している」（現在進行）あるいは「～するだろう」（未来）は同じ1つの小辞naで表します。naはポルトガル語の前置詞emと定冠詞aの縮約形naが起源です。

I na bai Japon.

この文は「彼は日本に行くだろう」なのか「行くところだ」なのかは文脈で判断されます。最後に，「過去」を意味する専門の小辞もあります。それは，今まで打って変わり動詞の後ろにつけられるbaです。語源は諸説あり，「終わる」を意味するポルトガル語のacabar，動詞の活用語尾-vaなどが指摘されます。

I bai ba skola.　彼は学校に行ってしまった。

意味としては，I bai skola. がすでに過去でしたから，「過去の過去」となりますね。実は，クレオール語と認められる言語の時間表現を比較してみると興味深い事実に気がつきます。つまり，ポルトガル語，スペイン語，フランス語，英語，オランダ語など，どの言語の語彙に基づいて形成されたクレオール語でも類似点が多いのです。しかしそれを検討するのはこの本の範囲を越えてしまいますね。

コラム　ポルトガル人の口ぐせの移り変わり

　アンゴラにPepetela（ペペテラ）という作家がいます。その彼が1992年に発表した作品 *A Geração da Utopia*（ユートピアの世代）は私のお気に入りの１つですが，小説としては不思議な始まり方をします。

　Portanto, só os ciclos eram eternos.
　というわけで，サイクルだけが永遠だった。

　おわかりのようにportantoという言葉は話の流れを結論づけるために使われます。しかし，出版より30年のリスボン大学の口頭試問で，portantoを話の切り出しに用いて，試験官に注意されたことを根に持ったペペテラは作家としての名声を確立した後で，小説の最後ではなくいきなり冒頭であえてportantoを用いたのです。彼なりのリベンジだったのでしょうが，私も最初は面食らいました。

　ですが，このportantoの使い方は彼だけのオリジナルではありませんでした。1980年代，ポルトガル人はこの結論を意味する接続詞に説明的な意味合いを込めて使っていたのです。したがって，ペペテラの使い方は時代の先を行っていたとも言え，そこから回答者の説明が始まっても決して異常事態ではなかったのです。終わりを告げる接続詞によってあえて話を続けることで，コミュニケーションをさらに発展させようという意思がどこかで働いていたのでしょうか。86年にEC（現在のEU）に加盟したポルトガルはより開かれた社会へと歩み始めていました。

　80年代がportantoの時代なら，その前の70年代はpá!の時代だったと言えそうです。ポルトガル留学前はその存在すら知らなかったのですが，ご当地ではいきなりpá!の嵐を浴びせられました（は大袈裟かも？）。

　Eh pá! Tás bom, pá?　よお，元気か？

　辞書には，男女を問わず使われる呼格の言葉と説明されていますが，

若者を中心によく使われていました。インフォーマルな雰囲気を醸し出すこのpá!の使用が広がるのはもちろん1974年の「4月25日革命」以降のことです。それ以前も使われていたようですが，社会の変化がその広範囲の使用を促したのです。なお語源はrapaz「青年」のpaだと指摘されます。

　90年代はpronto, prontosの時代だったようです。すでに80年代，電話を切るときなどに，以下のように下宿のおばちゃんが口にしていましたが，それがより定着したようです。

　　Pronto. Adeus. Beijinho.　おしまい。さよなら。口づけを。

　このprontoは「終わった」という意味で使われますから，80年代のportantoと逆に，コミュニケーションの遮断を伝えます。「参加」の時代が終わり，「自閉」の時代に変わったということなのでしょうか。他人の言うことには耳を貸さないという姿勢だとしたら悲しいですね。21世紀は，

　　É assim.　ということさ。

の時代です。意味から判断して，説明をしているわけですが，目線は上から下へ，反論は許さないという感じが伝わってきました。対話の発展を遮るだけでなく，変な優越感を示すようになったのだとしたら，社会の変化はおかしな方向へ行っているとしか思えません。

　というわけで，個人的には，Pronto.とかÉ assim.はあまり好きになれない表現です。一方で，ちょっと品がないかもしれませんが，連帯意識を感じさせるpá!は消えないで欲しいなと心の中のどこかで願ったりもするのです。

変化表一覧

動詞

直説法現在人称変化：-ar -er -ir

falar「話す」

eu falo	nós falamos
tu falas	vós falais
ele/ela fala	eles/elas falam

comer「食べる」

eu como	nós comemos
tu comes	vós comeis
ele/ela come	eles/elas comem

partir「出発する」

eu parto	nós partimos
tu partes	vós partis
ele/ela parte	eles/elas partem

主な不規則動詞の現在形：

dar「与える」

eu dou	nós damos
tu dás	vós dais
ele/ela dá	eles/elas dão

estar「…である」

eu estou	nós estamos
tu estás	vós estais
ele/ela está	eles/elas estão

fazer「作る」

eu faço	nós fazemos
tu fazes	vós fazeis
ele/ela faz	eles/elas fazem

haver「存在する」

eu hei	nós havemos/hemos
tu hás	vós haveis
ele/ela há	eles/elas hão

ir「行く」

eu vou	nós vamos
tu vais	vós ides
ele/ela vai	eles/elas vão

poder「できる」

eu posso	nós podemos
tu podes	vós podeis
ele/ela pode	eles/elas podem

querer「欲する」

eu quero	nós queremos
tu queres	vós quereis
ele/ela quer	eles/elas querem

saber「知っている」

eu sei	nós sabemos
tu sabes	vós sabeis
ele/ela sabe	eles/elas sabem

ser「…である」

eu sou	nós somos
tu és	vós sois
ele/ela é	eles/elas são

ter「持つ」

eu tenho	nós temos
tu tens	vós tendes
ele/ela tem	eles/elas têm

trazer「持ってくる」

eu trago	nós trazemos
tu trazes	vós trazeis
ele/ela traz	eles/elas trazem

ver「見る」

eu vejo	nós vemos
tu vês	vós vedes
ele/ela vê	eles/elas veem

vir「来る」

eu venho	nós vimos
tu vens	vós vindes
ele/ela vem	eles/elas vêm

直説法未完了過去（規則動詞のみ）：falar, comer, partir

eu falava	nós falávamos	eu comia	nós comíamos
tu falavas	vós faláveis	tu comias	vós comíeis
ele/ela falava	eles/elas falavam	ele/ela comia	eles/elas comiam

eu partia	nós partíamos
tu partias	vós partíeis
ele/ela partia	eles/elas partiam

完了過去（規則動詞のみ）：falar, comer, partir

eu falei	nós falámos	eu comi	nós comemos
tu falaste	vós falastes	tu comeste	vós comestes
ele/ela falou	eles/elas falaram	ele/ela comeu	eles/elas comeram

eu parti	nós partimos
tu partiste	vós partistes
ele/ela partiu	eles/elas partiram

現在完了：ter の直説法現在 + 過去分詞
Ultimamente eu não tenho visto o João.
私は最近ジョアンを見ていない。

過去完了：ter の直説法未完了過去 + 過去分詞
Quando eu cheguei à estação, o comboio já tinha partido.
私が駅に着いたとき電車はすでに出発していた

未来：dizer, fazer, trazer は例外的に -ze- を落として形成する。
eu falarei	nós falaremos
tu falarás	vós falareis
ele/ela falará	eles/elas falarão

eu direi	nós diremos
tu dirás	vós direis
ele/ela dirá	eles/elas dirão

過去未来：dizer, fazer, trazer は例外的に -ze- を落として形成する。
eu falaria	nós falaríamos
tu falarias	vós falaríeis
ele/ela falaria	eles/elas falariam

eu diria	nós diríamos
tu dirias	vós diríeis
ele/ela diria	eles/elas diriam

受動態：ser + 過去分詞 + por
Camões escreveu Os Lusíadas.
カモンイスは『ルジアダス』を書いた。
→ Os Lusíadas foi escrito por Camões.
　　『ルジアダス』はカモンイスによって書かれた。

接続法現在の人称変化：falar, comer, partir

eu fale　　　　　nós falemos
tu fales　　　　 vós faleis
ele/ela fale　　　eles/elas falem

eu coma　　　　　nós comamos
tu comas　　　　 vós comais
ele/ela coma　　 eles/elas comam

eu parta　　　　　nós partamos
tu partas　　　　 vós partais
ele/ela parta　　 eles/elas partam

接続法未完了過去：falar

eu falasse　　　　nós falássemos
tu falasses　　　 vós falásseis
ele/ela falasse　 eles/elas falassem

人称不定詞：falar, comer, partir

eu falar　　　　　nós falarmos
tu falares　　　　vós falardes
ele/ela falar　　 eles/elas falarem

eu comer　　　　　nós comermos
tu comeres　　　　vós comerdes
ele/ela comer　　 eles/elas comerem

eu partir　　　　　nós partirmos
tu partires　　　　vós partirdes
ele/ela partir　　 eles/elas partirem

名詞

名詞の性

-o	男性	carro	車
-a	女性	guerra	戦争
-or	男性	valor	価値
-or	女性	flor	花
-gem	女性	viagem	旅行
-dade	女性	cidade	都市

男性形から女性形を作る方法

-o を -a に変える： aluno 男子生徒 → aluna 女子生徒
-ês を -esa に変える： freguês 男性顧客 → freguesa 女性顧客
-or に -a を付加する： pintor 男性画家 → pintora 女流画家

名詞の数

母音で終わる単語：–s をつける。　　livro　本　→　livros
子音で終わる場合は -es を付加する。　flor　花　→　flores

冠詞

定冠詞：性と数により4つの形がある。

	単数	複数
男性	o	os
女性	a	as

不定冠詞：性と数により4つの形がある。

（複数形の意味は英語の *some* に相当する）

	単数	複数
男性	um	uns
女性	uma	umas

代名詞

主格人称代名詞：

	単数	複数
1人称	eu	nós
2人称	tu	vós
3人称	você	vocês
	o senhor/ a senhora	os senhores/as senhoras
	ele/ela	eles/elas

人称代名詞：

直接目的格人称代名詞

	単数	複数
1人称	me	nos
2人称	te	vos
3人称	o/a	os/as

間接目的格人称代名詞

	単数	複数
1人称	me	nos
2人称	te	vos
3人称	lhe	lhes

再帰代名詞

	単数	複数
1人称	me	nos
2人称	te	vos
3人称	se	se

所有代名詞／所有形容詞

1人称	meu(s)/minha(s)	nosso(s)/nossa(s)
2人称	teu(s)/tua(s)	vosso(s)/vossa(s)
3人称	seu(s)/sua(s)	seu(s)/sua(s)

指示代名詞／指示形容詞   ## 指示代名詞（中性形）

1人称	este(s)/esta(s)	isto
2人称	esse(s)/essa(s)	isso
3人称	aquele(s)/aquela(s)	aquilo

関係詞

・**不変しない関係詞**：que, quem, onde
　Quem cala consente.
　　黙っている人は同意している。

・**変化する関係詞**：o qual (a qual, os quais, as quais)

参考文献

池上岑夫『ポルトガル語文法の諸相』(1987 年，大学書林)
―――『SE 考　ポルトガル語の SE の正体を探る』(2002 年，大学書林)
市之瀬敦『ポルトガル語のしくみ』(2007 年，白水社)
―――『日本語から考える！ ポルトガル語の表現』(2011 年，白水社)
Azevedo, Milton. (2005) *Portuguese. A Linguistic Introduction*. Cambridge University Press
Bagno, Marcos. (2001) *Português ou brasileiro? Um convite à pesquisa*. Parábola Editorial
――― (2009) *Preconceito linguístico. O que é, como se faz*. Edições Loyola
――― (2009) *A norma oculta. Língua & poder na sociedade brasileira*. Parábola
Bechara, Evanildo. (2004) *Moderna gramática portuguesa*. Editora Lucerna
Albuquerque, Davi B. (2011) "O português de Timor Leste: Contribuições para o estudo de uma variedade emergente." PAPIA 21 (1), pp. 65-82
Carreira, Maria H. & Boudoy, Maryvonne. (2003) *Pratique du portugias de A à Z*. Hatier
Carrilho, Ernestina. (2005) "Expletive ELE in European Portuguese Dialects." Tese de Doutoramento em Linguística da Universidade de Lisboa
Carvalho, Ana M. (2009) *Português em Contato*. Vervuert
Cintra, Luís F. Lindley. (1986) *Sobre "formas de tratamento" na língua portuguesa*. Livros Horizonte
Coimbra, Olga M. & Coimbra, Isabel. (2000) *Gramática activa 1, 2*. Lidel
Cunha, Celso. & Cintra, Lindley. (1984) *Nova gramática do português contemporâneo*. Edições João Sá da Costa
Eliseu, André. (2008) *Sintaxe do português*. Caminho
Freitas, Tiago., Ramilo, Maria C. e Soalheiro, Elizabete. (2003) "O processo de integração dos estrangeirismos no português europeu." Instituto de Linguística Teórica e Computacional
Ganho, Ana S. & McGovern. (2004) *Using Portuguese. A Guide to Contemporary Usage*. Cambridge University Press
Gonçalves, Perpétua. (2010) *A génese do Português de Moçambique*. Imprensa Nacional - Casa da Moeda
Gamito Gonçalves, Rita M. (2010) Propriedades de subcategorização verbal no português de S.Tomé. Dissertação de Mestrado em Linguística. Universidade de Lisboa
Kato, Mary A. (2010) "Clivadas sem operador no Português Brasileiro" in: Estudos da Lingua(gem), Vol 8, No 2. pp61-77
Kehdi, Valter. (1999) "O problema do infixo em português." In: Filologia e Linguística Portuguesa, n.3, p.191-196
King, Larry D. & Suner, Margarita. (2004) *Para a frente! An Intermediate Course in Portuguese*. Lingua Texto

Lopes, Fátima C. & Farina, Haci M. (1992) *Grammaire active du portugais*. Le Livre de Poche

Mateus, Maria H. & d'Andrade, Ernesto. (2002) *The Phonology of Portuguese*. Oxford University Press

Mateus, Maria H., et al. (2003) *Gramática da língua portuguesa*. Caminho

Mateus, Maria H. & Nascimento, Fernanda B. (orgs.) (2005) *A língua portuguesa em mudaça*. Caminho

Matoso, António (2003) *Dicionário da gramática da língua portuguesa*. Quarteto Editora

Moura, José de Almeida. (2005) *Gramática do português actual*. Lisboa Editora

Oliveira, Luísa. & Sardinha, Leonor. (2005) *Saber português hoje. Gramática pedagógica da língua portuguesa*. Didáctica Editora

Peres, João A. & Móia, Telmo. (1995) *Áreas Críticas da Língua Portuguesa*. Caminho

Perini, Mário A. (2002) *Modern Portuguese*. Yale University Press

Schocair, Nelson Maia. (2008) *Gramática moderna da língua portuguesa*. Editora Impetus

Tavares, Sandra D. & Leite, Sara A. (2010) *S.O.S Língua portuguesa*. Verbo

Teixeira, Madalena. (2008) *A entrada de estrangeirismos na língua portuguesa*. Edições Cosmos

Teyssier, Paul. (2002) *Manuel de langue portugaise. Portugal – Brésil*. Klinchsieck

Ventura, Helena. & Caseiro, Manuela. (1996) *Guia prático de verbos com preposições*. Lidel

Vilela, Mário. (1995) *Gramática da língua portuguesa*. Almedina

Wtitlam, John. (2011) *Modern Brazilian Portuguse Grammar*. Routledge

● インターネットサイト

http://www.ciberduvidas.com/

著者紹介
市之瀬 敦（いちのせ・あつし）
1961年、埼玉県生まれ。東京外国語大学大学院修了。外務省在ポルトガル日本大使館専門調査員を経て、現在、上智大学外国語学部ポルトガル語学科教授。
主要著書
『ポルトガル語のしくみ』『日本語から考える！ ポルトガル語の表現』『砂糖をまぶしたパス　ポルトガル語のフットボール』（以上、白水社）、『クレオールな風にのって　ギニア・ビサウへの旅』『ポルトガルの世界　海洋帝国の夢のゆくえ』『ポルトガル・サッカー物語』（以上、社会評論社）、『海の見える言葉　ポルトガル語の世界』『出会いが生む言葉　クレオール語に恋して』（以上、現代書館）、『ポルトガル　革命のコントラスト　カーネーションとサラザール』（上智大学出版）など多数。

中級ポルトガル語のしくみ

2012年 9月24日　印刷
2012年10月 5日　発行

著　者　©　市之瀬　　　敦
発行者　　　及　川　直　志
印刷所　　　株式会社ルナテック

発行所　101-0052東京都千代田区神田小川町3の24
電話 03-3291-7811(営業部), 7821(編集部)　　株式会社 白水社
http://www.hakusuisha.co.jp
乱丁・落丁本は送料小社負担にてお取り替えいたします．

振替 00190-5-33228　　　Printed in Japan　　　加瀬製本

ISBN978-4-560-08611-7

Ⓡ〈日本複製権センター委託出版物〉
本書の全部または一部を無断で複写複製(コピー)することは、著作権法上での例外を除き、禁じられています。本書からの複写を希望される場合は、日本複製権センター(03-3401-2382)にご連絡ください。

▷本書のスキャン、デジタル化等の無断複製は著作権法上での例外を除き禁じられています。本書を代行業者等の第三者に依頼してスキャンやデジタル化することはたとえ個人や家庭内での利用であっても著作権法上認められていません。

本格的ポルトガル語辞典

現代ポルトガル語辞典
【改訂版】

池上岑夫, 金七紀男, 高橋都彦, 富野幹雄, 武田千香 [編]

わが国最大の本格的なブラジル, ポルトガル, アフリカのポルトガル語辞典. 語数＝59000, 発音表記＝発音記号. 巻末に和ポ4700語と発音概説. 初学者から専門家まで使えます.　　B6変型／1463頁

自然な日本語を伝わるポルトガル語へ

日本語から考える！
ポルトガル語の表現

市之瀬敦, 山田敏弘 [著]

ポルトガル語のプロと日本語のプロが力を合わせた画期的な一冊. 文法だけではわからない日本語との発想の違いを楽しみながら, 日本語の自然な表現をポルトガル語にしていく過程を伝授します.　四六判／165頁

調べて, 覚えて, すぐに使える3000語！

ニューエクスプレス
ブラジル ポルトガル語単語集

香川正子 [著]

いつでも, どこでも, すぐに使える双方向の単語集. 探しやすいアルファベット順に3000語を収録, 日本語は覚えやすいジャンル別です. 見出し語はカナつき, 重要語は用例つき.　　新書判／237頁